普通高等教育物流与供应链管理系列规划教材

FlexSim供应链与物流系统建模仿真及应用

主　编　刘培德

副主编　王　睿　闻思源

电子工业出版社

Publishing House of Electronics Industry

北京·BEIJING

内 容 简 介

本书内容不仅涵盖供应链与物流系统、系统模型仿真与优化的基础知识，还包括生产物流系统建模与仿真、混合流水线系统建模与仿真、拣选系统建模与仿真、仓储系统建模与仿真、自动化立体仓库建模与仿真、第三方物流系统建模与仿真、物流配送中心建模与仿真、延迟供应链建模与仿真、三级供应链建模与仿真等多个应用案例。读者在学习过程中，可按照本书的详细步骤搭建供应链与物流系统的仿真模型。本书的每一个案例都配有原型文件（可登录华信教育资源网 www.hxedu.com.cn 下载），可以帮助读者对案例有更好的理解。

本书既可作为高等院校物流与供应链管理专业及相关本科专业学生仿真与建模课程的教材，也可作为物流与供应链管理行业的培训用书。

未经许可，不得以任何方式复制或抄袭本书之部分或全部内容。
版权所有，侵权必究。

图书在版编目（CIP）数据

FlexSim 供应链与物流系统建模仿真及应用 / 刘培德主编. —北京：电子工业出版社，2021.1
ISBN 978-7-121-40444-3

I. ①F… II. ①刘… III. ①供应链管理－系统建模－高等学校－教材②供应链管理－系统仿真－高等学校－教材③物流－系统建模－高等学校－教材④物流－系统仿真－高等学校－教材 IV. ①F252.1-39②F252-39

中国版本图书馆 CIP 数据核字（2021）第 007967 号

责任编辑：王二华
特约编辑：角志磐
印　　刷：北京雁林吉兆印刷有限公司
装　　订：北京雁林吉兆印刷有限公司
出版发行：电子工业出版社
　　　　　北京市海淀区万寿路 173 信箱　邮编：100036
开　　本：787×1092　1/16　印张：12.25　字数：215.6 千字
版　　次：2021 年 1 月第 1 版
印　　次：2025 年 6 月第 9 次印刷
定　　价：39.00 元

凡所购买电子工业出版社图书有缺损问题，请向购买书店调换。若书店售缺，请与本社发行部联系，联系及邮购电话：(010) 88254888，88258888。

质量投诉请发邮件至 zlts@phei.com.cn，盗版侵权举报请发邮件至 dbqq@phei.com.cn。
本书咨询联系方式：wangrh@phei.com.cn。

前　言

系统仿真是现代企业科学管理技术之一，是将对象系统模型化，把模型作为实验装置，用来分析已存在的或计划中系统的一种技术。系统仿真是工程师、经理和决策人对相关操作、流程，或动态系统的方案进行试验、评估，以及视觉化的工具。

本书分为 11 章，第 1 章、第 2 章分别介绍了供应链与物流系统、系统模型仿真与优化的基础知识，第 3 章至第 11 章分别针对生产物流系统、混合流水线系统、拣选系统、仓储系统、自动化立体仓库、第三方物流系统、物流配送中心、延迟供应链、三级供应链进行建模与仿真。读者在学习过程中，可按照本书的详细步骤搭建供应链与物流系统的仿真模型。本书的每一个案例都配有原型文件，以培养读者的建模思维和仿真技能，帮助读者解决实际供应链与物流系统仿真中所遇到的问题，使其减少损失、节约开支、缩短开发周期、提高生产效率等，以达到真正实验实训的目的。

本书可为从事物流工程、物流管理、供应链管理、工业工程等领域相关工作的技术人员提供帮助，也可供高等院校相关专业师生学习参考。

感谢盖宇、方汝月、高鹏远、郭彩蕊、吴心慧、王莹、李晓霞、李子琛、李春利为本书的出版所提供的帮助。本书在编写过程中得到了济南多盟信息科技有限公司的大力支持，该公司工作人员对书中实例提出了宝贵建议，在此表示诚挚的谢意。同时，感谢电子工业出版社编辑的细心指导和耐心帮助。本书的出版得到了山东财经大学一流学科建设项目的资助；与此同时，本书也是山东省虚拟仿真实验教学项目、山东省专业学位研究生教学案例库项目的阶段性成果。

本书中仿真模型及仿真结果图片为 FlexSim 软件截图，为保持截图真实性，方便读者对照理解和操作，故不对图片中的瑕疵进行修改和调整。

由于时间仓促和水平有限，书中如有不妥之处，敬请读者批评指正。

编　者

目 录

第1章 供应链与物流系统 ·············· 1
1.1 供应链 ····························· 1
1.2 物流系统 ·························· 4
1.3 本章小结 ·························· 5

第2章 系统模型仿真与优化 ·········· 6
2.1 系统、模型和仿真 ·············· 6
2.2 物流系统仿真 ···················· 6
2.3 基于FlexSim的建模仿真与优化 ··7
2.4 本章小结 ························· 12

第3章 生产物流系统建模与仿真 ··· 13
3.1 研究背景 ························· 13
3.2 生产物流系统概述 ············· 13
3.3 W制药厂生产流程描述 ······· 14
3.4 W制药厂生产物流现状分析 ··· 16
3.5 W制药厂生产物流系统模型的构建 ··························· 16
3.6 模型主要实体参数设置 ······· 19
3.7 仿真结果分析与数据优化 ···· 22
3.8 模型优化与分析 ················ 26
3.9 本章小结 ························· 32

第4章 混合流水线系统建模与仿真 ··· 33
4.1 研究背景 ························· 33
4.2 混合流水线系统概述 ·········· 33
4.3 Y钢厂生产流程描述 ·········· 35
4.4 Y钢厂轧钢作业流程现状分析 ··· 37
4.5 Y钢厂混合流水线系统模型的构建 ··························· 37
4.6 模型主要实体参数设置 ······· 39
4.7 仿真结果分析与数据优化 ···· 45
4.8 模型优化与分析 ················ 47
4.9 本章小结 ························· 51

第5章 拣选系统建模与仿真 ·········· 52
5.1 研究背景 ························· 52
5.2 拣选系统概述 ···················· 52
5.3 L酒品厂拣选系统描述 ········ 53
5.4 L酒品厂拣选系统分析 ········ 54
5.5 L酒品厂拣选系统模型的构建 ··· 55
5.6 模型主要实体参数设置 ······· 55
5.7 仿真结果分析 ···················· 63
5.8 模型优化与分析 ················ 66
5.9 本章小结 ························· 71

第6章 仓储系统建模与仿真 ·········· 72
6.1 研究背景 ························· 72
6.2 仓储系统概述 ···················· 72
6.3 L服装公司仓储系统流程描述 ··· 73
6.4 L服装公司仓储系统现状分析 ··· 74
6.5 L服装公司仓储系统模型的构建 ··························· 74
6.6 模型主要实体参数设置 ······· 76
6.7 仿真结果分析 ···················· 80
6.8 模型优化与分析 ················ 83
6.9 本章小结 ························· 87

第7章 自动化立体仓库建模与仿真 ··· 88
7.1 研究背景 ························· 88
7.2 自动化立体仓库概述 ·········· 88
7.3 D集团自动化立体仓库 ······· 91
7.4 D集团自动化立体仓库现状分析 ··· 92
7.5 D集团自动化立体仓库模型的构建 ··························· 93
7.6 模型主要实体参数设置 ······· 94
7.7 仿真结果分析 ···················· 99
7.8 模型优化与分析 ················ 102
7.9 本章小结 ························· 106

第8章 第三方物流系统建模与仿真··108

- 8.1 研究背景 ·················108
- 8.2 第三方物流概述 ···········108
- 8.3 S速运配货作业流程描述········110
- 8.4 S速运配货作业现状分析········111
- 8.5 S速运配货作业模型的构建······111
- 8.6 模型主要实体参数设置········114
- 8.7 仿真结果分析 ···········119
- 8.8 模型优化与分析 ·········121
- 8.9 本章小结 ···············125

第9章 物流配送中心建模与仿真·····126

- 9.1 研究背景 ···············126
- 9.2 物流配送中心概述 ·········127
- 9.3 D物流配送中心作业流程·······129
- 9.4 D物流配送中心作业现状分析···130
- 9.5 D物流配送中心作业模型的构建············131
- 9.6 模型主要实体参数设置········133
- 9.7 仿真结果分析 ···········142
- 9.8 模型优化与分析 ·········147
- 9.9 本章小结 ···············152

第10章 延迟供应链建模与仿真·······153

- 10.1 研究背景···············153
- 10.2 延迟供应链概述··········153
- 10.3 X渔业集团供应链流程描述····157
- 10.4 X渔业集团供应链现状分析····159
- 10.5 基于OMO的延迟供应链模型的构建············159
- 10.6 模型主要实体参数设置·······161
- 10.7 仿真结果分析···········167
- 10.8 模型优化与分析·········172
- 10.9 本章小结···············174

第11章 三级供应链建模与仿真·······175

- 11.1 研究背景···············175
- 11.2 多级库存系统理论概述······176
- 11.3 库存系统逻辑流程描述······178
- 11.4 单级库存系统模型的构建·····179
- 11.5 多级库存系统模型的构建·····180
- 11.6 模型主要实体参数设置······182
- 11.7 仿真结果分析···········187
- 11.8 本章小结···············188

参考文献 ··················**189**

第 1 章 供应链与物流系统

1.1 供应链

1. 供应链与供应链管理的概念

对于供应链很多学者给出了定义，这里采用马士华教授给出的概念，即供应链是围绕核心企业，通过对物流、信息流、资金流的控制，从采购原材料开始，到制成中间产品及最终产品，最后由销售网络把产品送到消费者手中的将供应商、制造商、分销商、零售商，直至最终用户连成一个整体的功能网链结构模式。

供应链管理是通过高度的信息共享整合优势资源，打通各个环节，以整体效率最大化为目标的管理思想和方法。新零售要想引领潮流在目前的 OMO（线上线下的融合）发展阶段就不可避免地利用供应链的优势，而传统的推式、拉式供应链已经不再适应当前 OMO 模式下顾客的多样化需求和快速反应时间。

2. 推式、拉式、推拉式供应链

推式供应链是指以制造商为核心，制造商通过历史数据和库存状况对供应链下游需求量进行预测和生产，并通过供应链从制造商逐级推向分销商、零售商和顾客，如图 1-1 所示。在需求预测的过程中，由于牛鞭效应的存在，增加了供应商供应、库存管理等方面的不确定性，传统供应链流程如图 1-2 所示。推式供应链对市场需求变化的响应敏捷性较低，如产品需求旺盛时无法及时满足市场需求，不仅造成企业利润的流失，还会导致顾客满意度的下降；而在产品需求消失时，由于供应链需要较长的响应时间，会造成大量库存堆积和高昂的资源闲置成本。

图 1-1　推式供应链

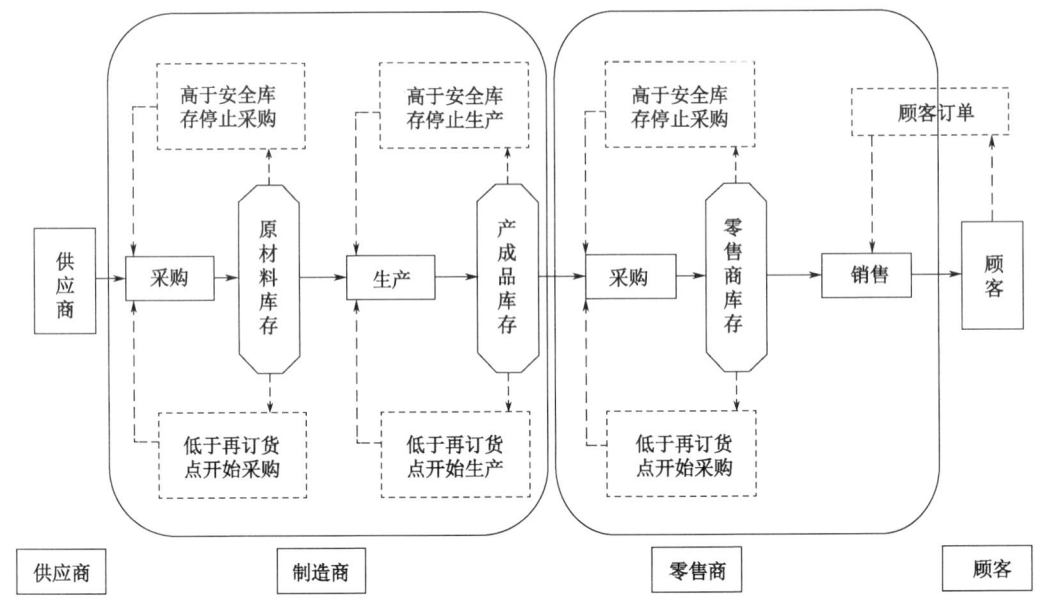

图 1-2 传统供应链流程图

拉式供应链是指以顾客需求为核心,能够更迅速地响应顾客需求的变化,为顾客提供定制化、个性化的服务。拉式供应链能够通过迅速响应顾客需求变化,避免某些产品因较长的提前期而导致顾客体验度下降,同时降低推式供应链牛鞭效应导致的各级库存水平,实现零库存。拉式供应链如图 1-3 所示。

图 1-3 拉式供应链

虽然拉式供应链效果显著,但也存在某些不足。比如,拉式供应链虽然可以让企业实现零库存,但是整个供应链都实现零库存就意味着原材料也无须储备,完全按照顾客需求从零开始生产。显然理论和实际相去甚远。

推式、拉式供应链各有其优缺点,对于某一特定的行业和产品来说,如何选择供应链的策略是关键,不仅要考虑顾客需求的不确定性,还要考虑企业自身生产和分销规模经济的重要性。当顾客需求变动较大时应选择以顾客为中心的拉式供应链;相反顾客需求相对稳定时,就应该采用基于历史数据进行需求预测的推式供应链。而当规模效应带来的成本降低对企业比较重要且组合需求的价值较高时,则应该采用推式供应链,否则应采用拉式供应链。除以上两种选择之外,也可以采用推式、拉式供应链的战略组合——推拉式供应链。

推拉式供应链结合推式、拉式供应链的优势，既可以在上游实现规模效应又可以在下游满足顾客的多样化需求和个性化定制，其分界点称为顾客需求切入点（Customer Order Post-ponement Decoupling Point，CODP）。分界点上游是以供应链的价值增值为动力驱动的，是在生产差异化出现之前的行为和决策；分界点下游是靠顾客的订单和多样化需求来拉动的。

推拉式供应链分为前推后拉式和前拉后推式两种形式。戴尔公司的供应链就是典型的前推后拉式。戴尔公司的供应链采用的是面向顾客的直销模式，省略了分销商和零售商等中间环节，因此戴尔公司可以与顾客直接接触获得关于顾客的第一手资料，并对顾客进行不同层级的细分，分析不同层级顾客的需求倾向和赢利空间。同时，戴尔公司还不断引领顾客去往新的消费方向，即只要有零部件就可以组装出个性化的计算机，使顾客迎合公司的直销模式。戴尔公司的零部件是按照预测进行生产分销的，而组装是根据顾客的需求来进行的。也就是说，在装配之前，戴尔公司采用的是推式供应链；在装配之后采用的是拉式供应链。

家具行业是采用前拉后推式供应链的典型行业。众所周知，家具生产的原料大同小异，但是在造型、颜色等方面的顾客偏好却天差地别，市场需求不确定性较高。因此，家具企业大多是在接到顾客订单后再组织生产，然后由分销商将产品运送到顾客手中。由于已成型的家具体积较大、运输成本较高，下游在运输时往往通过大规模运输来降低成本。因此，为降低顾客需求的不确定性，家具制造商一般是接到顾客订单后再进行生产，采用的是拉式供应链；而在运输时考虑规模经济，采用的是推式供应链。

推拉式供应链的优点如下所述。

①可以实现生产和运输的规模经济。制造商可以大批量地生产模块化、通用化的零件和半成品，当顾客产生需求时，迅速地按照顾客订单进行定制化的组装和生产。

②可以降低库存成本，降低企业风险。对于单纯的推式供应链来说，牛鞭效应导致预测的顾客需求与实际顾客需求差距较大，企业库存成本增加。推拉式供应链一方面照顾了提前期较长的产品；另一方面也引入了顾客需求，将差异化的分离点延迟后置。首先，在前期主要生产运输半成品、模块化制品等，其运输搬运的难度和破损度较于产成品有所降低，能够降低库存成本；其次，推拉式供应链采用标准化、模块化的组装方式，能够迅速

满足顾客的多样化需求和个性化定制，能够降低企业生产不确定性和企业风险。

1.2 物流系统

1. 物流系统概念

物流系统是指在一定的时间和空间里，由所需输送的物料和包括有关设备、输送工具、仓储设备、人员，以及通信联系等若干相互制约的动态要素构成的具有特定功能的有机整体。

物流系统是由物流各要素所组成且要素之间存在有机联系并具有使物流总体合理化功能的综合体。物流系统是社会经济大系统的一个子系统或组成部分，如图1-4所示。

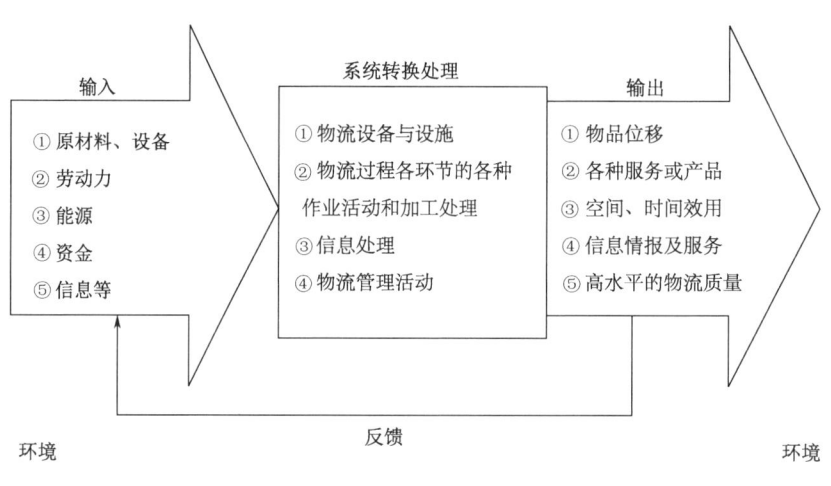

图1-4 物流系统

随着计算机科学和自动化技术的发展，物流管理系统也从简单的方式迅速向自动化管理演变，其主要标志是自动物流设备，如自动导引车（Automated Guided Vehicle，AGV）、自动存储、提取系统（Automated Storage/Retrieve System，AS/RS）、空中单轨自动车（SKY-RAV）、堆垛机（Stacker Crane）等，以及物流计算机管理与控制系统的出现。物流系统的主要目标在于追求时间和空间效益。

对于大多数企业来说，物流系统优化是其降低供应链运营总成本的最显著的商机所在。但是，物流系统优化过程不仅要投入大量的资源，而且是一个需要付出巨大努力、克服困难和精心管理的过程。Velant公司的总裁Don Ratliff博士在2002年美国物流管理协会（CLM）

年会上提出了"物流优化的 10 项基本原则",并认为通过物流决策和运营过程的优化,企业可以获得降低物流成本 10%~40%的商业机会。这种成本的降低必然转化为企业投资回报率的提高。

物流优化的 10 项基本原则如下所述。

①设定定量的和可测评的目标(Objectives)。

②建立能够忠实反映实际的物流过程的模型(Models)。

③获得准确、及时和全面的数据(Data)用于物流系统的优化。

④物流系统优化过程中集成(Integration)数据的自动传递。

⑤表述(Delivery)一种可执行、可管理和可控制的系统优化方案。

⑥借助优化的算法(Algorithms)给出物流优化解决方案。

⑦计算(Computing)平台必须具有足够的容量在可接受的时间段内给出优化方案。

⑧人员(People)具备支持建模、数据收集和优化方案所需的技术专长。

⑨商务实际运行过程(Process)中对物流优化技术实施监测、支持和持续的改进。

⑩考虑技术、人员和操作的总成本,证实物流系统优化的投资回报率(ROI)。

1.3 本章小结

物流系统服务于企业商业运作,企业的运作存在于供应链环境中,而供应链的运作也离不开物流系统的支撑,每一个物料或产品在"空间"和"时间"上的转移都有着物流运作的痕迹。本章首先对供应链和供应链管理相关概念进行描述说明,再引入物流系统相关概念及优化原则。

第 2 章　系统模型仿真与优化

2.1　系统、模型和仿真

　　系统、模型和仿真三者之间的关系密不可分，仿真是对依据现实系统建立的模型进行的一种模拟实验，通过对实验结果的分析提出优化现实系统的方案。模型的建立依据现实系统，仿真则是为模型提供运行服务，可以不在现实中操作就能了解系统模型的性能。通过仿真，可以找出问题所在，是解决问题的一种非常好的试验手段。系统、模型及仿真三者相互结合，会使系统优化得更贴合实际。

2.2　物流系统仿真

1. 物流系统仿真的概念

　　物流系统仿真是指根据现实物流系统建立仿真模型，然后运行模型，进行试验，用模型代替现实系统，从而研究物流系统特征的方法。通过仿真，可以还原现实物流系统的各种动态活动并把系统运行的动态过程及各个实体的状态记录下来，最终通过分析得到系统设计功能。

2. 物流系统仿真基本步骤

　　物流系统仿真基本步骤：先对物流系统进行调研，了解系统整体的运行状况并确定系统流程，进而采集系统数据；再根据系统流程，建立仿真模型，并运行仿真模型；最后对仿真运行结果进行统计并加以分析，根据系统实际情况进行优化。物流系统仿真基本步骤如图 2-1 所示。

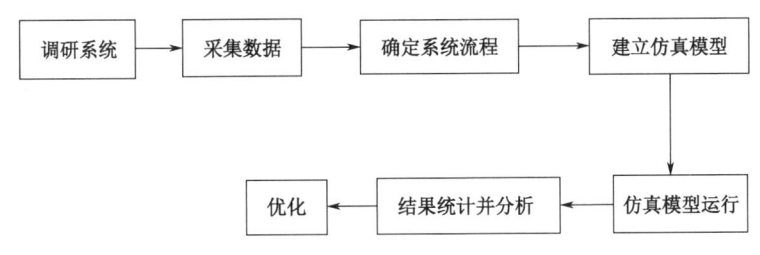

图 2-1 物流系统仿真基本步骤

2.3 基于 FlexSim 的建模仿真与优化

1. FlexSim 仿真软件介绍

FlexSim 由同名的美国公司 FlexSim 所研发，是一款系统仿真软件，主要用来进行现实世界中离散事件的仿真模拟。FlexSim 是世界上首个集成 C++和编译器于图形界面的基于微软 Windows 系统的仿真软件。该软件环境同时具有面向对象的特点，对于现实世界某些离散事件系统，如交运系统、仓储物流系统等具有极强的仿真能力，在仿真模拟此类系统时常有意料之外的效果。

作为对各行各业的各种不同系统进行建模的通用工具，FlexSim 具有如下几个特点。

首先，FlexSim 的主要作用是仿真模型的建立、分析与优化，其集仿真技术、数据处理技术、AI 技术、三维图像处理技术为一体，可以在计算机系统中建立研究对象的仿真模型，并对此模型进行分析验证，最终获得效果良好的优化方案。

其次，FlexSim 的支持使得建模过程简便易行。FlexSim 遵循所见即所得的设计理念，只需对工具进行拖动及附加一些必要的程序就可以快速建立起完善的系统模型。用户可自主选择软件内置的处理器、暂存器、输送机等物理单元建立物理模型，并将该模型以三维动画的形式体现。

最后，FlexSim 的帮助手册、使用方法、软件按钮等已经实现了中英文的互译，这对于使用汉语的用户来说降低了学习门槛，缓和了学习曲线。FlexSim 功能结构如图 2-2 所示。

2. FlexSim 软件建模基本步骤

利用 FlexSim 对物流系统进行建模仿真一般分为 7 大步。

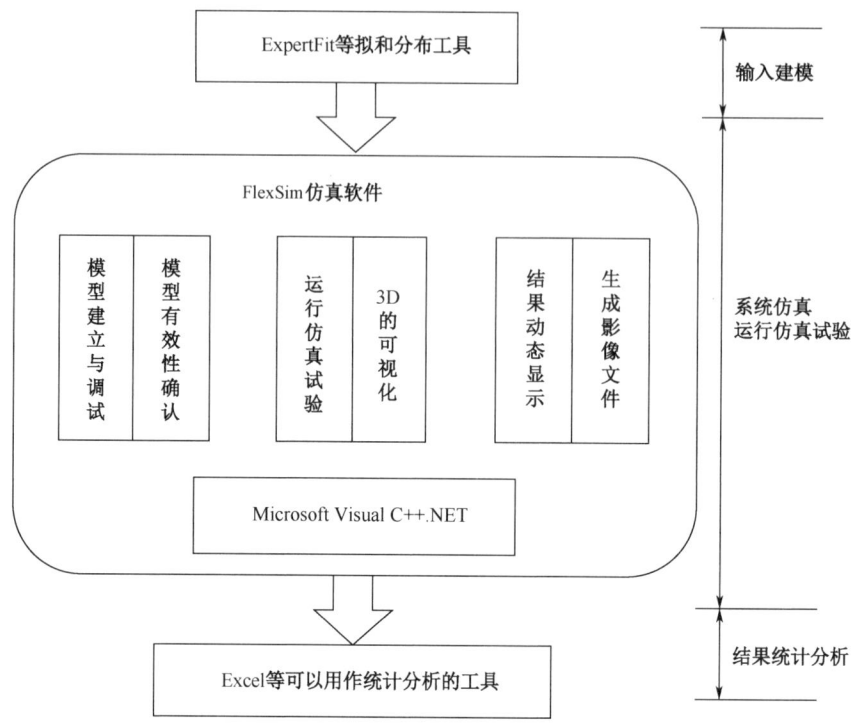

图 2-2　FlexSim 功能结构

①系统调研。在系统仿真之前，首先应对需要仿真的系统做一个全面而系统的分析，了解整个系统中包含的实体及实体的属性，然后运用实体及其属性组建系统的作业流程，最后根据现实需要设计系统的相关参数。系统相关参数的正确完整设计是仿真系统有效的关键步骤之一。

②确立仿真目标。对于不同的期望应该因地制宜地建立不同的模型，因此仿真目标的确立对于整个系统的构建来说尤为重要。在最后优化的时候，应该根据最初确立的目标对系统进行调整。同时，目标的确立不应局限于整个系统，还应该拓展到重要的子系统。由于子系统之间的联动，子系统目标的确立有更多的浮动余地，只要最终结果符合系统整体期望即可。

③初步建立系统模型。模型是仿真的语言，可以清晰地描述系统达到目标之前所需进行的工作，其主要由模型本身及其参数构成。参数来源于第一步系统调研的结果。通常来说，调研与建模交由不同的专业人员来完成。为了使二者的工作密切衔接，需要调研人员将参数进行排列以便仿真人员根据需求快速查找填写。通常以流程模型来描写离散事件系统的特征，流程模型中应当有实体到达事件、实体服务、排队规则、服务动作

等必要特征。

④精确建立仿真模型。上述的系统模型只是对系统的模块化描述，只描述了系统中规则、动作、事件等特征，主要用于仿真人员理解认识整个模型。建立仿真模型最终需要在计算机等专业工具上实现，这就需要对系统模型进行数字化的抽象，并添加必要的运行部件以模拟现实，以期构造出可供计算机分析运行的数字模型，这一步被称为二次建模。需要注意的是，仿真模型与系统模型表达的是相同的系统，仿真模型归根结底是系统模型的数学抽象。在仿真模型中，还会增加必要的部件形成模块，包括输入/输出模块、初始化模块、仿真钟、事件表及处理程序、保存和统计变化变量的状态统计计数器，以及产生随机数的发生器。

⑤编译运行仿真模型。仿真模型建立起来后需要编译运行来查看模拟结果。由于模拟时间是有限的，因此运行前需通过确立仿真事件数目或仿真时间间隔来确定终止仿真的时间。仿真人员可根据现实需要选择不同的终止方式。运行的时间不宜过短，否则会导致模拟结果具有较高的随机性。

⑥输出仿真结果。仿真结果的输出主要考虑输出时间及输出方式，可以阶段性输出仿真结果，也可以全部运行结束后输出结果；结果的输出方式可以采用纯数字方式，也可以借助表格、饼状图等更直观的数学工具。

⑦分析系统运行结果。这一步需要运用统计学分析方法来分析仿真结果的精度和可信度。为了使结果的精度和可信度更高，可以适当增加仿真时间或仿真次数。为了达到初期建立的仿真目标，需要找到系统中的关键部分并对其进行优化，这就要求结果分析之后对前述建立的系统参数进行修改，对多种不同的修改方案进行比较整理，选择最优方案。因此，仿真模型的运行分析通常需要进行多次。

经历上述 7 步之后便可以得到一个符合预期的仿真模型。这个模型在我们所运行的多种方案里是最优的，继续优化意义不大，因此可以当做最终的系统方案进行输出。至此，仿真过程结束。

3. FlexSim 软件实体库

FlexSim 库主要是由实体组成,如发生器、吸收器、合成器、分解器、传送带、叉车和货架等。在这些实体之间可以建立关系,从而实现各种各样的交互动作,并且这些实体都是以面向对象的方法进行构建,基本涵盖了各个供应链所有厂商的所有设备,在软件运行过程中通过三维动画的方式表现,为整个供应链行业提供了一种有效的、方便明了的可视化手段。

FlexSim 中的实体大部分可以分为两大类,即固定实体和任务执行器。

（1）固定实体

固定实体在 FlexSim 中是指固定不动的实体,对应着现实生活中生产设备等工具,在模型中扮演处理流程的角色,如发生器所产生的临时实体以固定实体为平台来完成移动、加工、处理等步骤。固定实体种类如表 2-1 所示。

表 2-1　固定实体种类

实体图像	实体名称	实体作用
发生器	发生器	发生器主要用来产生临时实体,可以设置临时实体的属性,如类型或颜色
吸收器	吸收器	与发生器相对应,用来吸收临时实体,吸收后将不再产生数据信息
暂存区	暂存区	用来暂时存储临时实体,工作模式为先进先出

续表

实体图像	实体名称	实体作用
	处理器	对临时实体通过设定预置时间、处理时间的方式来达到模拟生产活动中的处理的目的
	合成器	将多个临时实体组合起来成为整体或将整体分离，可与操作员进行交互
	分解器	与合成器相对应，可以将临时实体分解为多个部分
	货架	用来存储临时实体，可以与升降机、堆垛机，以及叉车进行交互作业
	传送带	模拟传送带实现临时实体的移动
	分拣传送带	存在多个输入、输出位置来运输临时实体

（2）任务执行器

任务执行器是指模型中共享的可以移动的资源。任务执行器种类如表 2-2 所示。

表 2-2 任务执行器种类

实体图像	实体名称	实体作用
操作员	操作员	可沿固定路径来搬运临时实体,几乎可以与所有固定实体进行交互作业
叉车	叉车	与操作员作用相同,但可以搬运高层货架上的临时实体
升降机	升降机	上下运输\移动临时实体
堆垛机	堆垛机	和固定实体货架绑定,可以存取货架上任意临时实体

2.4 本章小结

利用传统的分析方法,无法看到规划设计的物流系统运行中是否协调、畅通,以及物流系统运行中存在的问题。而利用计算机仿真技术却可以看到已经存在或正在设计的系统的运行效果,从而发现系统中存在的问题并提出优化方案,为企业生产物流系统规划提供指导。

第 3 章 生产物流系统建模与仿真

3.1 研究背景

近年来，我国物流业总体规模增长迅速，但物流管理理念还比较传统，主要以经验管理为主，物流系统规划不够专业，很少采用优化理论和优化方法规划分析，企业家更多地注重企业外部物流，忽视企业内部物流。

随着物流体系的不断完善和专业物流人士的增加，企业开始认识到企业内部的生产物流与企业发展密切相关，逐步将企业生产物流的管理和规划向专业化方向推进。虽然部分企业开始关注企业生产物流，但受各种因素的影响，现在大部分企业还不能对生产物流进行合理的规划和安排，生产物流管理仍处于探索阶段。

产品在生产线上的加工时间由产品实际加工时间、产品等待加工时间和产品流动消耗的时间 3 部分组成，若想提高生产线的生产效率，则需要尽可能地降低产品在生产线上的等待时间和流动消耗的时间。所以，合理规划生产过程中的各种物料的流动过程，可以有效地缩短产品的生产周期，提高企业生产设备利用率，从而提高企业产品生产效率。

3.2 生产物流系统概述

1. 生产物流的概念

生产物流是指企业在生产产品时，在制品在整个生产过程中的物流活动，即原材料、配件、半成品等在原材料库与生产车间之间、生产车间内部、生产车间之间、生产工序之间、生产车间与成品库之间流动、装卸搬运等物流活动。

2. 生产物流的特点

生产物流具有以下特点。

①连续性。生产过程中，物料的流动不间断，保持着空间和时间上的连续性。

②节奏性。生产过程中，从原料加工到产成品入库，需要保持稳定一致的节奏，进行均衡的生产。

③生产物流属于精益物流。生产物流有特定的生产对象，一定期限内，可以实行准确精密的策划，实现精益化物流。

④柔性。生产物流的组织形式要灵活，可以及时对市场变化做出响应，满足市场的新需求。

3. 生产物流系统优化目标

企业生产物流系统优化的目标是以最低的物流成本创造出最大的经济效益。这就要求企业在生产过程中，提高各个生产设备的利用率，降低闲置率，使各生产环节的物料运送速度达到最快、物料运送行程达到最短、生产费用达到最省。

3.3　W制药厂生产流程描述

W制药厂共有2个生产车间（固态药剂生产车间、液态药剂生产车间）、1个产品包装室、1个检验室、1个化验室、1个原材料库和1个产成品仓库。从原材料出库到产成品入库，以固态药剂生产车间生产流程为例，W制药厂的药剂生产流程如下所述。

①领原料。由车间主任提前两天下达生产指令单，工艺员、生产经理进行复核，车间工作人员持领料单前往原材料库领取原材料。

②生产前检查。工作人员检查确认各生产区之间的压差、温度与湿度是否到达规定标准，检查设备状况（是否有已清洁待运行标志），检查材料是否准备齐全等。

③生产设备设定。工作人员根据产品规格及生产要求，设定好各个生产设备。

④混料。工作人员将原材料严格按照规定比例置于混料机中，完成混料。

⑤分装。半成品随流水线进入分装机，按设置好的规格完成产品分装。

⑥封口。分装好的产品（一般为塑料包装）进入封口机完成封口。

⑦喷码。产品封口完成后，需要进行喷码，喷码内容包括生产日期、有效期、生产批号等。

⑧初检。喷码结束后，产品进入待检区，等待产品初次检验，主要检验产品装量和密

封性是否达标。由于药剂本身的特殊性，对其生产过程的管理和要求非常严格，现实生产中的残次品率极低，只有 0.2%。同时，因为生产线的特殊性，生产线上出现的残次品不是回到生产线进行再生产，而是进入残次品再处理区，等待人工处理。

⑨打包、拼箱。检验完毕，产品离开固态药剂生产车间。检验合格品进入中转库等待打包、拼箱，不合格品进入再处理区等待二次处理，此处为人工处理。

⑩质量检验。产品包装完成，质量部派专人对包装合格的产品抽样化验，样品质量检验合格后填写《成品检验报告》《成品放行审核单》并签字。

⑪产品入库。工作人员同时携带《成品检验报告》《成品放行审核单》，联系仓库保管员，办理产品入库手续，完成产品入库。

W 制药厂药剂生产流程如图 3-1 所示。

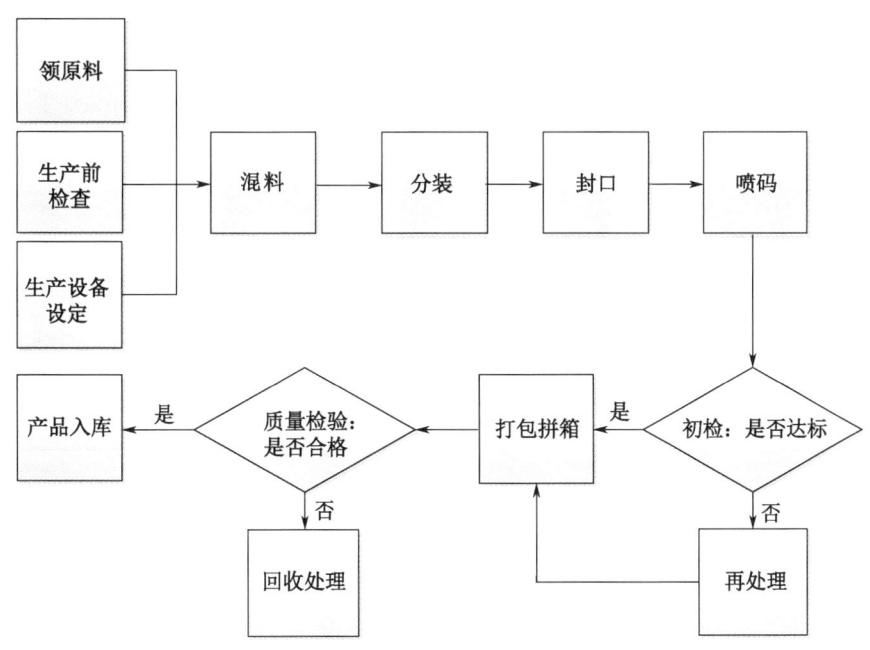

图 3-1 W 制药厂药剂生产流程

本车间生产物流系统可生产产品约 15 种，根据订单和生产计划，平均每天涉及 2~4 种产品的生产。产品包装规格（绝大多数）：20 包（瓶）为 1 盒，4 盒为 1 箱。固态药剂平均每天的需求量为 100 箱，即固态药剂生产车间平均每天的生产量为 8000 包。

3.4　W制药厂生产物流现状分析

W制药厂的产品结构、制造工艺相对简单，产品种类多，对生产过程有较高的要求。通过分析，车间生产线当前主要存在以下问题。

①生产车间内，生产线上的在制品数量较多、停留时间较长。

②生产车间的生产能力已无法满足日益增长的产品需求。目前，车间正常生产时间内的饱和生产状态已无法满足订单需求，生产车间工作时间延长。

③产品在生产过程中，经常发生阻塞现象。对于这些现象缺乏针对性分析，难以找出本质原因，因此阻塞现象时有发生，生产效率偏低。

④车间生产效率低，而订单数量增加，导致车间生产工人加班现象越来越严重，员工满意度差，工作积极性低，人力成本上升。据调研，制药厂生产车间实行8小时工作制，但目前车间生产工人每天需加班1~2小时，才能完成生产任务。

⑤企业正在准备进行生产车间生产物流系统优化，增减设备或改善设备布局，却难以确定最优的设计方案。

因此，优化W制药厂生产物流系统是降低药剂生产成本、提高药剂产量的首要任务。本文选择以固态药剂生产车间产品生产过程为例进行研究分析，其他车间、部门生产活动不在这次讨论范围内。

3.5　W制药厂生产物流系统模型的构建

1. 模型假设

对固态药剂生产车间生产物流系统进行仿真，需要根据实际生产物流系统做出以下假设。

①模型中的原材料由生成器生成，进入生产物流系统。由于该生产线产品的特殊性，每一类产品由3~4种原材料（包括主、辅料，黏合剂）组合而成，它们同时进入生产物流系统，因此把组成每一类产品的3~4种原材料（包括主、辅料，黏合剂）看作同一个临时

实体，由发生器产生，进入生产物流系统。

②在模型里，不同的加工工序被定义为不同的处理器，各项工序的具体操作（如混料、分装等）抽象为时间延迟，时间参数按实际操作时间设置。

③原材料被定义为发生器按照实际生产时间表生成的不同类型的临时实体。

④由于生产线上的残次品率极低，人工处理时间很短，模型中用处理器代替人工，处理器加工时间按人工处理时间设置。

⑤除再处理环节外，生产车间内工作人员主要负责观察生产线、处理生产线突发问题、确保生产线正常工作，不直接参与生产线生产工作，模型中假设生产线上无工作人员参与生产。

⑥假设第一道工序不因缺料停工，生产过程中设备不发生故障，设备准备时间为零。

⑦W制药厂的生产车间，生产线中午中断工作1小时，由于生产线没有准备时间，同时为了方便仿真模拟，假设生产线不中断工作。

⑧W制药厂生产的各种产品生产流程相同，平均每天涉及2~4种产品在生产线生产。本模型模拟生产物流系统一天的生产流程，假设生产氟苯尼考粉、多素乐粉、优利特3种药剂，分别生产3000包、3000包、2000包。

2. 模型构建

生产模型研究的是固态药剂生产车间生产物流系统，其基本作业流程包括混料、分装、封口、喷码、初检5个环节。根据生产情况，每种类型原材料到达时刻表如表3-1所示。

表3-1 原材料到达时刻表

原材料类型	到达时间（分钟）	数量
类型1（氟苯尼考粉）	2	60
类型2（多素乐粉）	4	60
类型3（优利特）	6	40

根据实际调查、数据整合，实体在各工序的平均加工时间如表3-2所示。

表 3-2　各工序平均加工时间表

单位：分钟

产品名称 工序名称	氟苯尼考粉	多素乐粉	优利特
混料	0.1	0.1	0.1
分装	0.1	0.1	0.1
封口	0.08	0.06	0.06
喷码	0.05	0.05	0.05
初检	0.05	0.05	0.05

②在 W 制药厂固态药剂生产车间实际生产数据的基础上，结合本文对生产物流系统的假设，将所需的实体拖放到相应的位置（1 个 Source，8 个 Queue，11 个 Processor，1 个 Conveyor，1 个 Sink），并将实体按实际生产线修改名称。最后，按照生产流程用"A 连接"连接各实体，建立如图 3-2 所示的生产物流系统仿真模型。

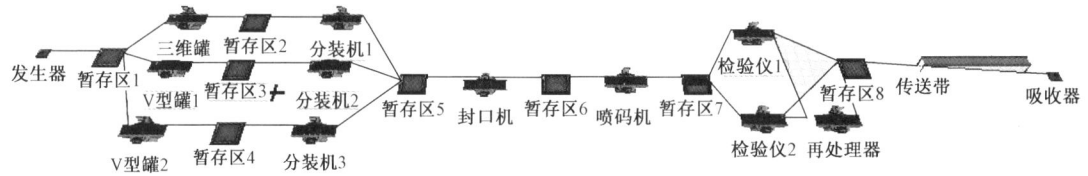

图 3-2　生产物流系统仿真模型

模型中各实体元素的功能如表 3-3 所示。

表 3-3　实体元素功能表

类型	名称	数量	功能
发生器组	发生器	1	产生原材料
暂存区组	暂存区 1	1	混料机组的输入暂存区
	暂存区 2～暂存区 4	3	分装机组的输入暂存区
	暂存区 5	1	封口机组的输入暂存区
	暂存区 6	1	喷码机组的输入暂存区
	暂存区 7	1	检验仪组的输入暂存区
	暂存区 8	1	检验仪组的输出暂存区
传送带组	传送带	1	实现产品的输送
吸收器组	吸收器	1	原料加工后的最终去处

续表

类型	名称	数量	功能
处理器组	三维罐、V型罐1、V型罐2	3	实现在制品的混料
	分装机1~分装机3	3	实现在制品的分装
	封口机	1	实现在制品的封口
	喷码机	1	实现在制品的喷码
	检验仪1、检验仪2	2	实现在制品的初检
	再处理器	1	实现残次品的再加工

3.6 模型主要实体参数设置

1. 发生器参数设置

在模型中，需要发生器循环产生3种类型的产品（流动实体），为了仿真时更好地观察模型，给不同类型产品设定不同的颜色。其中，类型1产品（氟苯尼考粉）3000个，每隔2分钟生产一批60个；类型2产品（多素乐粉）3000个，每隔2分钟生产一批60个；类型3产品（优利特）2000个，每隔2分钟生产一批40个。当发生器总共产生8000个产品时，自动停止生产产品。在"触发器"选项卡的"离开触发"对话框里，将"条件"改成"getoutput（current）==7999"，将"操作"改成"closeoutput"。发生器参数设置如图3-3所示。

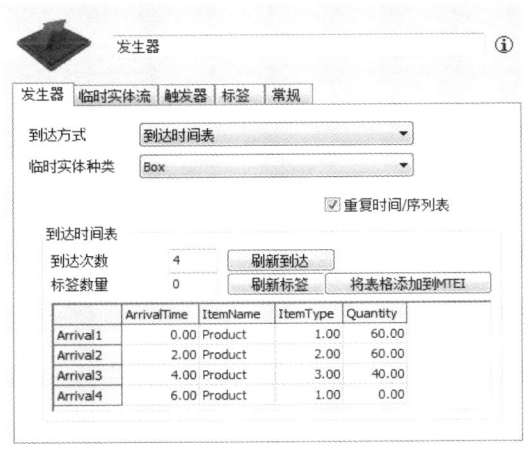
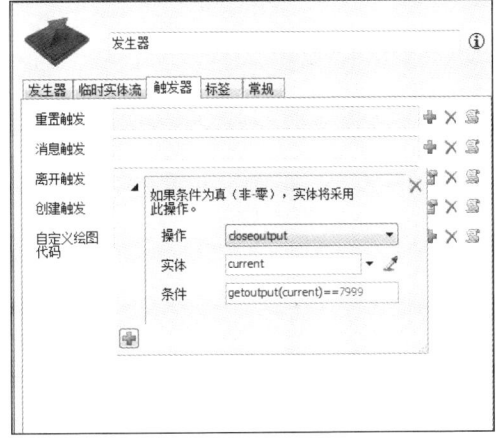

图3-3 发生器参数设置

2. 暂存区参数设置

①最大容量设置。为使整个系统正常工作，所有的暂存区必须容纳足够多的产品，以保证前一级输出的产品不至于因为没有地方存放而使得前一级不能正常工作。因此，把所有暂存区的最大容量设置为 8000。

②发送至端口设置。所有实体"发送至端口"默认为第一个可用端口，因实际生产线情况，在暂存区 1 中，类型为 1（case 值=默认）的临时实体发送至端口 3，类型为 2（case 值=1）的临时实体发送至端口 1，类型为 3（case 值=2）的临时实体发送至端口 2。在暂存区 7 中，类型为 1（case 值=默认）和类型为 3（case 值=2）的临时实体发送至端口 1，类型为 2（case 值=1）的临时实体发送至端口 2。暂存区 1、暂存区 7 参数设置如图 3-4 所示。

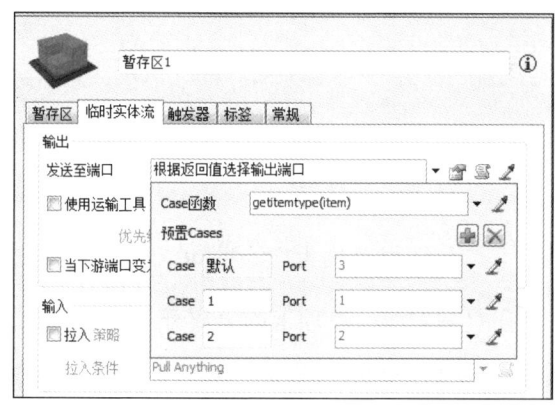

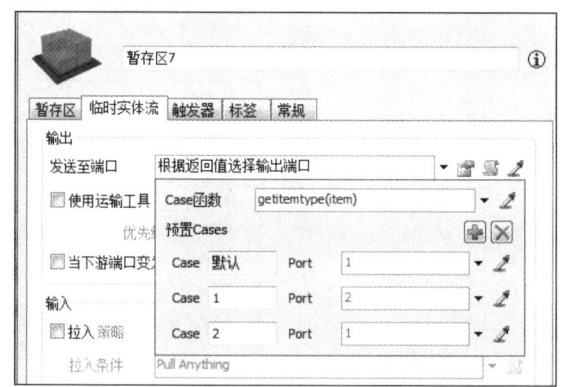

图 3-4　暂存区 1、暂存区 7 参数设置

3. 处理器参数设置

①三维罐、V 型罐、分装机、喷码机、检验仪及再处理器加工时间设置。处理器参数

设置的关键点是加工时间的设置。其中，产品在三维罐、V 型罐、分装机、喷码机、检验仪及再处理器上的加工时间不受临时实体类型的影响。以三维罐为例，类型 1 产品在三维罐的加工时间为 0.1 分钟，在三维罐的属性对话框中，将"处理器"选项卡的"加工时间"设置为"0.1"。V 型罐、分装机、检验仪及再处理器的参数设置同三维罐。三维罐参数设置如图 3-5 所示。

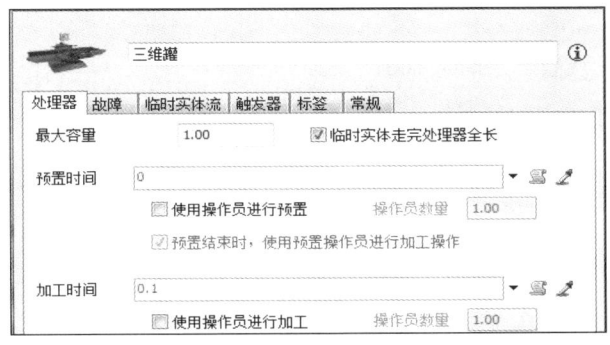

图 3-5　三维罐参数设置

②封口机加工时间设置。产品在封口机上的加工时间受到产品种类的影响，类型 1 产品在封口机的加工时间为 0.08 分钟；类型 2 产品在封口机上的加工时间为 0.06 分钟；类型 3 产品在封口机上的加工时间为 0.06 分钟。在封口机的属性对话框中，"处理器"选项卡的"加工时间"下拉菜单设置为"Values By Case"，并修改时间参数，即类型 1 产品的加工时间为 0.08 分钟，类型 2 产品的加工时间为 0.06 分钟，类型 3 产品的加工时间为 0.06 分钟。封口机参数设置如图 3-6 所示。

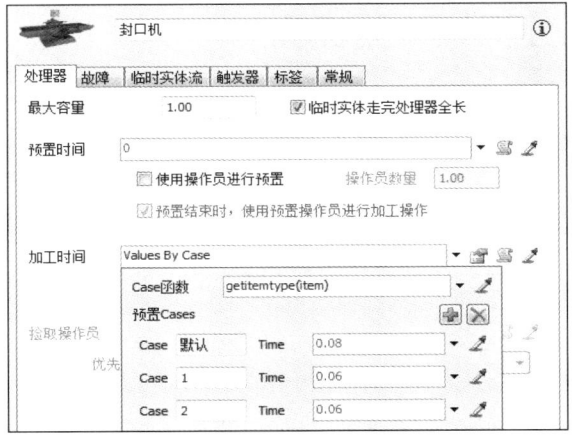

图 3-6　封口机参数设置

③检验仪发送至端口设置。调研数据显示该生产线出现残次品的概率为 0.2%，因此检验仪的属性对话框中，"临时实体流"选项卡的"发送至端口"下拉菜单设置为"By Percentage"。以检验仪 1 为例，检验仪参数设置如图 3-7 所示。

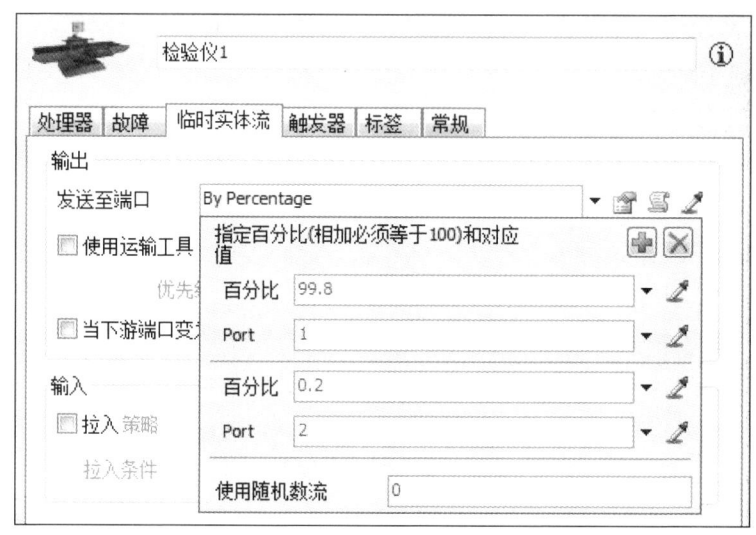

图 3-7　检验仪参数设置

4. 模型停止时间设置

由于在本案例中加工产品的数量是固定的，所以模型停止时间需要在传送带处设置。在传送带的属性对话框的"触发器"选项卡中，单击"On Convey End"右边的"代码编写符号"，打开代码编写器，加入语句"if（getoutput（current）==7999）stop（）"。

3.7　仿真结果分析与数据优化

1. 仿真模型运行

单击主视窗底部的"重置"按钮，将系统和模型参数设置为初始状态，单击"运行"按钮，运行模型。模型运行过程中的某一运行状态如图 3-8 所示，可见暂存区 5 出现了产品堆积现象。

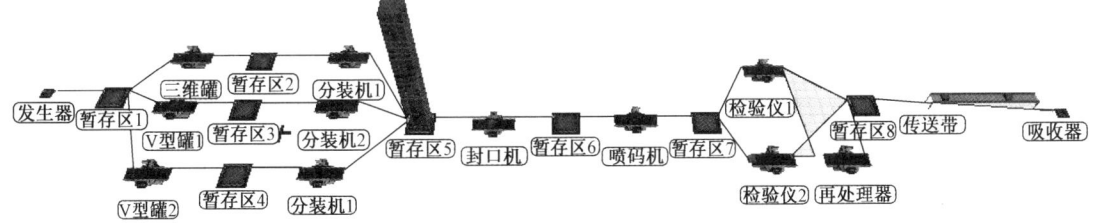

图 3-8　模型运行状态图

仿真模型总运行时间为 533.68 分钟，约 8.9 小时。仿真输出状态报告如表 3-4 所示，仿真输出标准报告如表 3-5 所示。

表 3-4　仿真输出状态报告表

对象	Idle	Processing	Blocked	Releasing	Empty
暂存区 1	0.00%	0.00%	0.00%	98.03%	1.97%
三维罐	10.27%	89.73%	0.00%	0.00%	0.00%
V 型罐 1	11.89%	88.11%	0.00%	0.00%	0.00%
V 型罐 2	10.90%	89.10%	0.00%	0.00%	0.00%
暂存区 2	0.00%	0.00%	0.00%	0.00%	100.00%
暂存区 3	0.00%	0.00%	0.00%	0.00%	100.00%
暂存区 4	0.00%	0.00%	0.00%	0.00%	100.00%
分装机 1	10.30%	89.70%	0.00%	0.00%	0.00%
分装机 2	11.92%	88.08%	0.00%	0.00%	0.00%
分装机 3	10.93%	89.07%	0.00%	0.00%	0.00%
暂存区 5	0.00%	0.00%	0.00%	99.96%	0.04%
封口机	0.04%	99.96%	0.00%	0.00%	0.00%
暂存区 6	0.00%	0.00%	0.00%	0.00%	100.00%
喷码机	25.03%	74.97%	0.00%	0.00%	0.00%
暂存区 7	0.00%	0.00%	0.00%	0.49%	99.51%
检验仪 1	49.98%	49.75%	0.27%	0.00%	0.00%
检验仪 2	74.77%	25.23%	0.00%	0.00%	0.00%
再处理器	96.23%	3.77%	0.00%	0.00%	0.00%
暂存区 8	0.00%	0.00%	0.00%	0.02%	99.98%

表 3-5 仿真输出标准报告表

对象	Stats_Staytimeavg	Stats_Content	Stats_Contentavg	State_Since
发生器	0	0	53.288591	532
暂存区 1	1.062588	0	28.326225	300.1
三维罐	0.1	0	0.897299	299.9
V 型罐 1	0.1	0	0.881079	300.2
V 型罐 2	0.1	0	0.89097	299
暂存区 2	0	0	0	299.9
暂存区 3	0	0	0	300.2
暂存区 4	0	0	0	299
分装机 1	0.1	0	0.897	300
分装机 2	0.1	0	0.880786	300.3
分装机 3	0.1	0	0.890672	299.1
暂存区 5	116.801617	0	1751.739605	533.42
封口机	0.06666	0	0.999625	533.48
暂存区 6	0	0	0	533.48
喷码机	0.05	0	0.749724	533.53
暂存区 7	0.001292	0	0.01938	533.53
检验仪 1	0.050275	0	0.500225	533.58
检验仪 2	0.05	0	0.252278	533.34
再处理器	1	0	0.037656	531.12
暂存区 8	0.000013	0	0.000194	533.58
吸收器	0	1	0	0

2. 仿真结果分析

系统的生产能力由瓶颈处的生产能力决定，一般认为一个机器组的占用率（利用率+堆积率）过高，则为系统的瓶颈。因此，本文选择用设备利用率和暂存区中临时实体平均等待时间作为确定系统瓶颈的参数。

第一，通过查阅相关资料和对 W 制药厂固态药剂生产车间的实际调研发现，利用率大于 93% 的设备可以认为是系统的瓶颈。模型中各处理器的工作状态如图 3-9 所示。

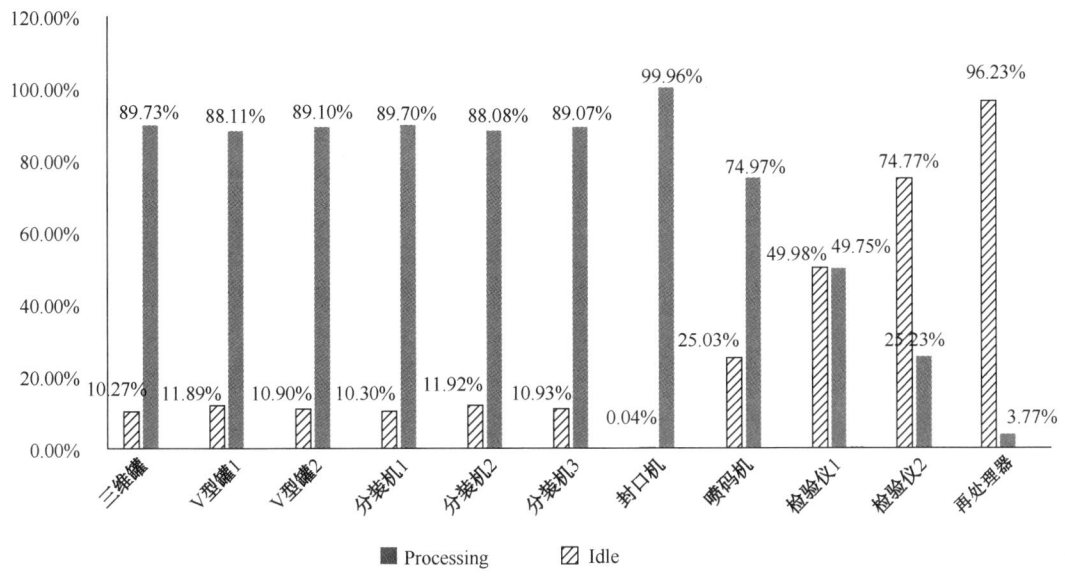

图 3-9 各处理器工作状态

由表 3-4 和图 3-9 可以看出，封口机的设备利用率已经超过 93%，是固态药剂生产车间的生产瓶颈，可通过增加封口机数量优化生产物流系统。同时可以看出，2 台检验仪的闲置率较高，但因为 2 台检验仪分别检验不同种类的产品，在生产要求下，无法通过减少检验仪数量优化生产物流系统，可通过提高其前面生产设备的加工效率，提高其设备利用率。

第二，由表 3-5 和图 3-10 各暂存区的临时实体平均等待时间可以看出，暂存区 5 中临时实体平均等待时间最长，远远大于其他暂存区，可以得出其后方设备——封口机为系统的瓶颈。

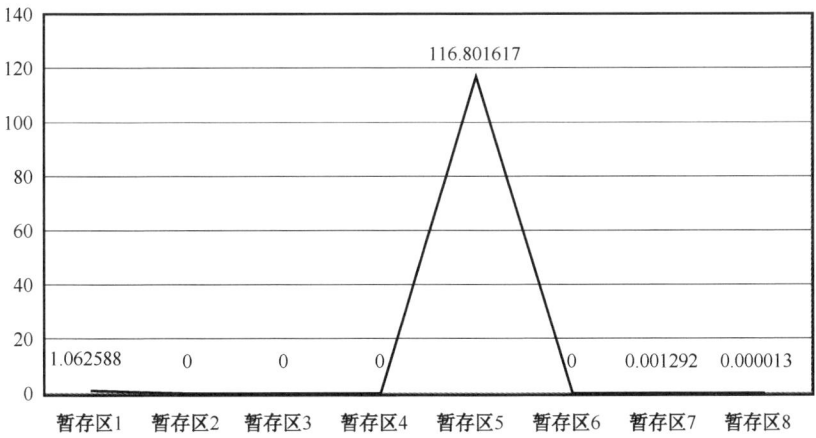

图 3-10 各暂存区的临时实体平均等待时间

通过分析，我们可以认为封口机是整个生产物流系统的主要瓶颈。因此，我们单独分析封口机的工作状态，可见封口机几乎完全处于加工状态，其工作状态如图 3-11 所示。

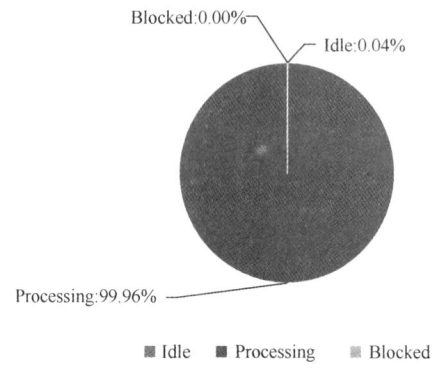

图 3-11　封口机工作状态图[①]

由以上分析可知：该固态药剂生产车间的瓶颈在于封口机器组；如果想要消除系统的瓶颈，首先需要增加封口机的数量。

3.8　模型优化与分析

1. 第一次模型优化

（1）模型构建

根据以上分析，需要对固态药剂生产车间生产物流系统进行优化，先增加 1 台封口机，保持原有模型实体参数设置，封口机 1、封口机 2 的参数设置同原模型中的封口机，运行模型并进行分析。第一次优化仿真模型如图 3-12 所示。

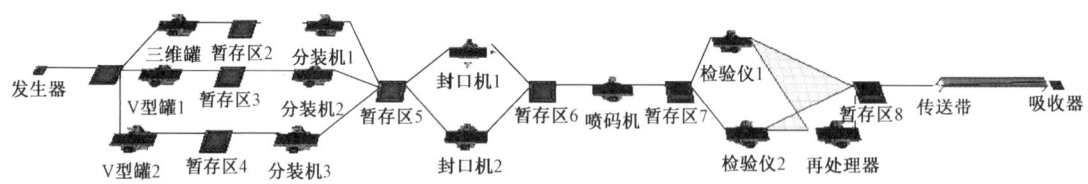

图 3-12　第一次优化仿真模型

第一次优化后，仿真模型总运行时间为 400.41 分钟，约 6.7 小时。第一次优化模型输出状态报告如表 3-6 所示，第一次优化模型输出标准报告如表 3-7 所示。

---

① 为与 FlexSim 仿真软件中的图、表保持一致，本书图、表中英文不译成中文。

表 3-6　第一次优化模型输出状态报告表

对象	Idle	Processing	Blocked	Releasing	Empty
暂存区 1	0.00%	0.00%	0.00%	98.30%	1.70%
三维罐	10.90%	89.10%	0.00%	0.00%	0.00%
V 型罐 1	9.81%	90.19%	0.00%	0.00%	0.00%
V 型罐 2	12.29%	87.71%	0.00%	0.00%	0.00%
暂存区 2	0.00%	0.00%	0.00%	0.00%	100.00%
暂存区 3	0.00%	0.00%	0.00%	0.00%	100.00%
暂存区 4	0.00%	0.00%	0.00%	0.00%	100.00%
分装机 1	10.93%	89.07%	0.00%	0.00%	0.00%
分装机 2	9.84%	90.16%	0.00%	0.00%	0.00%
分装机 3	12.32%	87.68%	0.00%	0.00%	0.00%
暂存区 5	0.00%	0.00%	0.00%	51.96%	48.04%
封口机 1	8.58%	91.42%	0.00%	0.00%	0.00%
封口机 2	14.00%	86.00%	0.00%	0.00%	0.00%
暂存区 6	0.00%	0.00%	0.00%	99.93%	0.07%
喷码机	0.06%	99.94%	0.00%	0.00%	0.00%
暂存区 7	0.00%	0.00%	0.00%	0.59%	99.41%
检验仪 1	33.25%	66.55%	0.20%	0.00%	0.00%
检验仪 2	66.61%	33.39%	0.00%	0.00%	0.00%
再处理器	94.46%	5.54%	0.00%	0.00%	0.00%
暂存区 8	0.00%	0.00%	0.00%	0.05%	99.95%

表 3-7　第一次优化模型输出标准报告表

对象	Stats_Staytimeavg	Stats_Content	Stats_Contentavg	State_Since
发生器	0	0	53.288591	400
暂存区 1	1.042113	0	27.780407	300.1
三维罐	0.1	0	0.890964	299.9
V 型罐 1	0.1	0	0.901941	298.8
V 型罐 2	0.1	0	0.877082	300.2
暂存区 2	0	0	0	299.9
暂存区 3	0	0	0	298.8
暂存区 4	0	0	0	300.2
分装机 1	0.1	0	0.890667	300
分装机 2	0.1	0	0.901639	298.9
分装机 3	0.1	0	0.87679	300.3
暂存区 5	0.028475	0	0.758575	300.3
封口机 1	0.066829	0	0.914175	300.38
封口机 2	0.066322	0	0.859971	300.08

续表

对象	Stats_Staytimeavg	Stats_Content	Stats_Contentavg	State_Since
暂存区 6	50.14783	0	1002.430324	400.21
喷码机	0.05	0	0.99935	400.26
暂存区 7	0.0017	0	0.033978	400.26
检验仪 1	0.05015	0	0.667483	400.31
检验仪 2	0.05	0	0.333908	400.11
再处理器	1	0	0.055444	378.76
暂存区 8	0.000024	0	0.000488	400.31
吸收器	0	1	0	0

（2）优化结果分析

根据表 3-6、表 3-7，可做出第一次优化各处理器工作状态图、第一次优化各暂存区临时实体平均等待时间图，如图 3-13、图 3-14 所示。

通过优化，仿真模型总的运行时间减少了 2.2 小时。由图 3-13 和图 3-14 可以看出，封口机的设备利用率已下降至 93%以下，2 台检验仪的利用率也均有提升，但喷码机的设备利用率已经超过 93%，暂存区 6 中临时实体平均等待时间远高于其他暂存区。可见，第一次优化后，喷码机成为固态药剂生产车间新的生产瓶颈，如果要提高整体产出率，还需要提高喷码机器组的产能，即增加喷码机的数量。

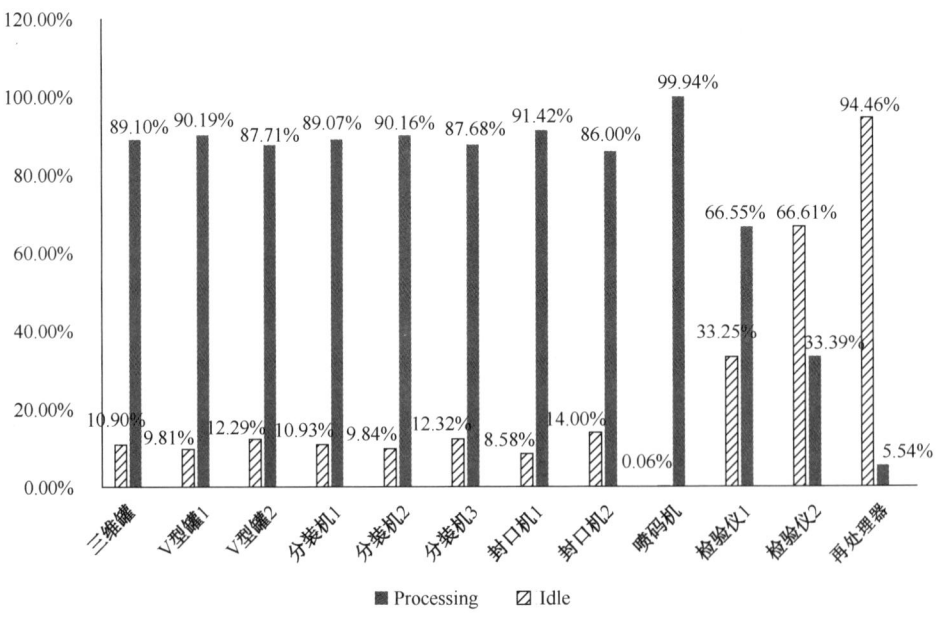

图 3-13　第一次优化各处理器工作状态

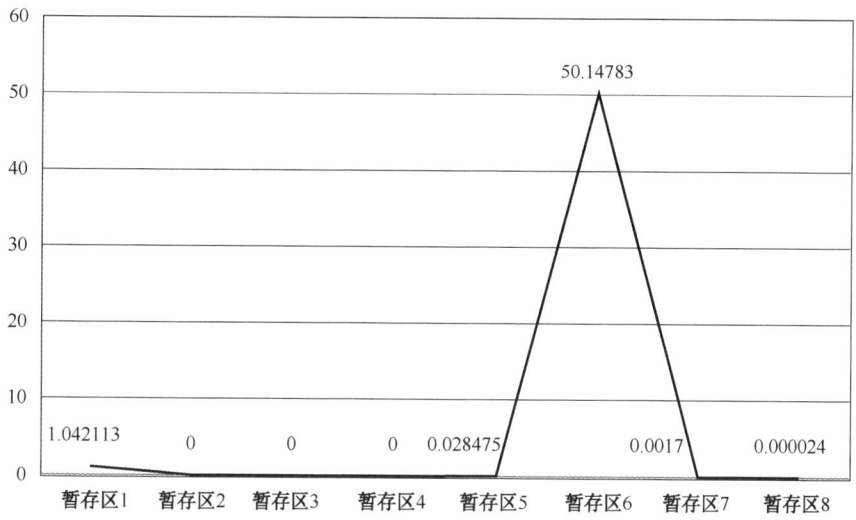

图 3-14　第一次优化各暂存区临时实体平均等待时间

2. 第二次模型优化

（1）模型构建

根据第一次模型优化的结果，对固态药剂生产车间生产物流系统进行进一步优化，需增加 1 台喷码机，保持原有模型实体参数设置，喷码机 1、喷码机 2 的参数设置同原模型中的喷码机，运行模型并进行分析。第二次优化仿真模型如图 3-15 所示。

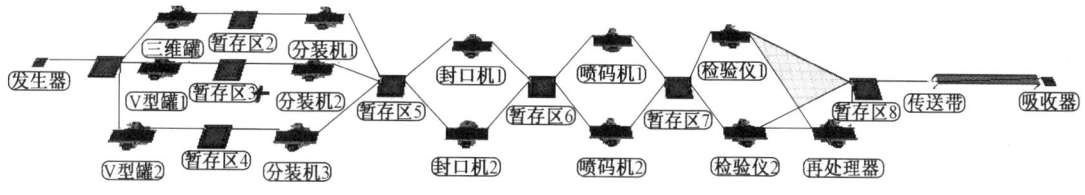

图 3-15　第二次优化仿真模型

第二次优化后，仿真模型总运行时间为 301.08 分钟，约 5.02 小时。第二次优化模型输出状态报告如表 3-8 所示，第二次优化模型输出标准报告如表 3-9 所示。

表 3-8　第二次优化模型输出状态报告表

对象	Idle	Processing	Blocked	Releasing	Empty
暂存区 1	0.00%	0.00%	0.00%	98.00%	2.00%
三维罐	10.80%	89.20%	0.00%	0.00%	0.00%
V 型罐 1	13.17%	86.83%	0.00%	0.00%	0.00%

续表

对象	Idle	Processing	Blocked	Releasing	Empty
V型罐2	9.25%	90.75%	0.00%	0.00%	0.00%
暂存区2	0.00%	0.00%	0.00%	0.00%	100.00%
暂存区3	0.00%	0.00%	0.00%	0.00%	100.00%
暂存区4	0.00%	0.00%	0.00%	0.00%	100.00%
分装机1	10.83%	89.17%	0.00%	0.00%	0.00%
分装机2	13.20%	86.80%	0.00%	0.00%	0.00%
分装机3	9.28%	90.72%	0.00%	0.00%	0.00%
暂存区5	0.00%	0.00%	0.00%	52.19%	47.81%
封口机1	8.10%	91.90%	0.00%	0.00%	0.00%
封口机2	14.00%	86.00%	0.00%	0.00%	0.00%
暂存区6	0.00%	0.00%	0.00%	0.00%	100.00%
喷码机1	30.35%	69.65%	0.00%	0.00%	0.00%
喷码机2	36.56%	63.44%	0.00%	0.00%	0.00%
暂存区7	0.00%	0.00%	0.00%	23.17%	76.83%
检验仪1	11.06%	88.59%	0.35%	0.00%	0.00%
检验仪2	55.19%	44.56%	0.25%	0.00%	0.00%
再处理器	94.35%	5.65%	0.00%	0.00%	0.00%
暂存区8	0.00%	0.00%	0.00%	0.36%	99.64%

表3-9 第二次优化模型输出标准报告表

对象	Stats_Staytimeavg	Stats_Content	Stats_Contentavg	State_Since
发生器	0	0	53.288591	300
暂存区1	1.041988	0	27.730872	300.6
三维罐	0.1	0	0.891973	299
V型罐1	0.1	0	0.868289	299.9
V型罐2	0.1	0	0.907549	300.7
暂存区2	0	0	0	299
暂存区3	0	0	0	299.9
暂存区4	0	0	0	300.7
分装机1	0.1	0	0.891675	299.1
分装机2	0.1	0	0.868	300
分装机3	0.1	0	0.907247	300.8
暂存区5	0.02875	0	0.764628	300.8
封口机1	0.067051	0	0.919037	300.88
封口机2	0.066579	0	0.859971	300.08
暂存区6	0	0	0	300.88
喷码机1	0.05	0	0.696507	300.93
喷码机2	0.05	0	0.634392	300.13

续表

对象	Stats_Staytimeavg	Stats_Content	Stats_Contentavg	State_Since
暂存区 7	0.026194	0	0.696341	300.93
检验仪 1	0.050197	0	0.889428	300.98
检验仪 2	0.050277	0	0.448072	299.26
再处理器	1	0	0.056507	300.85
暂存区 8	0.000135	0	0.003582	300.98
吸收器	0	1	0	0

（2）优化结果分析

根据表 3-8、表 3-9，可做出第二次优化各处理器工作状态图、第二次优化各暂存区临时实体平均等待时间图，如图 3-16、图 3-17 所示。

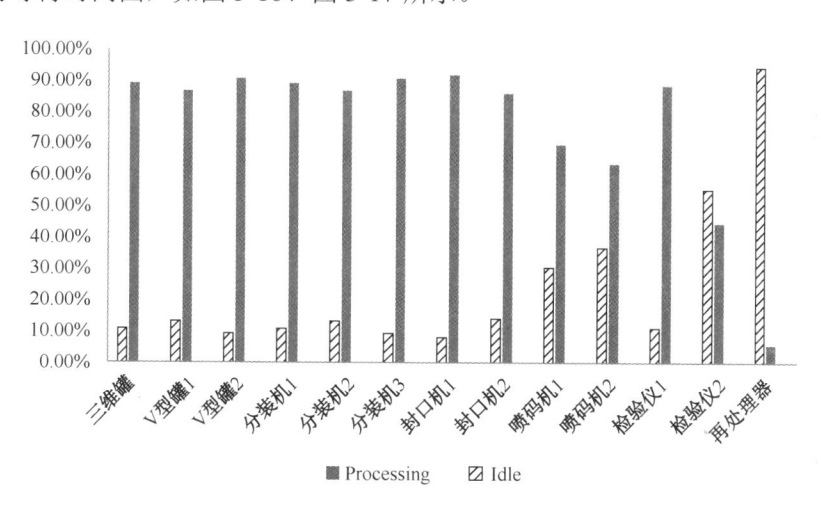

图 3-16 第二次优化各处理器工作状态

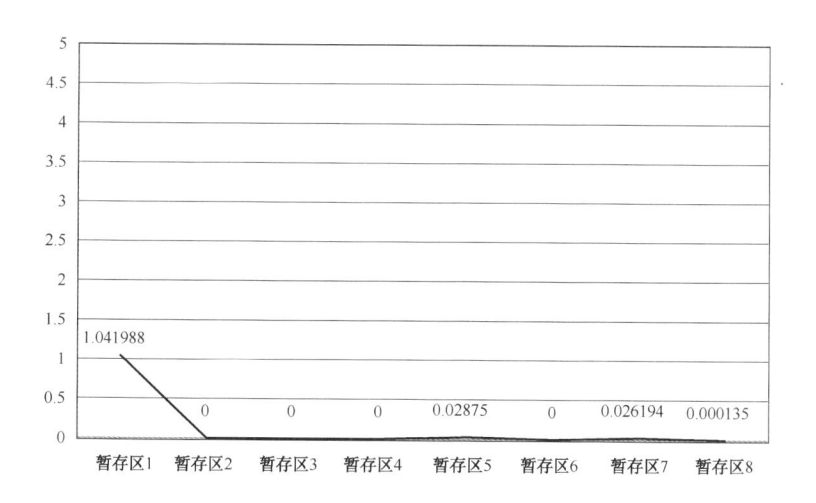

图 3-17 第二次优化各暂存区临时实体平均等待时间

通过进一步优化,仿真模型总的运行时间减少了 3.88 小时。由图 3-16 和图 3-17 可以看出,生产物流系统设备利用率均已下降至 93%以下,2 台检验仪的利用率也大幅提升,暂存区中临时实体平均等待时间均已降至 1.5 分钟以下。可见,本次仿真模型中,不存在生产瓶颈,最大限度地消除了在制品积压现象,设备利用率大幅提高,生产相同数量的产品所需时间大大缩短,可改变通过员工加班满足产量需求的现状。

3.9 本章小结

本章主要对 W 制药厂固态药剂生产车间的生产物流系统进行了仿真,找到了车间生产物流系统的瓶颈并给出了优化方案,本章的主要工作内容如下所述。

①结合实地调研情况和工作经历,分析了 W 制药厂固态药剂生产车间生产作业的主要流程及存在的问题,并采用 FlexSim 对其进行建模仿真。

②根据仿真模型的运行结果,对该车间生产物流系统进行了优化,改善了设备使用率,提高了生产效率。

第4章 混合流水线系统建模与仿真

4.1 研究背景

根据物流的作用，物流可以分为5类：供应物流、销售物流、生产物流、回收物流和废弃物流。参考这5类物流的工作环节可以知道，生产物流、回收物流及废弃物流在运作过程中都有加工环节，在加工环节中混合流水线系统是必不可少的。

虽然随着社会的发展，生产物流的混合流水线系统越来越完备，物流设备越来越发达，技术也越来越先进，但是就目前而言，我国大部分中小型企业在生产物流的混合流水线系统部分仍然存在一些问题：设施布局不合理，各个工艺之间的衔接性差，未能实现完全自动化生产，大多数企业还采用半自动化半人工的生产模式；有些企业并没有根据生产方法和过程的性质来按照不同的方式安排产品的产量和种类；大部分企业目前仍未实现零库存生产方式（JIT），库存中余料的积压，影响了后续余料的配送，给企业造成了产量过剩等浪费；现代物流技术和信息系统虽然已经开始得到了应用，但是物流技术仍然落后，信息系统的应用也并不全面；由于现阶段中小型企业还没有认识到物流配送标准化的重要性，所以大部分企业并未实行物流包装、管理和运作的标准化；有的企业在生产过程中存在能力不匹配现象，有的工序生产能力过剩，有的工序生产能力不足。这些大大小小的问题导致中小型企业生产物流方面效率低下、成本颇高。

4.2 混合流水线系统概述

1. 混合流水线系统的概念

流水线系统分为可变流水线系统和混合流水线系统两种形式。可变流水线系统是指在计划的时间里，按照一定的周期，成批、轮番地生产有限的几种产品，即一个生产周期中生产其中一种产品，在当前生产周期完成之后通过对设备进行简单调整转而生产下一种产品。混合流水线系统是指将生产流程与生产方式大体相同的多种相似产品，按照固定的比例、时间和顺序进行科学编制，再将已编制好的产品组在流水线上进行加工生产的生产模式。与可变流水线系统相比，设计合理的混合流水线系统的生产过程更流畅、工作效率更高、成本更低，但是混合流水线系统对生产管理及设备性能方面的要求也更高，在生产加工过程中如果出现产品组的品种、比例、时间、顺序等的不合理安排，或者未得到合理的控制管理等问题，将会导致整个生产加工过程效率降低，甚至停产，造成原料、时间等浪费。所以对于混合流水线系统而言，合理的设计和产品组的合理安排显得尤为重要。

2. 混合流水线系统的分类

混合流水线系统可分为全人工型、全自动型和混合型。全人工型混合流水线系统是指作业过程主要由人工来完成，系统中设备的主要作用是辅助人工完成作业。虽然这种类型的系统柔性较高，需要发生变动时只需对人员进行培训，然后对设备进行调整即可，但是劳动强度使得劳动成本大大增加，而且实现产品的装配质量统一化有一定的难度。全自动型混合流水线系统是混合流水线系统中最高级的形式，整个作业过程都由设备和自动装配机器人相互辅助完成。该类型系统的柔性同样比较高，自动装配机器人可以根据程序完成所有的操作，如果需要发生变动只需要修改程序即可，但是由于技术水平要求高，而且成本太高，并不适合中小型企业。混合型混合流水线系统即全自动型和全人工型的混合，主要由机器设备完成作业，根据需要发生变动的程度可以选择修改设备的程序，或者对员工进行培训。这种类型的混合流水线系统成本适中、效率高，被目前大多数中小型企业所采用。

3. 混合流水线系统的特点

混合流水线系统是通过流水化的生产方式组织相似产品进行多品种、小批量生产的一种生产方式。对于生产多品种、小批量的产品而言，不仅生产难度大、生产过程复杂，而且经济效益低，但是使用混合流水线系统对其进行生产时则可以降低生产难度，并可以极大地提高经济效益。混合流水线系统在品种搭配模式上采用的是单台混合搭配法，即在任何作业时间内，流水线上都保持有两种以上的产品在同时进行加工。混合流水线系统又名固定节拍多品种混合流水线系统，因为混合流水线系统的节拍是固定不变的，流水线上的所有产品都按照统一的节拍进行加工作业。虽然混合流水线系统的工序同期化程度与可变流水线系统相比较低,但是可以按产量、品种工时组织全面均衡化生产,可同时做到在制品占用量较低且工人工时利用率较高。

多品种、小批量的生产一般是根据订单中的交货时间、订货品种和数量等要求,对产品进行搭配分组,组织产品组进行混合流水生产。多品种搭配生产、混合流水装备使企业的生产作业具有良好的灵活性和适应性,可以灵活地应对产品销路的变化。合理地进行产品分组,实行各品种单台混合搭配可以实现产量、品种工时的生产均衡化,进而消除生产中的浪费,节约成本,提高多品种、小批量生产的经济效益。

4.3 Y钢厂生产流程描述

Y钢厂采用先进的低消耗、低污染的技术装备和生产工艺,主要生产的产品有生铁、连铸钢坯、棒材、线材、带钢、盘螺等,目前年产能可达到300万吨。工厂主要分为原料仓储区、生产加工区、成品仓储区及办公生活区4部分。其中,原料仓储区包括主材料区和配料区,生产加工区包括白灰、烧结、高炉、转炉、铸铁、竖炉、连铸和轧钢等多个加工车间。Y钢厂工厂整体布局如图4-1所示。

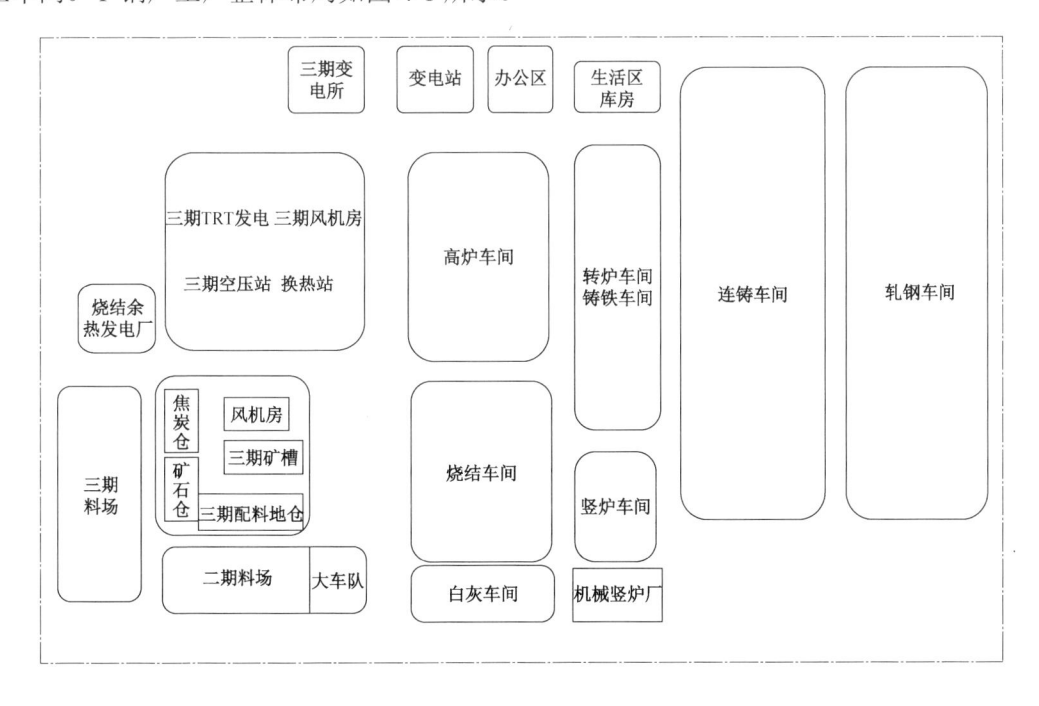

图4-1 Y钢厂工厂整体布局图

根据调研得知，该钢厂的工艺流程为：第 1 步，车队从原料仓储区将原料石灰石送往白灰车间，由白灰车间将原料石灰石加工成石灰；第 2 步，由烧结车间将石灰与铁矿粉等原料在烧结机中进一步加工为烧结石；第 3 步，将烧结石送往竖炉车间、高炉车间，炼造不同规格的生铁；第 4 步，将一部分生铁送往铸铁车间，加工成成品，将另一部分不同规格的生铁送往转炉车间，加工成不同规格的钢材；第 5 步，将不同规格的钢材送往连铸车间和轧钢车间，加工成各个规格的钢坯、线材、板材等成品。Y 钢厂生产流程如图 4-2 所示。

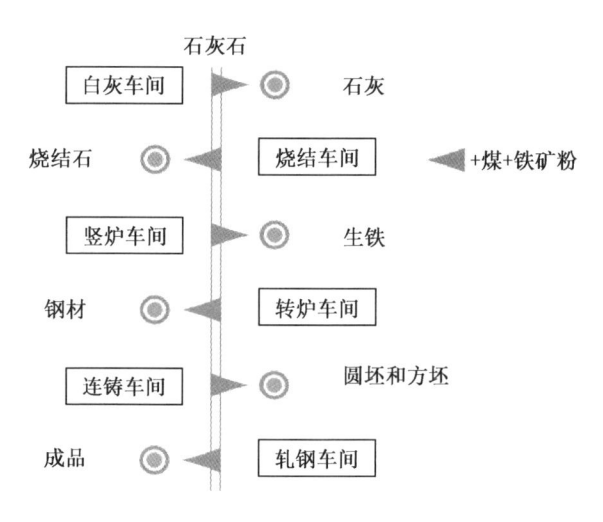

图 4-2 Y 钢厂生产流程（车间关系图）

以 Y 钢厂轧钢车间将钢材加工成 HRB400Φ12 mm 棒材（下文简称产品 1）、HRB400EΦ8 mm 盘螺（下文简称产品 2）、HRB400Φ12 mm 盘螺（下文简称产品 3）和 HPB300Φ6.5 mm 线材（下文简称产品 4）的过程为例，具体产品加工流程如图 4-3 所示，Y 钢厂轧钢车间设备数量如表 4-1 所示。

表 4-1 Y 钢厂轧钢车间设备数量

设备名称	加热机	粗轧机	中轧机	精轧机	水冷机	吐丝机	风冷机	集卷站	打捆机	飞剪
设备数量	2	3	3	3	5	2	2	1	1	3

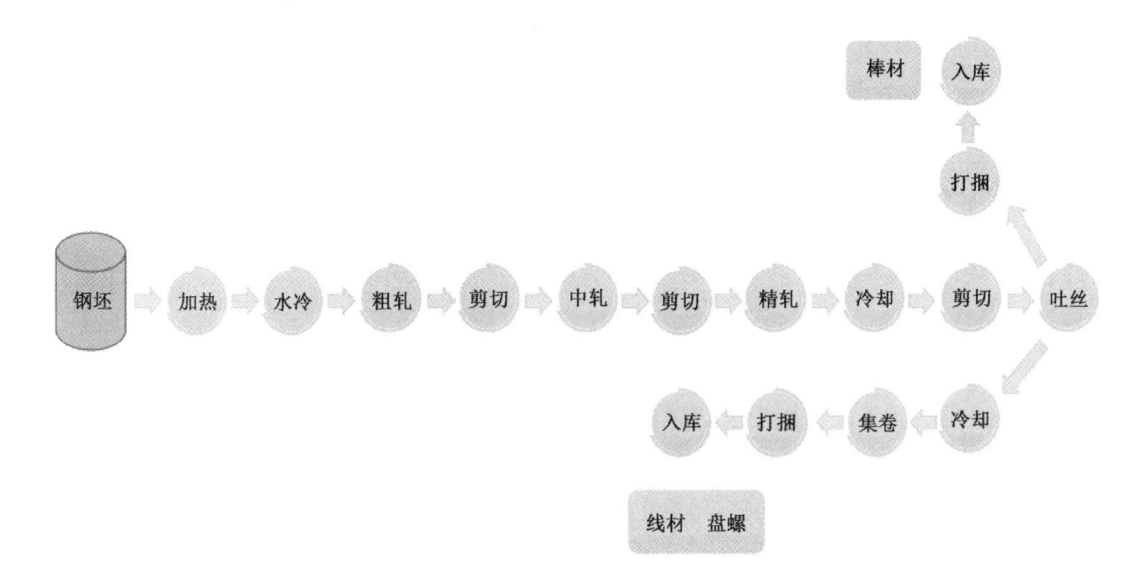

图 4-3 Y 钢厂产品加工流程（轧钢车间）

4.4 Y 钢厂轧钢作业流程现状分析

根据调研和以上介绍及数据可以发现，Y 钢厂是采用混合流水线系统进行加工作业的，但是由于公司目前属于中小型企业，资金有限，所以购买设备和建立暂存区的能力有限。设备和暂存区的数量不足导致 Y 钢厂混合流水线系统在作业过程中容易出现以下 2 种问题。

①产品在加工过程中容易出现堵塞现象，虽然机器在运转，但实际上并不是所有的工作时间都在加工产品，有些时间只是在等待生产下一产品，为企业增加了生产成本。

②设备利用率不均衡，导致某些设备在作业过程中过于忙碌，某些设备在作业过程中过于空闲，大部分设备利用率低，使得系统整体效率低下，增加了企业的时间成本及劳动成本。

4.5 Y 钢厂混合流水线系统模型的构建

1. 仿真目标

根据 Y 钢厂的实际作业流程在 FlexSim 软件中进行仿真建模，并根据模型中各实体的工作时间、等待时间及设备利用率，货物的等待时间和停留时间，设备的输出/输入产品的数据等，找出Y钢厂作业流程中存在的问题，并根据实际情况提出优化方案。

2. 仿真模型参数设计

通过对Y钢厂实际布局的调研，将混合流水线系统中所涉及的设备与FlexSim仿真软件中的实体相对应。建模过程中所需要应用到的实体元素如表4-2所示。

表4-2 实体元素表

模型元素	系统元素	备 注
Source	原料库	原料的始发处
Processor	机器	进行不同的参数定义以表征不同机器组中的机器
Queue	机器组暂存区	临时存放半成品的地方
Sink	成品库	原料加工后的最终去处
Flowitem	原料	不同的实体类型代表不同的加工原料

根据Y钢厂实际情况，模拟订单中的产品数量及生产间隔时间如表4-3所示。

表4-3 产品数量及生产间隔时间

	总数（吨）	每批量（吨）	生产间隔时间（分钟）
产品1	200	1	2
产品2	800	4	2
产品3	600	3	2
产品4	300	1.5	2

由于仿真模型是建立在理想化环境中的，无法在模型中添加不确定因素所导致的故障，所以假定仿真的条件为Y钢厂逐日连续工作。对调研中所得到的数据进行分析和计算，得到产品在每种机器上的具体加工时间，如表4-4所示。

表4-4 加工时间

单位：分钟

	加热机	粗轧机	飞剪	中轧机	精轧机	水冷机	吐丝机	风冷机	集卷站	打捆机
产品1	1	2	4	4	2	3	—	—	—	3
产品2	1	1.5	3	3	1.5	3	4	2	2	4
产品3	1.5	2	4	4	2	3	3	2	1.5	4
产品4	1	1	2	2	3	6	2	3		3.5

仿真模型所包含的实体的相关参数设置如表 4-5 所示。

表 4-5　仿真模型实体相关参数设置

实体名称	参　数　设　置
Source（发生器）	发生器产生 4 种实体，产品的数量和生产间隔时间按照实际数据进行设置
暂存区	把暂存区的容量都设置为 1900
加热机 1、加热机 2	加工时间设定为：产品 1、产品 2、产品 4 的加工时间为 1 分钟，产品 3 的加工时间为 1.5 分钟
粗轧机 1～粗轧机 3	设定各产品的加工时间
中轧机 1～中轧机 3	设定各产品的加工时间
精轧机 1～精轧机 3	设定各产品的加工时间
飞剪 1～飞剪 3	设定各产品的加工时间
水冷机 1～水冷机 5	设定各产品的加工时间
吐丝机 1、吐丝机 2	设定各产品的加工时间
风冷机 1、风冷机 2	设定各产品的加工时间
集卷站	设定各产品的加工时间
打捆机	设定各产品的加工时间，在第 1900 个产品离开打捆机进入 sink 时模型停止
吸收器	保持默认参数设置

4.6　模型主要实体参数设置

根据 Y 钢厂混合流水线系统的实际布局和仿真模型的参数设计，在 FlexSim 仿真软件中建模步骤如下所述。

①在实体库中拖出 1 个发生器、2 个暂存区、1 个吸收器和 25 个处理器，并修改好名称，如图 4-4 所示。

②连接关系线，如图 4-5 所示。

③设置各实体的参数，具体方法如下。

打开发生器的属性对话框，在"发生器"选项卡中，将"到达方式"下拉菜单设置为"到达时间表"，根据每种产品到达的时间和每一批次中所要生产的产品的数量将"到达时间表"修改好；然后在"触发器"选项卡中更改临时实体的类型和颜色，以便于实验中观察设备的作业情况，并设置关闭输出的条件，使仿真模型在完成订单后自动停止。发生器参数设置如图 4-6 所示。

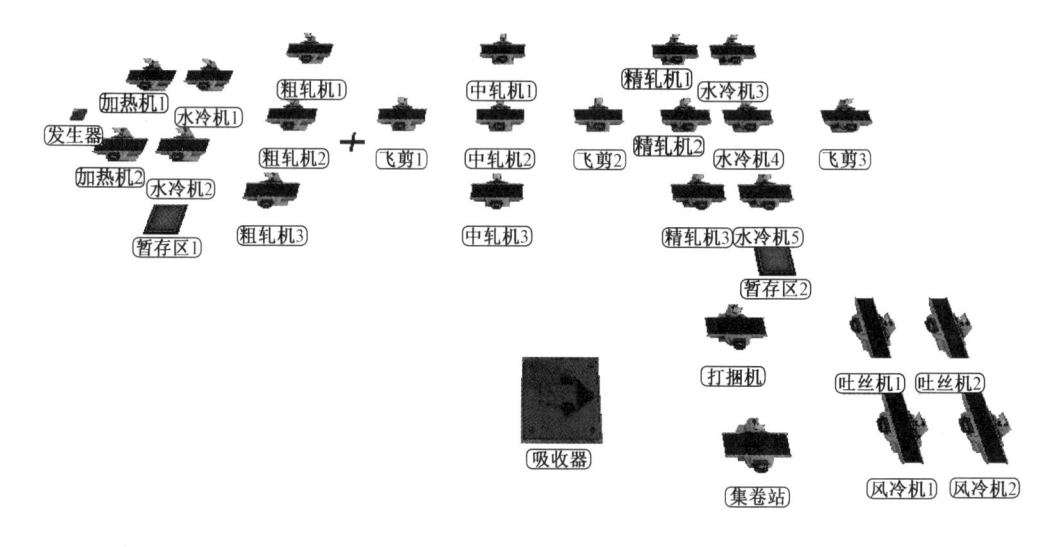

图 4-4 拖出所有实体

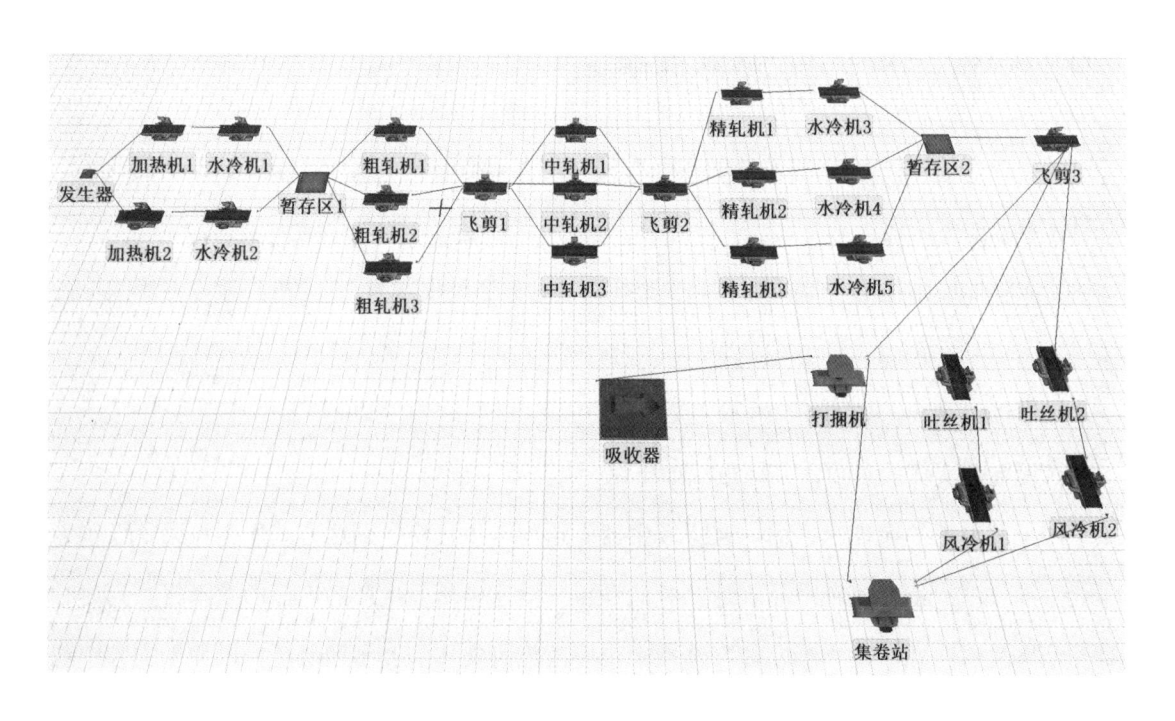

图 4-5 连接关系线（A 连接）

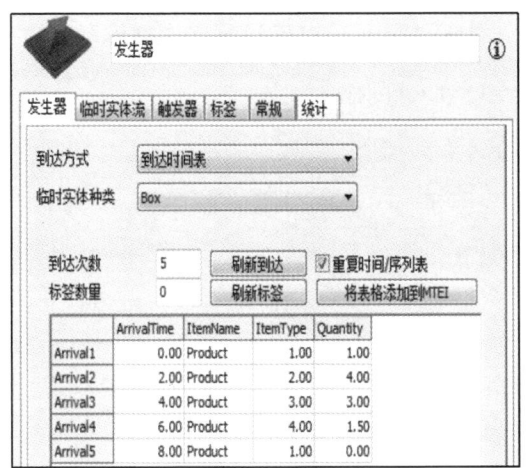

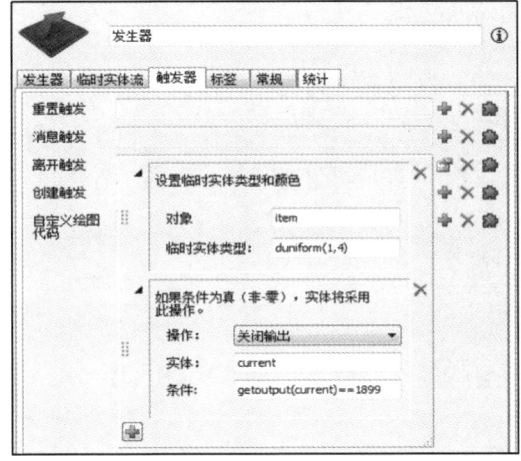

图 4-6　发生器参数设置

打开加热机的属性对话框，在"处理器"选项卡中，将"加工时间"改为"根据返回值执行不同的 Case"，并根据实体在加热机上的加工时间设置好参数，以加热机 1 为例，具体参数设置如图 4-7 所示。打开水冷机的属性对话框，按照与加热机相同的步骤设置好参数，以水冷机 1 为例，具体参数设置如图 4-8 所示。

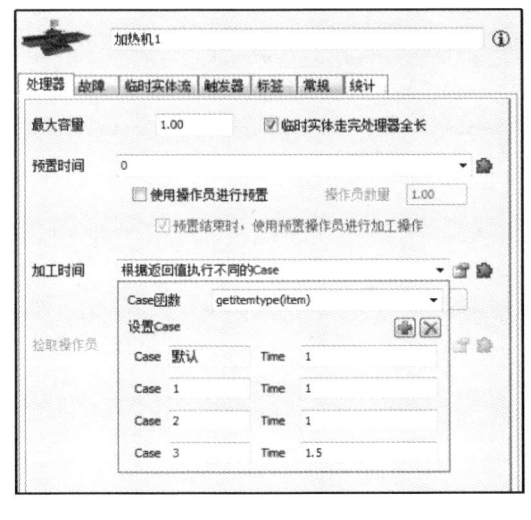

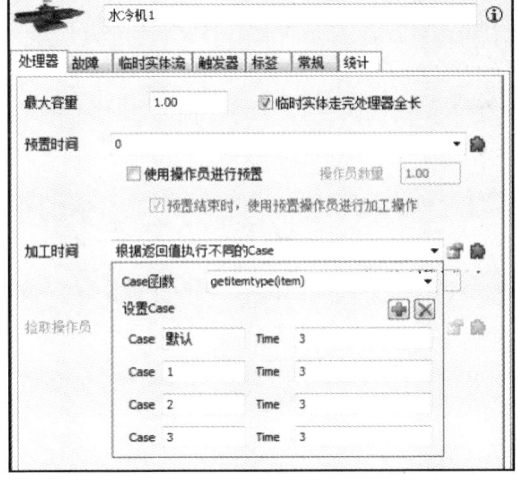

图 4-7　加热机参数设置　　　　图 4-8　水冷机参数设置

按照加热机的参数设置步骤，依次设置好精、中、粗轧机的参数，以精轧机 1、中轧机 1、粗轧机 1 为例，具体参数设置如图 4-9 所示。

在吐丝机和风冷机的"处理器"选项卡中，按照实际加工时间设置好实体参数，以吐丝机 1、风冷机 1 为例，具体参数设置如图 4-10 和图 4-11 所示。

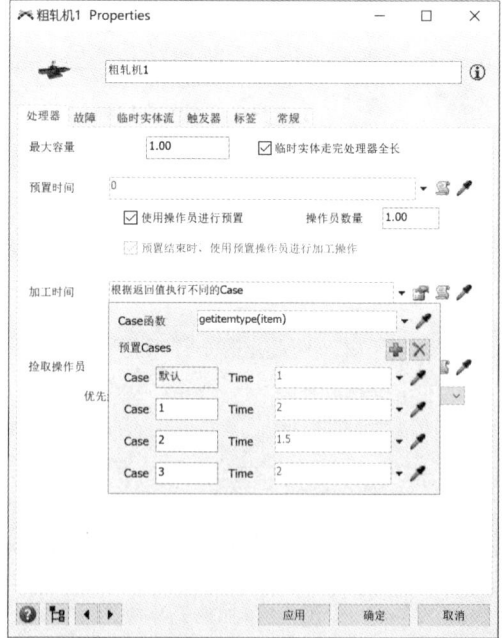

图 4-9　精、中、粗轧机参数设置

图 4-10　吐丝机参数设置　　　　　　　图 4-11　风冷机参数设置

按照与加热机相同的参数设定步骤，依次设置好集卷站、打捆机和飞剪的参数，具体参数设置如图 4-12 至图 4-14 所示。

图 4-12　集卷站参数设置　　　　　　　图 4-13　打捆机参数设置

图 4-14 飞剪参数设置

打开暂存区的属性对话框，将"暂存区"选项卡中的"最大容量"设置为订单中的产品总数"1900.00"，以暂存区 1 为例，具体参数设置如图 4-15 所示。

图 4-15 暂存区参数设置

4.7 仿真结果分析与数据优化

1. 仿真模型运行

根据 Y 钢厂混合流水线系统的实际布局和仿真模型的参数设计，在 FlexSim 仿真软件中构建的仿真模型如图 4-16 所示。

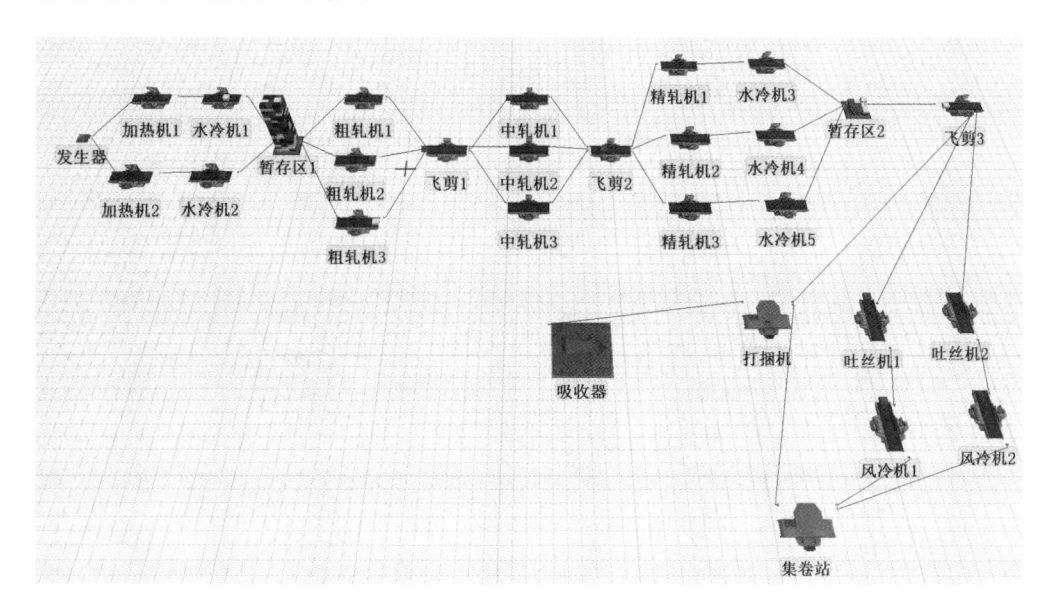

图 4-16 Y 钢厂混合流水线系统仿真模型

通过对仿真模型进行多次模拟运行后，从设备的输入和输出产品的数量、产品在设备上的平均停留时间、每台设备的空闲时间和加工时间及产品在设备等待的时间（堵塞时间）这几个角度，统计输出的仿真结果如表 4-6 所示。

表 4-6 仿真结果统计表

Time:8053（分钟）								
实体名称	输入	输出	空闲时间	加工时间	堵塞时间	平均停留时间	利用率	堵塞率
粗轧机 1	628	628	676	1020	1167	3.482484	35.63%	40.76%
粗轧机 2	660	660	27	1071	3544	6.992424	23.07%	76.35%
粗轧机 3	612	612	4.5	1001	5839.5	11.177288	14.62%	85.31%
打捆机	1900	1900	1166.5	6886.5	0	3.624474	85.51%	0.00%
飞剪 1	1900	1900	6	6184	661	3.602632	90.26%	9.65%
飞剪 2	1900	1900	669	6184	6	3.257895	90.16%	0.09%
飞剪 3	1900	1900	24	6184	1834.5	4.220263	76.89%	22.81%

续表

Time:8053（分钟）								
实体名称	输入	输出	空闲时间	加工时间	堵塞时间	平均停留时间	利用率	堵塞率
风冷机 1	959	959	5724.5	1918	403	2.420229	23.84%	5.01%
风冷机 2	456	456	6419.5	912	700.5	3.536184	11.35%	8.72%
集卷站	1415	1415	2717.5	3059	2273	3.768198	38.00%	28.24%
加热机 1	950	950	1	1062.5	1784.5	2.996842	37.31%	62.66%
加热机 2	950	950	4.5	1065.5	1780.5	2.995789	37.38%	62.46%
精轧机 1	605	605	5760	988.5	96.5	1.793388	14.44%	1.41%
精轧机 2	638	638	5722	1036	96	1.774295	15.12%	1.40%
精轧机 3	657	657	5684	1067.5	109.5	1.791476	15.56%	1.60%
水冷机 1	950	950	1	2850	0	3	99.96%	0.00%
水冷机 2	950	950	3.5	2850	0	3	99.88%	0.00%
水冷机 3	605	605	5033	1815	0	3	26.50%	0.00%
水冷机 4	638	638	4943	1914	0	3	27.91%	0.00%
水冷机 5	657	657	4893	1971	0	3	28.72%	0.00%
吐丝机 1	959	959	3278	4750	15.5	4.969239	59.05%	0.19%
吐丝机 2	456	456	6630	1368	32	3.070175	17.04%	0.40%
中轧机 1	596	596	4560.5	1979	315.5	3.849832	28.87%	4.60%
中轧机 2	652	652	4164	2127	556	4.115031	31.06%	8.12%
中轧机 3	652	652	3926	2078	830	4.460123	30.41%	12.15%
暂存区 1	1900	1900	0	0	0	1990.2007	——	——
暂存区 2	1900	1900	0	0	0	586.899474	——	——

2. 仿真结果分析

抽取的实体运行状态饼图如图 4-17 所示。

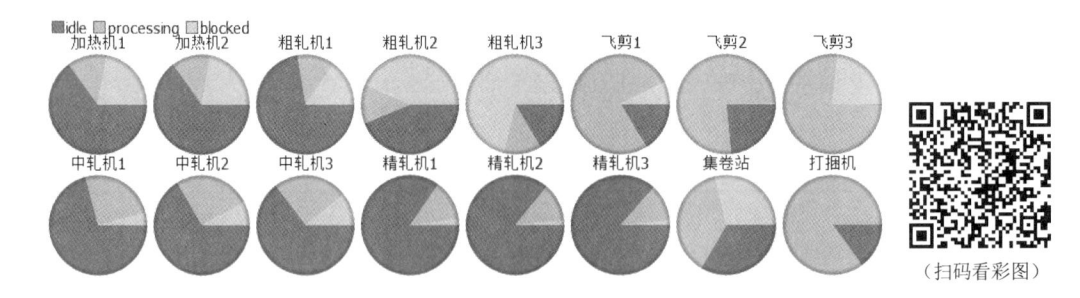

图 4-17 实体运行状态饼图

通过对仿真模型作业流程的观察和对仿真数据的分析，发现在 Y 钢厂混合流水线系统的作业流程中，由于设备数量及产品分组问题，导致同种设备的利用率相差较大，有些设备工作时间过久，而有些设备空闲时间过久。例如，加热机的空闲时间几乎为零，加工时间和堵塞时间都较久；水冷机 1、水冷机 2 的空闲时间也几乎为零，几乎百分之百处于加工状态；而吐丝机 2 则大部分的时间处于空闲状态，堵塞时间也较短。结合各机器的仿真结果统计数据及状态图可以看出混合流水线系统中发生长时间堵塞的环节有加热机组、粗轧机组、飞剪 3 及集卷站；非堵塞情况下利用率过低的环节有粗轧机、中轧机、精轧机、精轧机组所连接的水冷机、吐丝机和风冷机。

4.8 模型优化与分析

通过对 Y 钢厂混合流水线系统仿真数据的分析可知，Y 钢厂混合流水线系统主要存在的问题有大多数设备存在堵塞现象、设备利用率不均衡、部分设备利用率过高或过低、空闲时间较长等，这些问题增加了时间及劳动成本。根据以上问题，Y 钢厂混合流水线系统的优化目标有如下两个方面。

①降低产品等待的时间，既降低设备堵塞时间。通过对仿真结果数据的分析可知，系统中主要堵塞的环节为设备较少的环节，在优化过程中可通过控制数量多的设备的使用数量，以控制产品生产的速度，从而降低设备堵塞率和产品等待时间。

②降低时间和劳动成本。通过对仿真模型实体状态图的分析可知，设备利用率存在不均衡现象，在优化过程中可通过更改产品组的顺序及数量等，均衡设备利用率，从而达到降低时间成本及劳动成本的目的。

1. 混合流水线系统优化方法

（1）增加设备数量

通过对模型运行结果的分析可知，由于各环节之间设备数量不等，易造成堵塞现象。因此，根据 Y 钢厂混合流水线系统的作业流程及布局，适当增加一些设备，并为增加后的所有设备合理分配工作量，即可减少产品在设备上的堵塞时间。

（2）提高设备利用率

通过对作业情况的分析可知，由于产品组的比例、时间、顺序等问题，造成设备利用率相差较多。因此，可根据实际情况对产品组进行合理的调整，以及合理的控制管理等，使其更加合理化，即可提高设备利用率，降低时间及劳动成本。

（3）建立产品暂存区

可在易堵塞环节建立产品暂存区，既可以减少产品在设备上的堵塞时间，又可以降低时间成本。

2. 仿真优化结果分析

根据以上方法对原模型进行优化，增加飞剪和暂存区的数量，优化后得到的 FlexSim 仿真模型如图 4-18 所示。

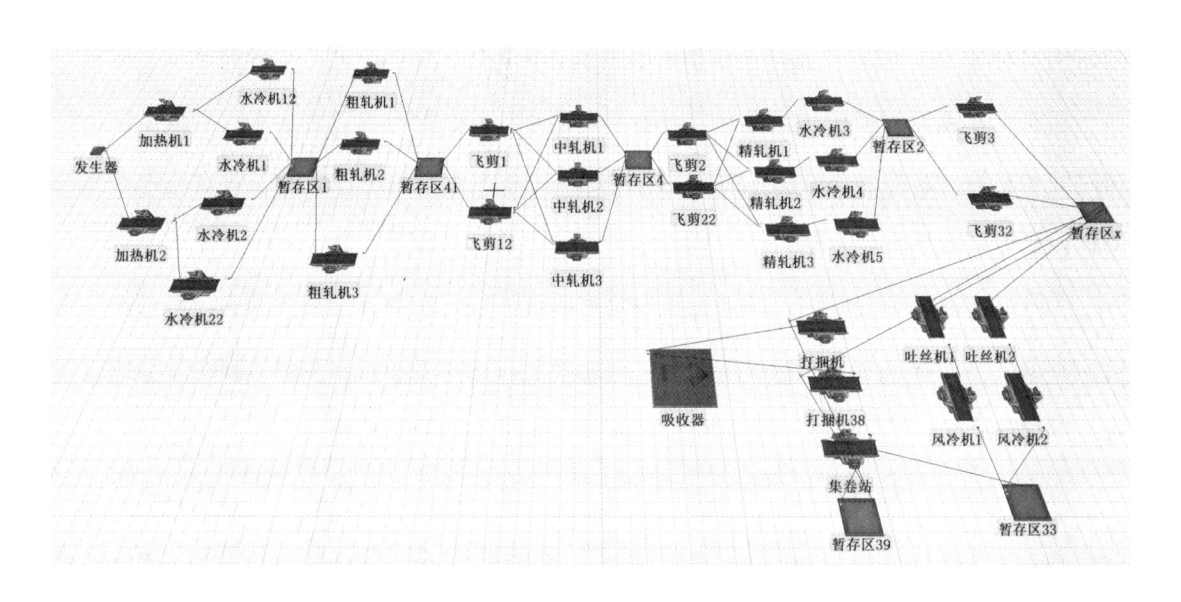

图 4-18 优化后 Y 钢厂混合流水线系统模型全局图

将优化后的模型进行重置，运行多次，并记录结果，模型优化后的仿真结果统计如表 4-7 所示。

表 4-7 优化后仿真结果统计表

Time:4569.5（分钟）								
实体名称	输入	输出	空闲时间	加工时间	堵塞时间	平均加工时间	利用率	堵塞率
粗轧机 1	624	624	12.5	1007	1370.5	3.810096	47.30%	0.00%
粗轧机 2	652	652	8	1050.5	2493.5	5.435583	45.17%	0.00%
粗轧机 3	624	624	7.5	1009.5	3073	6.542468	52.45%	0.00%
打捆机	1167	1167	341.5	4099	0	3.512425	91.13%	0.00%
打捆机 38	733	733	1651.5	2806	0	3.828104	59.40%	0.00%

| 飞剪 1 | 967 | 967 | 6 | 3118 | 430 | 3.66908 | 86.46% | 13.37% |

续表

Time:4569.5（分钟）								
实体名称	输入	输出	空闲时间	加工时间	堵塞时间	平均加工时间	利用率	堵塞率
飞剪 12	933	933	8.5	3016	1069.5	4.378885	74.46%	25.28%
飞剪 2	937	937	913.5	3011	177.5	3.402882	73.91%	5.50%
飞剪 22	963	963	644.5	3123	328.5	3.584112	77.56%	8.20%
飞剪 3	949	949	1029.5	3074	0	3.239199	75.13%	0.00%
飞剪 32	951	951	1051	3060	0	3.217666	76.08%	0.00%
风冷机 1	969	969	2511	1938	0	2	43.25%	0.00%
风冷机 2	482	482	3149.5	964	0	2	22.42%	0.00%
集卷站	1451	1451	1295	3155.5	0	2.174707	69.34%	0.00%
加热机 1	945	945	2.5	1059.5	1036.5	2.217989	50.18%	49.77%
加热机 2	955	955	6.5	1079	1014	2.191623	51.15%	47.83%
精轧机 1	628	628	2805.5	1009	289.5	2.067675	25.57%	7.32%
精轧机 2	610	610	2845.5	995.5	255.5	2.05082	25.57%	8.32%
精轧机 3	662	662	2727.5	1062.5	301	2.059668	24.74%	7.20%
水冷机 1	493	493	621	1479	0	3	67.90%	0.00%
水冷机 12	452	452	745.5	1356	0	3	66.43%	0.00%
水冷机 2	463	463	711.5	1389	0	3	70.45%	0.00%
水冷机 22	492	492	626.5	1476	0	3	66.19%	0.00%
水冷机 3	628	628	2223	1884	0	3	47.73%	0.00%
水冷机 4	610	610	2269.5	1830	0	3	47.73%	0.00%
水冷机 5	662	662	2108	1986	0	3	46.12%	0.00%
吐丝机 1	969	969	64	4383	0	4.52322	99.23%	0.00%
吐丝机 2	482	482	2183.5	1928	0	4	44.86%	0.00%
中轧机 1	605	605	2158	1935	0	3.198347	49.45%	0.00%
中轧机 2	683	683	1873	2217	0	3.245974	51.28%	0.00%
中轧机 3	612	612	2116	1982	0	3.238562	51.04%	0.00%
暂存区 1	1900	1900	0	0	0	900.20157	0.00%	0.00%
暂存区 2	1900	1900	0	0	0	2.931316	0.00%	0.00%
暂存区 33	1451	1451	0	0	0	0.657133	0.00%	0.00%
暂存区 39	1451	1451	0	0	0	2.315989	0.00%	0.00%
暂存区 4	1900	1900	0	0	0	7.087632	0.00%	0.00%
暂存区 x	1900	1900	0	0	0	157.97421	0.00%	0.00%
吸收器	1900	0	0	0	0	0	0.00%	0.00%

模型优化后的实体运行状态饼图如图 4-19 所示。

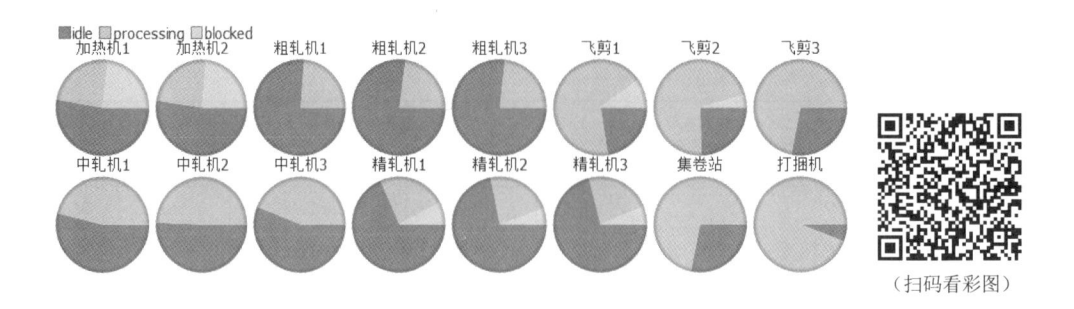

图 4-19 模型优化后的实体运行状态饼图

模型优化前后设备利用率对比如图 4-20 所示。

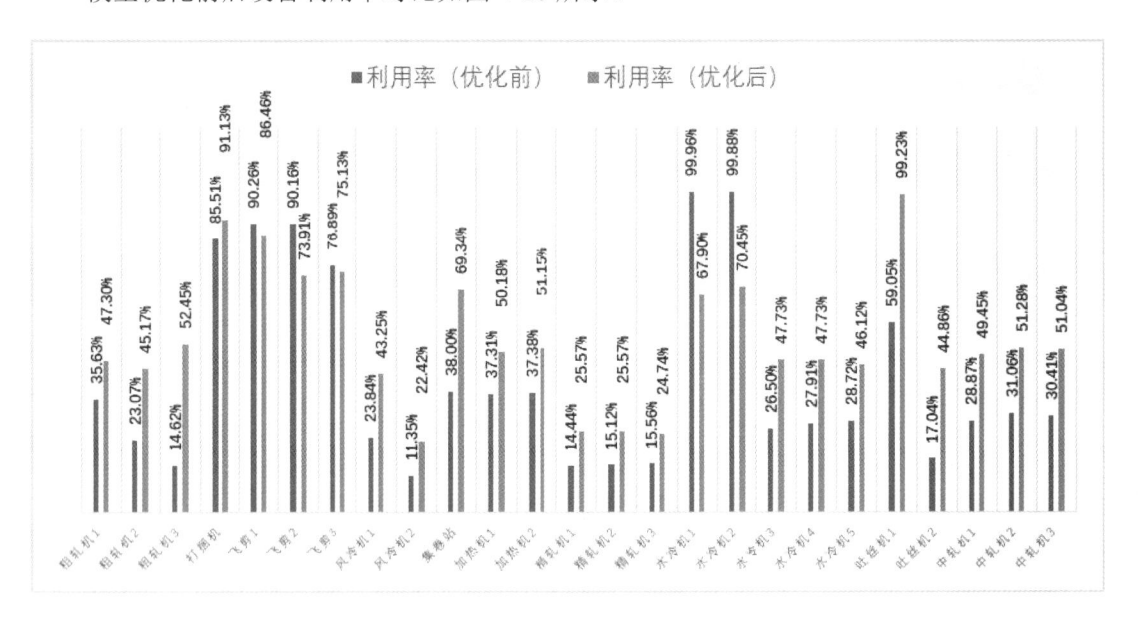

图 4-20 模型优化前后设备利用率对比图

模型优化前后设备堵塞率对比如图 4-21 所示。

通过对比模型优化前后的数据、运行状态图及对比图可以直观地看出，虽然部分设备仍然存在堵塞现象，且设备利用率仍然不均衡，但是部分设备的堵塞时间得到了大幅度减少，设备利用率也比优化前的模型提升了很多。以上数据表明，通过增加产品暂存区，以及在剪切、冷却和捆扎环节增加设备数量，有效地提高了 Y 钢厂混合流水线系统中粗轧机、集卷站和吐丝机的利用率，降低了粗轧机、中轧机、集卷站的堵塞率，并且将完成订单的时间由 8053 分钟缩短至 4569.5 分钟，达到了节约时间成本和劳动成本的目的，实现了本次仿真对 Y 钢厂混合流水线系统的优化目标。

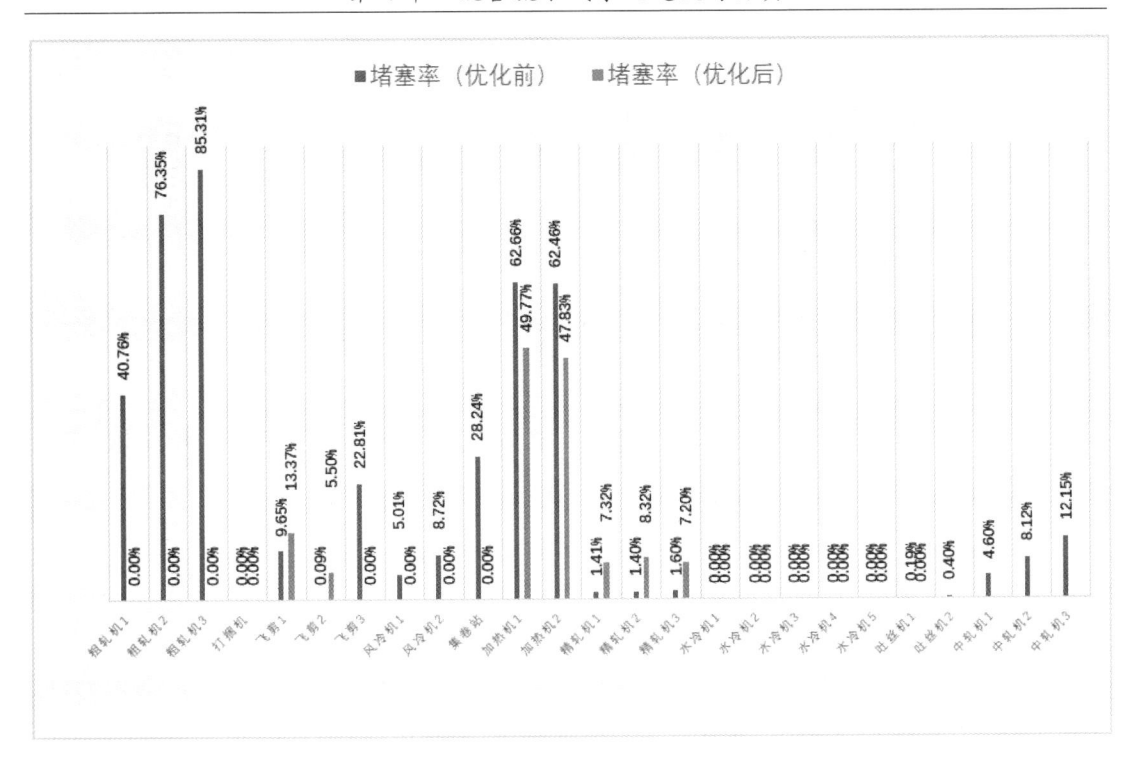

图 4-21 模型优化前后设备堵塞率对比图

4.9 本章小结

本章从 Y 钢厂混合流水线系统的作业流程及运行现状着手展开研究，通过对其当前的作业流程及运行现状的分析，结合中小型企业特性及发展趋势，运用 FlexSim 软件对其混合流水线系统进行仿真与优化。通过对比优化前后的模型运行数据、设备在作业过程中的运行状况及设备使用状况可知 Y 钢厂混合流水线系统存在的问题与优化效果。本章所做的研究如下所述。

①运用 FlexSim 仿真软件，以 Y 钢厂混合流水线系统为研究对象，建立仿真模型，通过对其混合流水线系统运行现状、仿真运行数据及设备利用率的分析，判断模型堵塞环节，分析设备利用率低的原因，并找出整个混合流水线系统所存在的问题的根本原因。

②通过调整产品组的生产顺序及排列、增加加工设备的数量，以及适当建立暂存区，可以提高设备利用率、降低设备堵塞时间，最终达到提高生产效率、降低生产成本的目的。

第 5 章 拣选系统建模与仿真

5.1 研究背景

随着社会的进步和发展，人们越来越注重效率，而酒品供应的及时性也越来越重要，酒品企业的有效供应可确保各场所酒品买卖的顺利进行，提升顾客满意度。酒品企业仓库的货物种类增多、数量增大，所以对拣选系统的要求也日益严格，如何降低资源、人力、时间的耗费，提升企业的整体效益，这是对拣选系统的一大严峻考验，拣选效率影响着企业的经营效益。将商品在短时间内准确及时地根据客户订单拣选出来并配送给客户是拣选系统的主要任务。虽说自动化拣选是未来拣选方式发展的大趋势，但是技术实力、资金能力、场地大小等因素制约着中小型企业引进自动设备。所以目前对于中小型企业而言，在过去传统的拣选方式中发现影响自身效率问题的根源所在，解决好问题并一步步壮大自己是现阶段的一大重要任务。跟随国内拣选技术发展脚步，向国外成熟的拣选技术看齐，追求高速高效的物流运作模式，方能使企业稳健发展。

5.2 拣选系统概述

1. 拣选

拣选在物流中的含义是将不同种类、不同地点的货物，按照系统的具体要求拣选所需的种类、地点、单元并送至指定地点的一项作业流程。企业的发货计划是根据具体的客户订单而制订的，而发货计划则决定了拣货方式，确定拣货清单后规划好拣货路线，拣选人员最终会根据订单执行拣货任务并分类处理。在整个物流系统中，拣选环节的作业最为冗杂，任务量大，容易出错，但拣选流程的顺利进行与否对整条供应链的生产、配送、销售计划都影响颇大，应予以足够的重视。

2. 拣选方式

常用的拣选方式有订单别拣选、批量拣选和复合拣选 3 种。

（1）订单别拣选

订单别拣选是指拣选人员以每份订单为目标，将订单上的各类指定商品按数量等具体要求从储存区或拣选区拣选出来放在指定区域集中安排处理的一种拣选方式。该拣选方式简便易操作、前置时间短，按单拣选责任明确，当商品差异较大、订单数量变化频繁时，适合用该方法进行拣选；但商品品项杂多时，拣选距离可能大大增加，影响拣选效率。

（2）批量拣选

批量拣选是指将多个订单信息汇合在一起，然后根据汇总后商品的类型、数量集中拣选，然后将集中后的商品按不同客户或不同订单再进行分类处理的一种拣选方式。该拣选方式可以缩短拣选人员拣选商品所行走的距离，提高单位时间拣货量，适合订单变化不大，数量趋于稳定，商品形状趋于固定、规则，需要进行流通加工的商品。但是由于需要等待一定数量的订单汇合，该拣选方式的前置时间有可能会比较长。

（3）复合拣选

复合拣选是指结合订单别拣选和批量拣选的复合拣选方式，尽量克服二者各自的缺点，根据具体的订单种类、数量、出库频率等因素，灵活选择的一种拣选方式。

5.3　L 酒品厂拣选系统描述

L 酒品厂酒品仓库大约 800 平方米，由于酒品库存量不是特别大，仓库内没有设置高层货架，用铁质网状隔板将仓库划分为大小不等的十几个区，分别放置不同种类的酒品，酒品放置在木制或塑料托盘上，仓库储存量约为 3000 箱，订单以箱为单位进行配送。在仓库内进行酒品的拣选作业，根据客户订单需求，拣选人员将订单上不同种类、不同数量的酒品从各自的储存区取出集合在一起，等候配送给客户。出入库管理员和仓库管理员则会定期查看仓库酒品库存状况，对于不足的货物及时安排补货。仓库内的运输工具有手推车、叉车，便于工人在各个储存区选择搬运各种类酒品，以及补货和出入库作业，辅助人工拣选作业。拣选作业的准确与否决定了后期客户订单配送的正确与否，及时有效的拣选作业可以提高客户满意度与信任度，利于建立长期合作关系，影响着企业的运营收益。

酒品仓库面临的主要问题是拣选人员拣选效率低、闲置率偏高，搬运的任务量和得到的空闲时间不成正比。随着企业的不断发展，客户订单量也会逐渐加大，物流系统的拣选能力便不能满足企业需求。本书通过 FlexSim 软件对酒品仓库的拣选系统进行建模仿真，经过优化改进，希望可以提升其拣选能力，使问题得以改善。

5.4　L 酒品厂拣选系统分析

L 酒品厂目前的拣选方式是订单别拣选，具体操作是按照客户订单到达的先后顺序拣选配货，各个储存区负责拣选的工作人员将订单上各自的货物拣选完成后，将货物汇总完成整份订单的拣选配货，也称为分区按单拣选。但是，这种拣选方式效率并不高，不能实现高效快速拣选的目标。本书所提的优化方案是在原有设备的基础上，实行不分区并行拣选，实现多订单同时拣选，以期拣选系统效率得以提升。

为使仿真模型简洁明了的运行，本书将拣选系统中冗长繁杂的步骤（如补货流程）进行简化，在不影响拣选模拟结果的前提下化繁为简，简明直观地进行分析。本书选取了占总拣选量 80% 以上的酱 V5/38 度、仙 1957/42 度、仙酿/38 度、仙蕴 9/35 度、酱经典/38 度、酱酱 3/38 度 6 种酒品进行分析，将其余占比较小的几类酒品忽略。为了便于介绍，本书将 6 种酒品命名为 LJV5/38、SX1957/42、SXXN/38、SXY9/35、LJJD/38 和 LJJ3/38。客户订单中的酒品主要有 6 种，客户订单信息如表 5-1 所示。设置 LJV5/38、SX1957/42、SXXN/38、SXY9/35、LJJD/38 和 LJJ3/38 6 种酒品的颜色分别为红、黑、黄、粉、白、蓝，设置每个暂存区的最大库存容量为 400。拣选人员为 6 人，拣选能力约为一人 4 箱。

表 5-1　客户订单信息

单位：箱

货物	订单 1	订单 2	订单 3	订单 4	订单 5	订单 6
LJV5/38	30	5	0	10	8	20
SX1957/42	15	20	16	0	3	20
SXXN/38	5	20	8	5	0	15
SXY9/35	15	0	0	14	15	5
LJJD/38	5	5	10	10	8	5
LJJ3/38	0	10	20	5	8	0

5.5 L 酒品厂拣选系统模型的构建

根据上述相关资料用 FlexSim 软件建立对应的传统模式下仓库拣选系统的模型,如图 5-1 所示。

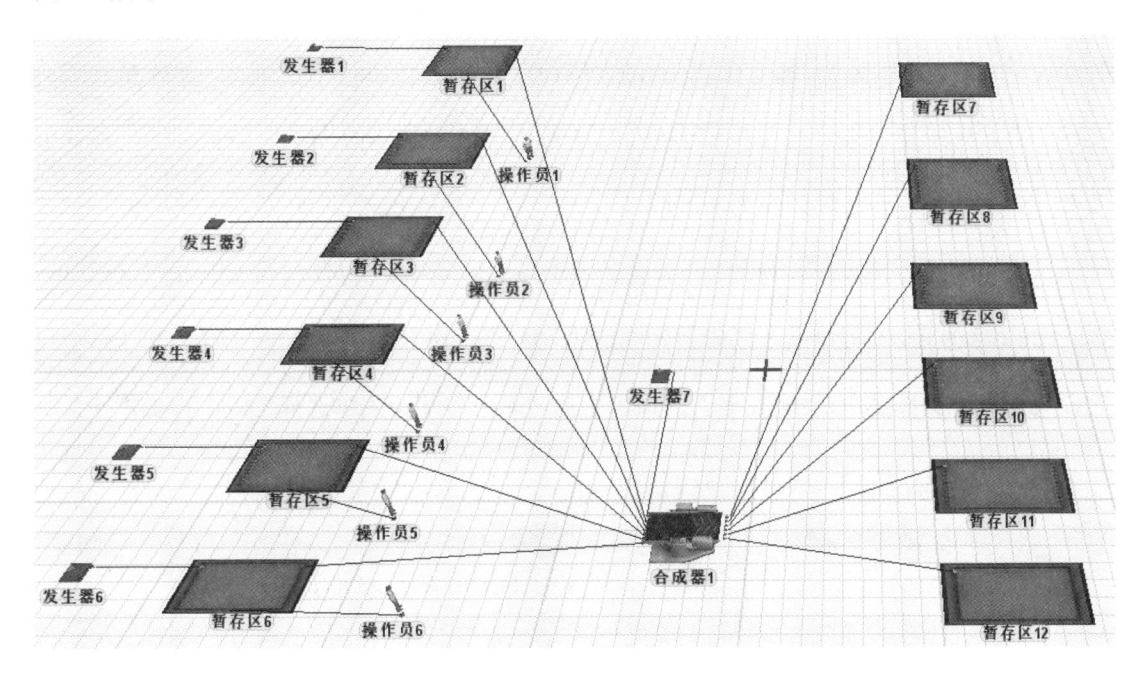

图 5-1 仓库拣选系统模型图

图 5-1 中暂存区 1～暂存区 6 分别表示 LJV5/38、SX1957/42、SXXN/38、SXY9/35、LJJD/38 和 LJJ3/38 6 种酒品的储存区,发生器 1～发生器 6 分别表示 6 种酒品的补货入库过程,发生器 7 表示客户订单的产生,合成器 1 表示拣选作业的发生,暂存区 7～暂存区 12 分别表示 6 种客户订单拣选完成后的暂存。

5.6 模型主要实体参数设置

1. 设置参数

将所需的实体拖入建模页面后,根据实际系统中的流程顺序将不同类型的实体分别用对应的"A 连接"或"S 连接"建立连接关系,各实体具体参数设置如下。

发生器 1～发生器 6 模拟货物的补给入库，货物 LJV5/38 的到达时间间隔服从统计分布的 exponential（0，1，1）分布，SX1957/42 的到达时间间隔返回一个常量 2，SXXN/38 的到达时间间隔返回一个常量 3，SXY9/35 的到达时间间隔返回一个常量 4，LJJD/38 的到达时间间隔服从统计分布的 exponential（0，2，1）分布，LJJ3/38 的到达时间间隔服从统计分布的 exponential（0，3，1）分布。发生器 7 模拟客户订单的产生，订单产生时间间隔返回一个常量 200。暂存区 1～暂存区 12 的最大货物容量设置为 400。操作员 1～操作员 6 负责拣选作业，由于使用运输工具，所以拣选容量为 4，即每次可搬运 4 箱。合成器 1 模拟订单货物拣选的汇合，合成时间设为 15 秒。

为在模型中方便区分 6 种类型的产品，将 LJV5/38、SX1957/42、SXXN/38、SXY9/35、LJJD/38 和 LJJ3/38 6 种产品分别设置为红、黑、黄、粉、白、蓝 6 种不同的颜色，以 LJV5/38 产品为例进行具体操作，"触发器"选项卡中的"颜色"下拉菜单选择"Red"，如图 5-2 所示。其他 5 种产品的设置流程相同。

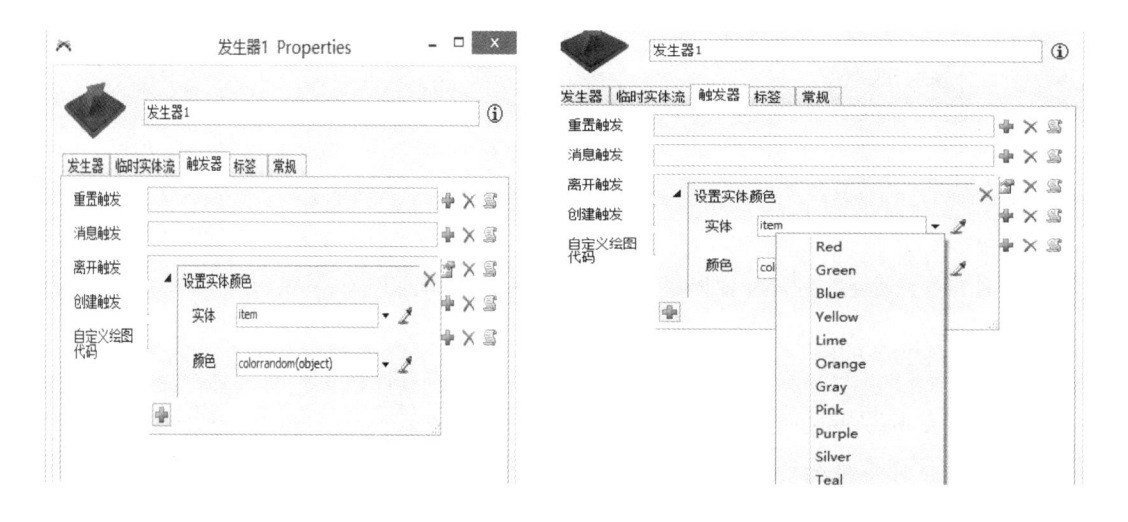

图 5-2　设置产品颜色

同样以 LJV5/38 产品为例，用发生器 1 表示 LJV5/38 的补货，如图 5-3 所示，货物到达时间间隔服从统计分布的 exponential（0，1，1）分布，其他 5 种产品设置流程相同。

图 5-3 设置货物到达时间间隔

设置"暂存区"选项卡中的"最大容量"为"400.00",并在暂存区 1~暂存区 6 的"临时实体流"选项卡中,勾选"使用运输工具"。因为之前建立了操作员和暂存区的"S 连接",所以表示拣选作业是通过操作员实现的,以暂存区 1 为例,暂存区的参数设置如图 5-4 所示。

图 5-4 暂存区的参数设置

设置操作员 1~操作员 6 的"容量"为"4.00","装载时间"和"卸载时间"均设置为"2",以操作员 2 为例,操作员的参数设置如图 5-5 所示。

2. 订单实体化

客户产生订单,我们在模型中将发生器 7 的"发生器"选项卡的"临时实体种类"改为"Pallet",以表示客户的订单,订单到达时间间隔返回一个常量 200。订单来源于不同的客户,通过设置不同的托盘颜色来区分不同客户的订单,即修改下拉菜单"设置临时实体类型"和"设置临时实体颜色",6 种类型的订单分别对应红、黑、黄、粉、白、蓝 6 种颜色,如图 5-6 所示。

图 5-5 操作员的参数设置

图 5-6 设置客户订单的产生及代表不同类型订单的托盘的颜色

拣选完成的订单再次进入暂存区等待出库,暂存区 7~暂存区 12 分别暂存 6 种不同类型的客户订单,因此要设置一下暂存区 7~暂存区 12 的拉入条件。以暂存区 7(客户订单 1)为例,特定的临时实体类型的数值 1 就代表着该类的客户订单,所以要使托盘类型和暂存区拉入条件一致，即指定特定的临时实体类型，如图 5-7 所示。

图 5-7 设置暂存区拉入条件

3. 客户订单产生的设置

在合成器 1 的"合成器"选项卡的"合成模式"下拉菜单中选择"打包"，即实现货物的拣选配货。同时根据订单到达的先后顺序，将合成器 1 的"常规"选项卡的"输入端口 1"设置为"发生器 7"，即实现拣选作业根据订单配货，如图 5-8 所示。

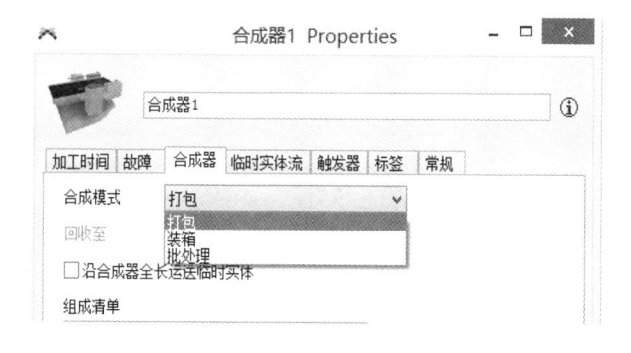

图 5-8 设置合成器 1 的合成模式及输入端口的排序

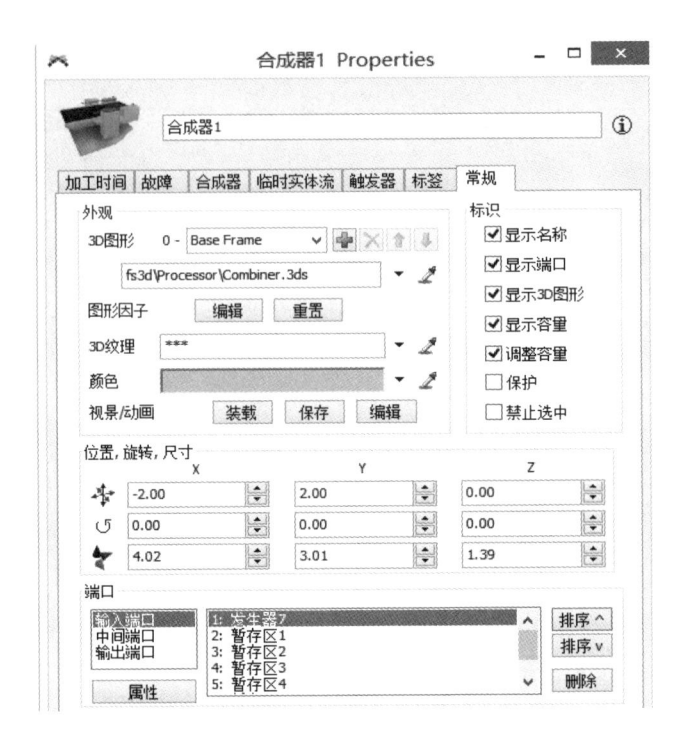

图 5-8　设置合成器 1 的合成模式及输入端口的排序（续）

6 种不同客户订单的处理需要应用到全局表，通过添加全局表可以使各种货物按照具体的订单数量要求进行拣选装盘，所以在"工具"菜单的"全局表"下拉菜单中选择"添加"，使用全局表调用客户订单信息，根据具体的数据指令进行操作。因为有 6 种酒品和 6 种客户订单，所以全局表的"行数"和"列数"均设置为"6"，行数代表酒品种类，列数代表客户订单种类，并根据表 5-1 填写客户订单信息，如图 5-9 所示。

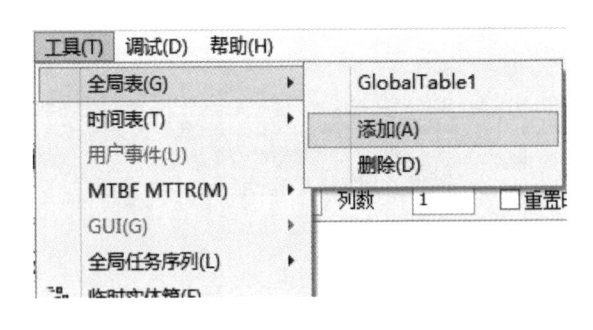

图 5-9　添加全局表并在全局表中设置客户订单信息

	Col 1	Col 2	Col 3	Col 4	Col 5	Col 6
Row 1	30.00	5.00	0.00	10.00	8.00	20.00
Row 2	15.00	20.00	16.00	0.00	3.00	20.00
Row 3	5.00	20.00	8.00	5.00	0.00	15.00
Row 4	15.00	0.00	0.00	14.00	15.00	5.00
Row 5	5.00	5.00	10.00	10.00	8.00	5.00
Row 6	0.00	10.00	20.00	5.00	8.00	0.00

图 5-9　添加全局表并在全局表中填写客户订单信息（续）

然后在合成器中调用全局表，具体操作是在合成器 1 的"触发器"选项卡的"进入触发"对话框中，选择"更新合成器组合列表"，在"表格"下拉菜单中选择之前设置好的全局表"GlobalTable1"，如图 5-10 所示。

图 5-10　在合成器 1 中调用全局表

4．添加数据显示

为了实时、直观地了解实体的具体运行状态，可以在模型中"统计"菜单的"Dashboards"下拉菜单中选择"添加"；然后在左侧实体库中，拖拽需要显示的实体类型，生成统计图表

（Chart），在统计图表属性中选择要显示数据的模型实体，进行添加；在该模型中，我们选择显示"暂存区 1-6 的容量平均值""暂存区 1-6 货物停留时间平均值"和"操作员 1-6 的状态"。添加数据显示的具体操作如图 5-11 所示。

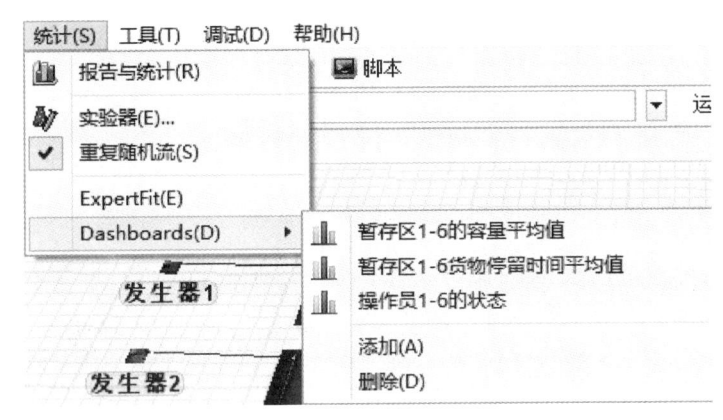

图 5-11　添加数据显示

模型建立完成后，设置运行速度和运行时间并进行模拟运行，"运行速度"设置为"4.00"，"运行时间"设置为"0.00 to 28800.00"，即 8 个小时，具体操作如图 5-12 所示。

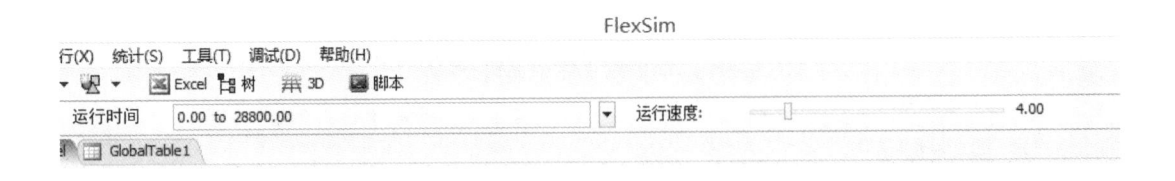

图 5-12　设置模型运行时间和运行速度

5.7 仿真结果分析

1. 仿真模型运行

传统模式中，拣选方式是分区按单拣选，即拣选人员根据订单到达的先后顺序，拣选各自所负责的酒品，并汇总到合成器 1 处，完成整份客户订单的拣选工作。

2. 仿真结果分析

仿真模型开始运行后，就可以在"统计"菜单下的"Dashboard"中动态实时地看到暂存区容量平均值、货物停留时间平均值及操作员的状态。模型运行 8 小时后，暂存区容量平均值、货物停留时间平均值的实时数据如图 5-13 所示，操作员 1～操作员 6 的状态饼图如图 5-14 所示。其中，每个操作员是以饼状图的形式来显示其状态，把鼠标移至不同颜色的扇形区域时，会显示该颜色对应的状态及数值的信息。

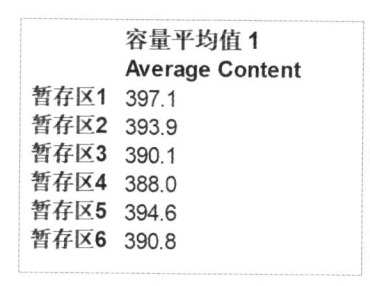

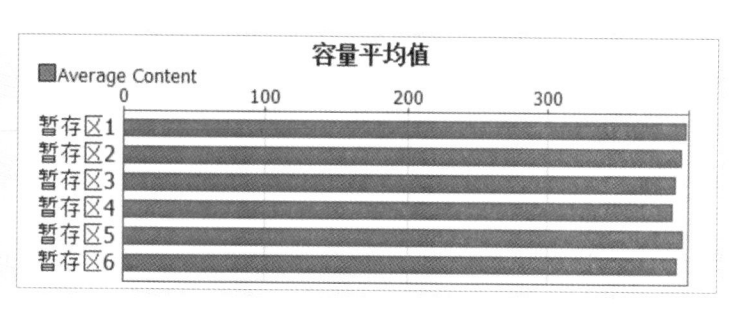

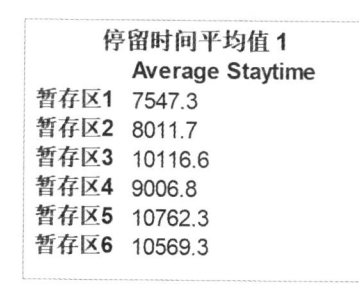

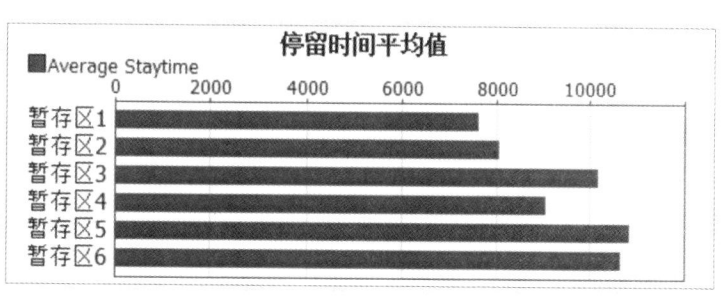

容量平均值 1 Average Content	
暂存区1	397.1
暂存区2	393.9
暂存区3	390.1
暂存区4	388.0
暂存区5	394.6
暂存区6	390.8

停留时间平均值 1 Average Staytime	
暂存区1	7547.3
暂存区2	8011.7
暂存区3	10116.6
暂存区4	9006.8
暂存区5	10762.3
暂存区6	10569.3

图 5-13 暂存区容量平均值和货物停留时间平均值

在 FlexSim 软件"统计"菜单下的"报告与统计"选项中生成"汇总报告"，如图 5-15 所示。

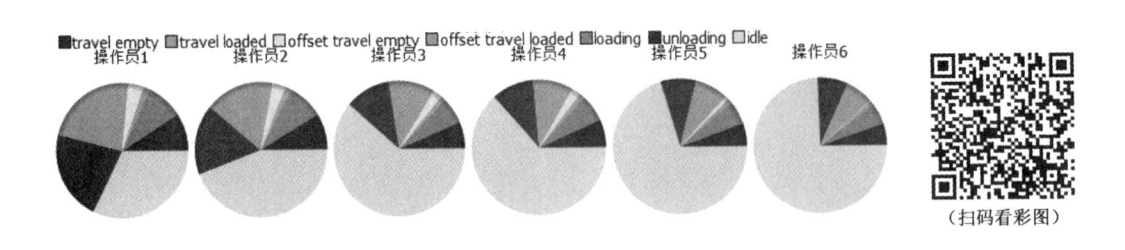

图 5-14　操作员 1～操作员 6 的状态饼图

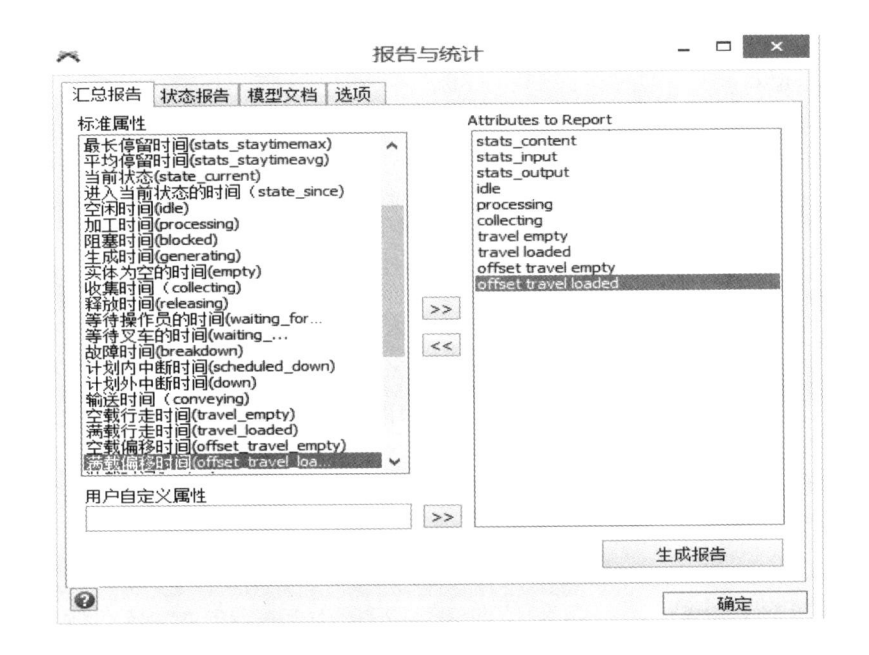

图 5-15　生成汇总报告

在选择了当前容量、输入、输出、空闲时间、处理时间、收集时间、空载行走、负载行走、空载偏移、负载偏移等指标后，单击"生成报告"，获得了如图 5-16 所示的传统模式下的汇总报告。

通过简单的汇总分析后，得出下列数据信息，如表 5-2、表 5-3 和图 5-17 所示。

表 5-2　传统模式中合成器 1 工作数据

实体	输出量（箱）	空闲时间比率（%）	处理时间比率（%）	收集时间比率（%）
合成器 1	5858	4.35%	5.46%	90.19%
总计客户订单数: 105 单				

(a) Flexsim Summary Report

Time: 28800

Object	Class	stats_content	stats_input	stats_output	idle	processing	collecting	travel empty	travel loaded	offset travel empty	offset travel loaded
发生器1	Source	0	0	1684	0	0	0				
发生器2	Source	0	0	1581	0	0	0				
发生器3	Source	0	0	1218	0	0	0				
发生器4	Source	0	0	1357	0	0	0				
发生器5	Source	0	0	1164	0	0	0				
发生器6	Source	0	0	1154	0	0	0				
暂存区1	Queue	400	1684	1284	0	0	0				
暂存区2	Queue	400	1581	1181	0	0	0				
暂存区3	Queue	400	1218	818	0	0	0				
暂存区4	Queue	400	1357	957	0	0	0				
暂存区5	Queue	400	1164	764	0	0	0				
暂存区6	Queue	400	1154	754	0	0	0				
操作员1	Operator	0	1284	1284	9321.316	0	0	6223.90538	6498.974284	1081.31957	433.25255
操作员2	Operator	0	1181	1181	13601.78	0	0	4560.09955	4686.488697	845.637667	376.63432
操作员3	Operator	4	818	814	18813.09	0	0	2923.15289	2931.680067	573.543015	289.24533
操作员4	Operator	0	957	957	17900.76	0	0	2851.55816	2798.191803	584.328505	329.86276
操作员5	Operator	0	764	764	20482.68	0	0	2367.36196	2229.858823	219.47721	300.32279
操作员6	Operator	0	754	754	21259.61	0	0	2156.17598	1981.992178	24.523958	258.47458
合成器1	Combiner	1	5859	5858	1244.408	1560	25789.35	0	0	0	0
发生器7	Source	0	0	105	0	0	0				
暂存区7	Queue	20	20	0	0	0	0				
暂存区8	Queue	15	15	0	0	0	0				
暂存区9	Queue	16	16	0	0	0	0				
暂存区10	Queue	18	18	0	0	0	0				
暂存区11	Queue	23	23	0	0	0	0				
暂存区12	Queue	12	12	0	0	0	0				

(a)

(b) Flexsim State Report

Time: 28800

Object	Class	idle	processing	blocked	generating	empty	collecting	releasing	travel empty	travel loaded	offset travel empty	offset travel loaded	loading	unloading
发生器1	Source	0.00%	0.00%	94.16%	5.84%	0.00%	0.00%	0.00%	0.00%	0.00%	0.00%	0.00%	0.00%	0.00%
发生器2	Source	0.00%	0.00%	89.00%	11.00%	0.00%	0.00%	0.00%	0.00%	0.00%	0.00%	0.00%	0.00%	0.00%
发生器3	Source	0.00%	0.00%	87.31%	12.69%	0.00%	0.00%	0.00%	0.00%	0.00%	0.00%	0.00%	0.00%	0.00%
发生器4	Source	0.00%	0.00%	80.79%	19.21%	0.00%	0.00%	0.00%	0.00%	0.00%	0.00%	0.00%	0.00%	0.00%
发生器5	Source	0.00%	0.00%	91.91%	8.09%	0.00%	0.00%	0.00%	0.00%	0.00%	0.00%	0.00%	0.00%	0.00%
发生器6	Source	0.00%	0.00%	87.59%	12.41%	0.00%	0.00%	0.00%	0.00%	0.00%	0.00%	0.00%	0.00%	0.00%
暂存区1	Queue	0.00%	0.00%	0.00%	0.00%	0.00%	0.00%	100.00%	0.00%	0.00%	0.00%	0.00%	0.00%	0.00%
暂存区2	Queue	0.00%	0.00%	0.00%	0.00%	0.01%	0.00%	99.99%	0.00%	0.00%	0.00%	0.00%	0.00%	0.00%
暂存区3	Queue	0.00%	0.00%	0.00%	0.00%	0.01%	0.00%	99.99%	0.00%	0.00%	0.00%	0.00%	0.00%	0.00%
暂存区4	Queue	0.00%	0.00%	0.00%	0.00%	0.01%	0.00%	99.99%	0.00%	0.00%	0.00%	0.00%	0.00%	0.00%
暂存区5	Queue	0.00%	0.00%	0.00%	0.00%	0.01%	0.00%	99.99%	0.00%	0.00%	0.00%	0.00%	0.00%	0.00%
暂存区6	Queue	0.00%	0.00%	0.00%	0.00%	0.01%	0.00%	99.99%	0.00%	0.00%	0.00%	0.00%	0.00%	0.00%
操作员1	Operator	32.48%	0.00%	0.00%	0.00%	0.00%	0.00%	0.00%	21.69%	22.65%	3.77%	1.51%	8.95%	8.95%
操作员2	Operator	47.24%	0.00%	0.00%	0.00%	0.00%	0.00%	0.00%	15.84%	16.28%	2.94%	1.31%	8.20%	8.20%
操作员3	Operator	65.34%	0.00%	0.00%	0.00%	0.00%	0.00%	0.00%	10.15%	10.18%	1.99%	1.00%	5.68%	5.65%
操作员4	Operator	63.27%	0.00%	0.00%	0.00%	0.00%	0.00%	0.00%	10.08%	9.89%	2.07%	1.17%	6.76%	6.76%
操作员5	Operator	71.48%	0.00%	0.00%	0.00%	0.00%	0.00%	0.00%	8.26%	7.78%	1.05%	5.33%	5.33%	5.33%
操作员6	Operator	74.08%	0.00%	0.00%	0.00%	0.00%	0.00%	0.00%	7.51%	6.91%	0.09%	0.90%	5.25%	5.25%
合成器1	Combiner	4.35%	5.46%	0.00%	0.00%	0.00%	90.19%	0.00%	0.00%	0.00%	0.00%	0.00%	0.00%	0.00%
发生器7	Source	0.00%	0.00%	26.37%	73.63%	0.00%	0.00%	0.00%	0.00%	0.00%	0.00%	0.00%	0.00%	0.00%
暂存区7	Queue	0.00%	0.00%	0.00%	0.00%	8.82%	0.00%	91.18%	0.00%	0.00%	0.00%	0.00%	0.00%	0.00%
暂存区8	Queue	0.00%	0.00%	0.00%	0.00%	1.78%	0.00%	98.22%	0.00%	0.00%	0.00%	0.00%	0.00%	0.00%
暂存区9	Queue	0.00%	0.00%	0.00%	0.00%	9.73%	0.00%	90.27%	0.00%	0.00%	0.00%	0.00%	0.00%	0.00%
暂存区10	Queue	0.00%	0.00%	0.00%	0.00%	3.64%	0.00%	96.36%	0.00%	0.00%	0.00%	0.00%	0.00%	0.00%
暂存区11	Queue	0.00%	0.00%	0.00%	0.00%	12.66%	0.00%	87.34%	0.00%	0.00%	0.00%	0.00%	0.00%	0.00%
暂存区12	Queue	0.00%	0.00%	0.00%	0.00%	11.67%	0.00%	88.33%	0.00%	0.00%	0.00%	0.00%	0.00%	0.00%

(b)

图 5-16　传统模式下的汇总报告

表 5-3 传统模式中操作员工作数据

实体	搬运量（箱）	空闲时间比率（%）
操作员 1	1284	32.48%
操作员 2	1181	47.24%
操作员 3	814	65.34%
操作员 4	957	63.27%
操作员 5	764	71.48%
操作员 6	754	74.08%

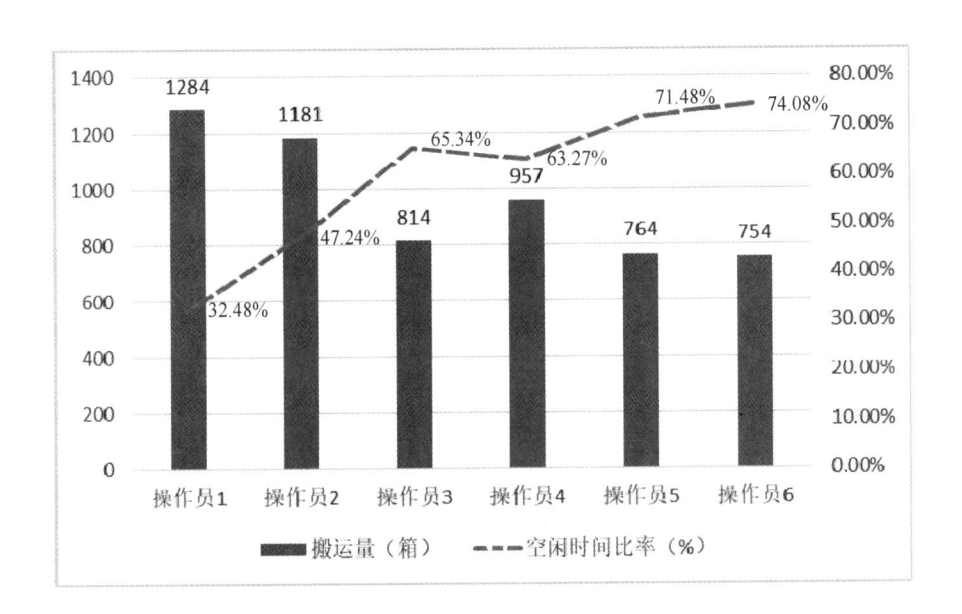

图 5-17 传统模式中操作员 1～操作员 6 的搬运量和空闲时间情况

从操作员的搬运量和空闲时间来看，搬运量大的操作员空闲时间并不多，而搬运量小的操作员却有着大量的空闲时间，搬运量和空闲时间不匹配的差异，很可能会引起搬运量大的员工的不满情绪，同时公司也没有很好地做到人力资源的合理配置，存在不均衡、浪费的现象。例如，大多数操作员的闲置率偏高，这并不是高效的拣选模式应该有的样子。因此，根据上述问题做出如下所述的优化方案，以期原有问题得以改进优化，实现拣选作业的合理化、高效化。

5.8 模型优化与分析

优化方案采用不分区并行拣选的方式,即在原有模型设备的基础上,增添 1 台任务分配器 1 和 1 台合成器 2,可实现两单并行拣选,同时减少 1 名操作员。发生器 7 在"临时实体流"选项卡中,"发送至端口"选择"随机可用端口",新增的合成器 2 的参数设置与合成器 1 相同;同时使用"W 断开"原有的操作员与暂存区的"S 连接",建立暂存区 1~暂存区 6 到任务分配器 1 的"S 连接",建立任务分配器 1 与操作员 1~操作员 5 之间的"A 连接"。优化方案中的模型设置如图 5-18 所示。

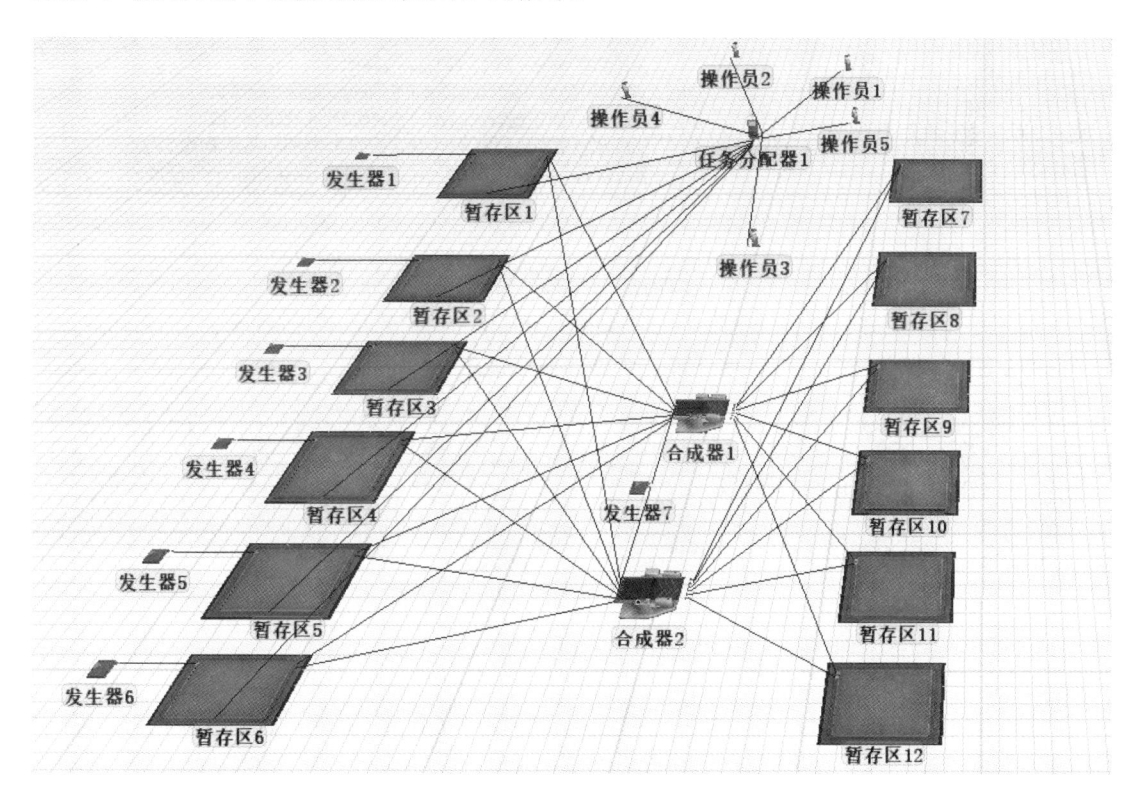

图 5-18 优化方案中的模型设置

优化后的仿真模型开始运行后,可以在"统计"菜单下的"Dashboard"中动态实时地看到暂存区容量平均值、货物停留时间平均值及操作员的状态。仿真模型按设置好的优化方案运行 8 小时,暂存区容量平均值和货物停留时间平均值的实时数据如图 5-19 所示,操作员 1~操作员 5 的状态饼图如图 5-20 所示。其中,每个操作员是以饼状图的形式来显示其状态，把鼠标移至不同颜色的扇形区域时，会显示该颜色对应的状态及数值的信息。

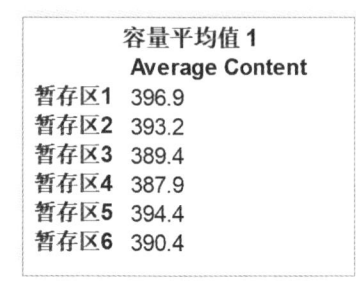

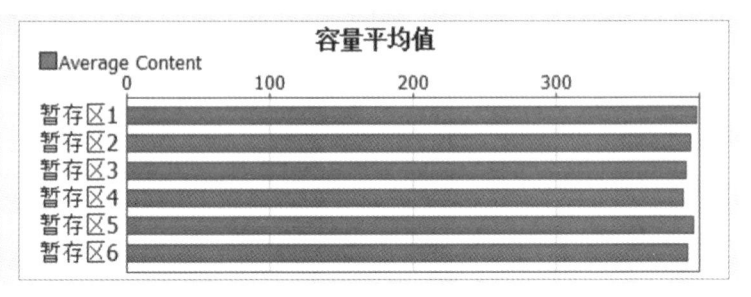

容量平均值 1	Average Content
暂存区 1	396.9
暂存区 2	393.2
暂存区 3	389.4
暂存区 4	387.9
暂存区 5	394.4
暂存区 6	390.4

停留时间平均值 1	Average Staytime
暂存区 1	5824.2
暂存区 2	5620.1
暂存区 3	7578.7
暂存区 4	7861.7
暂存区 5	8950.7
暂存区 6	8514.0

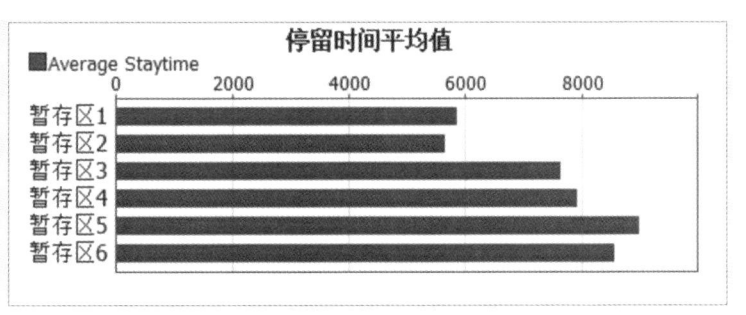

图 5-19　优化方案中暂存区容量平均值和货物停留时间平均值

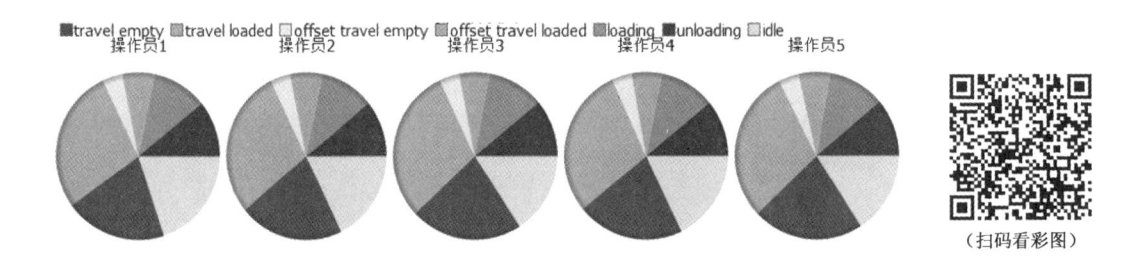

图 5-20　优化方案中操作员 1～操作员 5 的状态饼图

按照与传统模式相同的方法生成对应的优化方案下的汇总报告，如图 5-21 所示。

通过简单的汇总分析后，得出下列数据信息，如表 5-4、表 5-5 和图 5-22 所示。

表 5-4　优化方案中合成器 1 和合成器 2 的工作数据

实体	输出量（箱）	空闲时间比率（%）	处理时间比率（%）	收集时间比率（%）
合成器 1	4106	51.95%	3.81%	44.25%
合成器 2	3953	52.99%	3.67%	43.34%
总计客户订单数：143 单				

第 5 章　拣选系统建模与仿真

Flexsim Summary Report
Time: 28800

Object	Class	stats_content	stats_input	stats_output	idle	processing	collecting	travel empty	travel loaded	offset travel empty	offset travel loaded
发生器1	Source	0	0	2021	0	0	0				
发生器2	Source	0	0	2168	0	0	0				
发生器3	Source	0	0	1656	0	0	0				
发生器4	Source	0	0	1524	0	0	0				
发生器5	Source	0	0	1436	0	0	0				
发生器6	Source	0	0	1511	0	0	0				
暂存区1	Queue	400	2021	1621	0	0	0				
暂存区2	Queue	400	2168	1768	0	0	0				
暂存区3	Queue	400	1656	1256	0	0	0				
暂存区4	Queue	400	1524	1124	0	0	0				
暂存区5	Queue	400	1436	1036	0	0	0				
暂存区6	Queue	400	1511	1111	0	0	0				
操作员1	Operator	0	1588	1588	5796.024	0	0	5699.93	7964.828	1048.134	1864.891
操作员2	Operator	0	1565	1565	5308.942	0	0	5898.946	8331.969	1106.121	1822.248
操作员3	Operator	0	1581	1581	4827.069	0	0	6201.063	8606.152	1083.07	1715.658
操作员4	Operator	0	1567	1567	5280.975	0	0	5953.364	8405.668	1082.358	1734.027
操作员5	Operator	0	1615	1615	4729.692	0	0	6185.046	8502.867	1091.224	1788.54
合成器1	Combiner	0	4106	4106	14946.34	1095	12731.03	0	0	0	0
发生器7	Source	0	0	143	0	0	0				
暂存区7	Queue	21	21	0	0	0	0				
暂存区8	Queue	25	25	0	0	0	0				
暂存区9	Queue	27	27	0	0	0	0				
暂存区10	Queue	21	21	0	0	0	0				
暂存区11	Queue	27	27	0	0	0	0				
暂存区12	Queue	22	22	0	0	0	0				
任务分配器	Dispatcher	0	0	0							
合成器2	Combiner	0	3953	3953	15153.45	1050	12392.37	0	0	0	0

(a)

Flexsim State Report
Time: 28800

Object	Class	idle	processing	blocked	generating	empty	collecting	releasing	travel empty	travel loaded	offset travel empty	offset travel loaded	loading	unloading
发生器1	Source	0.00%	0.00%	92.79%	7.21%	0.00%	0.00%	0.00%	0.00%	0.00%	0.00%	0.00%	0.00%	0.00%
发生器2	Source	0.00%	0.00%	84.85%	15.15%	0.00%	0.00%	0.00%	0.00%	0.00%	0.00%	0.00%	0.00%	0.00%
发生器3	Source	0.00%	0.00%	82.59%	17.41%	0.00%	0.00%	0.00%	0.00%	0.00%	0.00%	0.00%	0.00%	0.00%
发生器4	Source	0.00%	0.00%	78.75%	21.25%	0.00%	0.00%	0.00%	0.00%	0.00%	0.00%	0.00%	0.00%	0.00%
发生器5	Source	0.00%	0.00%	90.17%	9.83%	0.00%	0.00%	0.00%	0.00%	0.00%	0.00%	0.00%	0.00%	0.00%
发生器6	Source	0.00%	0.00%	84.19%	15.81%	0.00%	0.00%	0.00%	0.00%	0.00%	0.00%	0.00%	0.00%	0.00%
暂存区1	Queue	0.00%	0.00%	0.00%	0.00%	0.00%	0.00%	100.00%	0.00%	0.00%	0.00%	0.00%	0.00%	0.00%
暂存区2	Queue	0.00%	0.00%	0.00%	0.00%	0.01%	0.00%	99.99%	0.00%	0.00%	0.00%	0.00%	0.00%	0.00%
暂存区3	Queue	0.00%	0.00%	0.00%	0.00%	0.01%	0.00%	99.99%	0.00%	0.00%	0.00%	0.00%	0.00%	0.00%
暂存区4	Queue	0.00%	0.00%	0.00%	0.00%	0.01%	0.00%	99.99%	0.00%	0.00%	0.00%	0.00%	0.00%	0.00%
暂存区5	Queue	0.00%	0.00%	0.00%	0.00%	0.01%	0.00%	99.99%	0.00%	0.00%	0.00%	0.00%	0.00%	0.00%
暂存区6	Queue	0.00%	0.00%	0.00%	0.00%	0.01%	0.00%	99.99%	0.00%	0.00%	0.00%	0.00%	0.00%	0.00%
操作员1	Operator	20.18%	0.00%	0.00%	0.00%	0.00%	0.00%	0.00%	19.84%	27.73%	3.65%	6.49%	11.06%	11.06%
操作员2	Operator	18.48%	0.00%	0.00%	0.00%	0.00%	0.00%	0.00%	20.53%	29.00%	3.85%	6.34%	10.90%	10.90%
操作员3	Operator	16.79%	0.00%	0.00%	0.00%	0.00%	0.00%	0.00%	21.56%	29.93%	3.77%	5.97%	11.00%	11.00%
操作员4	Operator	18.38%	0.00%	0.00%	0.00%	0.00%	0.00%	0.00%	20.73%	29.26%	3.77%	6.04%	10.91%	10.91%
操作员5	Operator	16.45%	0.00%	0.00%	0.00%	0.00%	0.00%	0.00%	21.51%	29.57%	3.79%	6.22%	11.23%	11.23%
合成器1	Combiner	51.95%	3.81%	0.00%	0.00%	0.00%	44.25%	0.00%	0.00%	0.00%	0.00%	0.00%	0.00%	0.00%
发生器7	Source	0.00%	0.00%	0.00%	100.00%	0.00%	0.00%	0.00%	0.00%	0.00%	0.00%	0.00%	0.00%	0.00%
暂存区7	Queue	0.00%	0.00%	0.00%	0.00%	12.45%	0.00%	87.55%	0.00%	0.00%	0.00%	0.00%	0.00%	0.00%
暂存区8	Queue	0.00%	0.00%	0.00%	0.00%	1.32%	0.00%	98.68%	0.00%	0.00%	0.00%	0.00%	0.00%	0.00%
暂存区9	Queue	0.00%	0.00%	0.00%	0.00%	4.26%	0.00%	95.74%	0.00%	0.00%	0.00%	0.00%	0.00%	0.00%
暂存区10	Queue	0.00%	0.00%	0.00%	0.00%	2.71%	0.00%	97.29%	0.00%	0.00%	0.00%	0.00%	0.00%	0.00%
暂存区11	Queue	0.00%	0.00%	0.00%	0.00%	6.15%	0.00%	93.85%	0.00%	0.00%	0.00%	0.00%	0.00%	0.00%
暂存区12	Queue	0.00%	0.00%	0.00%	0.00%	5.05%	0.00%	94.95%	0.00%	0.00%	0.00%	0.00%	0.00%	0.00%
任务分配器1	Dispatcher													
合成器2	Combiner	52.99%	3.67%	0.00%	0.00%	0.00%	43.34%	0.00%	0.00%	0.00%	0.00%	0.00%	0.00%	0.00%

(b)

图 5-21　优化方案下的汇总报告

表 5-5　优化方案中操作员工作数据

实体	搬运量（箱）	空闲时间比率（%）
操作员 1	1588	20.18%
操作员 2	1565	18.48%
操作员 3	1581	16.79%
操作员 4	1567	18.38%
操作员 5	1615	16.45%

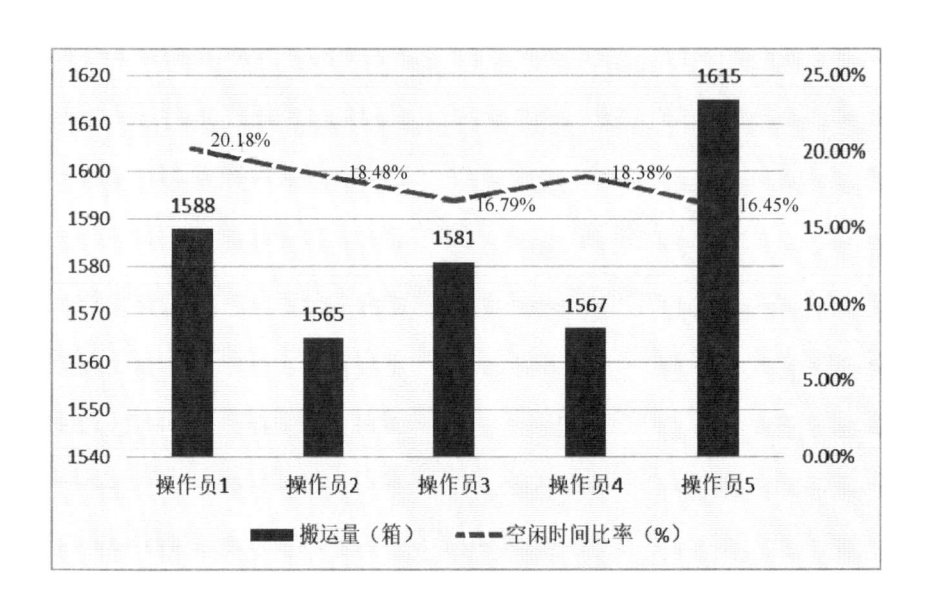

图 5-22　优化方案中操作员 1~操作员 5 的搬运量和空闲时间情况

从上述图表中可以看出，通过改变拣选方式，拣选作业完成的拣货量和订单数都得到了一定的提升；在减少了 1 名操作员后实现了人力资源的合理配置，闲置率有所下降，避免人员闲置，拣选作业量也得以平均分配，使得每人的搬运量与空闲时间得以匹配。

通过传统模式和优化方案的对比，可以从统计分析结果中看出，优化方案中的拣选总量有所提高，同时又减少了 1 名操作员，节约了一定的人力资源。所以说，在采用不分区并行拣选的拣选方式的优化方案中，拣选系统的拣选能力得以发挥出较强的优势，提升了作业量和作业效率，同时操作员的空闲时间得以良好的控制，搬运量也实现了提升，充分地运用好人力资源，避免了资源闲置浪费。通过数据分析得出结论，优化方案能够提升酒品厂的拣选效率和能力，节约资源，可以为企业降低成本，创生赢利空间。传统模式与优化方案的对比如表 5-6 所示。

表 5-6　传统模式与优化方案的对比

对象		传统模式	优化方案
拣选总量	客户订单数	105	143
操作员数据	平均搬运量	960	1583
	平均空闲时间比率	58.98%	18.06%

5.9 本章小结

通过 FlexSim 软件的仿真模拟,我们可以轻松地发现原有拣选系统中存在的弊端和不合理的地方,同时通过仿真建模预设优化方案并实验运行,最后通过模型优化前后数据的对比结论,来探讨优化方案的合理性,整体过程简明合理,有据可循。FlexSim 模拟仿真的优点是操作成本低、耗时短,不需要进行实际的现场运行观察,节约了企业大量的资源与成本,同时又能非常好地探索潜在的赢利空间;根据每次模拟运行的结果,进行再探寻再探索,直至寻找到最适合企业自身的合理优化方案,为企业的整体运营、管理和未来发展指明方向。在物流设备与技术迅速发展的大潮中,拣选策略和方式也是多种多样的。本章从研究企业的自身能力出发,依据实际情况进行优化模拟,得出切实可行的优化方案。我们相信随着企业日后规模的扩大和发展,会陆续引进更加专业化的物流设备和技术,物流为企业节省的成本和创生的收益也会更加可观。

第6章 仓储系统建模与仿真

6.1 研究背景

仓储系统是物流系统中极为重要且不可或缺的环节，在整个物流活动中具有极其关键的连接作用。现代商品社会化发展越来越快，而商品在从厂家到买家的变更过程中，要经过存储阶段，所以促使仓储规模越来越大。随着人们的生产及消费方式的日益发展，仓储的功能已经由原来单一的物资存储逐渐发展成具备收货、验货、分类、分拣、包装加工等多种功能，连接了上游供应和下游销售的必要中转站。

6.2 仓储系统概述

1. 仓储

传统意义上的仓储利用仓库或其他场地存储保管货物。而随着零库存、物流供应链等思想的发展，仓储开始受到物流行业内的重视。仓储不再只是简单的存储货物，其物流活动得到了极大的扩展，通过对仓储成本的管理控制可以直接实现物流成本的降低。

仓储管理的内容由于仓储在物流业中地位的上升而随之扩大，原来的仓储管理只是确保仓库物品的数量和质量，而随着物流业的发展，仓储已经变成了一个商品配送服务中心。仓储管理包括各类资源的获得、仓储活动的管理、仓储内物品的保管及仓库安全的管理工作等。一方面，我们必须通过市场经济对仓储的资源进行最为合理的配置；另一方面，我们更要高效地进行各方面的仓储活动，并且要最大限度地节约成本。

2. 仓储的功能

（1）调节功能

仓储在物流运行过程中起着非常重要的调节作用。一方面，仓储不但能够调节生产和消费的关系，还能调节空间和时间，使物流活动顺利进行；另一方面，不同的运输方式在运动方向、运输量和运输线路等方面都存在着差异，货物必须采用比较适合的运输方式，如有些货物需要在中途转换运输方式，可以通过仓储的调节功能来实现运输方式的顺利转换，最终完成货物的运输。

（2）检验功能

在物流过程中，为了保证经济利益不受损害，必须按时检查商品的数量、质量及包装。在检查数量时，不同的货物可以运用抽验或全验方法；对于质量检查，主要可以检查商品的尺寸、外观、物理性能及化学成分等。

（3）集散功能

仓储具有强大的集散功能，在一定程度上可以降低运输工具空载率。它可以把商品聚积起来，有了足够的数量后，根据不同的需求送到相应区域。通过对货物的聚积和配送，可以连接货物的生产和需求，平衡运输，提升物流效率。

（4）配送功能

仓储的配送功能一般是指根据需求对货物进行清算、归类、包装、配送等。仓储配送的主要工作是定点、定时、保证质量地把要求的货物送到买家手中。

3. 主要的仓储设备

仓储设备是指能够满足仓储合理运行及货物保管需要的工具，基本的仓储设备有货架、叉车、输送机、托盘等。货架是用来放置各类货物的设备，可以提高仓库的利用率，并为货物的存取与出入库作业提供了方便。叉车是最为常见的具备装载、移动功能的设备，主要和托盘配合使用。输送机主要用在货物的出入库和分拣作业，可以大大降低搬运成本，提高劳动生产率。托盘是指将货物按一定的数量放置在规定形状的平台上，使其能够有效地装卸、搬运、保管的设备。

6.3 L服装公司仓储系统流程描述

入库作业是指货物在进入仓库时所进行的一系列检验、验收等操作。其具体流程如下：成品服装到达仓库，工作人员根据订单对其进行逐项核对处理，核对准确无误后，进行卸货操作，进行质量检查，对没有质量问题的服装进行分类、上架，并及时更新入库信息。

仓库入库作业流程如图 6-1 所示。

到达仓库 → 验单 → 逐项核对 → 卸货 → 质检 → 分类上架

图 6-1　仓库入库作业流程

出库作业是指货物在仓库所进行的一系列检验、输出等操作。其具体流程如下：确认客户订单，根据客户订单进行备货，仓库工作人员对这些待出库服装进行复核，再根据订单要求进行加工包装，最后进行出库操作，并登记入账，记录出库信息。仓库出库作业流程如图 6-2 所示。

确认订单 → 出库准备 → 复核 → 包装 → 出库 → 登账记录

图 6-2　仓库出库作业流程

6.4　L 服装公司仓储系统现状分析

通过对 L 服装公司仓储中心现状的调查，仓储系统目前存在以下问题。

①整个物流仓储系统在运行过程中出现了实体堆积现象。因此，仓库的布局和作业流程可能存在不合理。

②仓库内设备和人员存在大量空闲时间，因此分析出设备和人员可能没有得到充分利用，整个物流仓储系统的作业效率有待提高。

③一些设备的位置摆放不合理，设备之间间隔太大或太小，因此分析出总体布局没有达到最优状态，操作员存在一些活动不方便的问题。

6.5　L 服装公司仓储系统模型的构建

1. 定义作业的流程

L 服装公司仓储入库作业的区域可划分为理货区、拣选区、储存区、打包出库区。服装送达仓库后，操作员首先在暂存区进行验单质检工作，逐项核对入库的服装信息并进行货位分配。之后由操作员将服装搬运到处理器进行入库前的处理加工，处理完毕后根据服装的性质类型，将其分为 3 类，分别为可地堆的、挂装的和叠装的，并将其按类别运送到相应的暂存区。最后再由操作员按这 3 个类别和之前分配好的货位完成上架操作。根据客户订单将客户所需的各类服装通过传送带，传送到打包复核台进行包装加工，随后由操作员进行相关订单的出库操作。出入库概念模型设计图如图 6-3 所示。

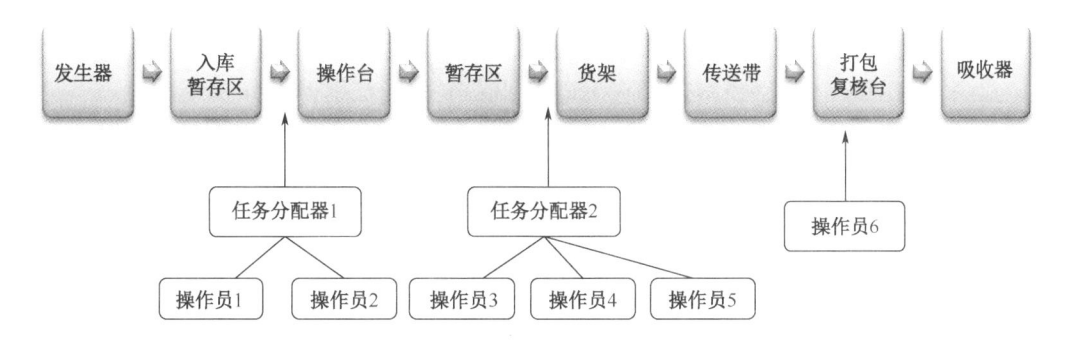

图 6-3 出入库概念模型设计图

2. 构建模型布局

结合 L 服装公司仓库的实际出入库流程，通过 FlexSim 软件，将对应的实体模型拖到仿真模拟平面内，并按实际情况排列摆放，建立 L 服装公司仓储系统的出入库流程仿真模型布局，如图 6-4 所示。

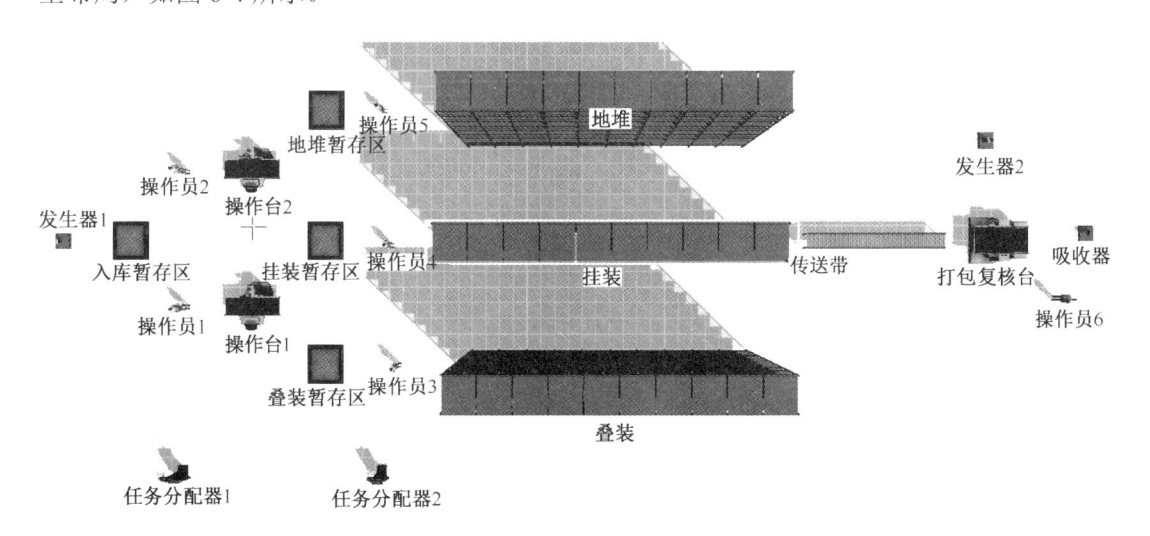

图 6-4 仿真模型布局图

将各个实体的端口进行连接，固定资源类实体之间用"A 连接"，任务执行类实体之间用"S 连接"，连接完成后，仿真模型布局如图 6-5 所示。

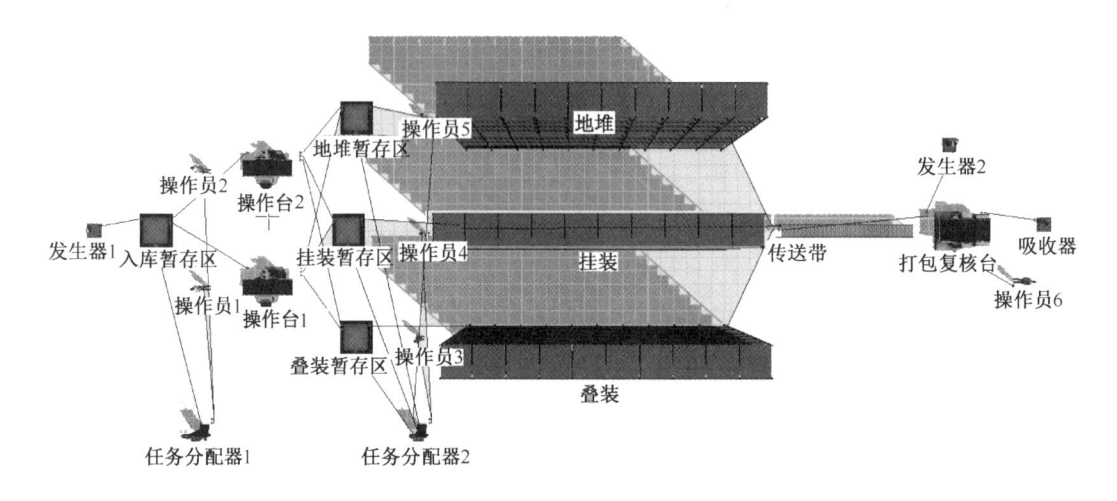

图 6-5　实体连接后仿真模型布局图

6.6　模型主要实体参数设置

1. 发生器参数

发生器是一种工具，它可以根据现实中的某些规律不断生成实体。对搜集到的 L 服装公司的成品服装到达仓库的时间间隔表进行分析，将"发生器"选项卡的"到达时间间隔"设置为"exponential（15，2，0）"，并产生 3 种不同颜色的临时实体，分别为红、绿、蓝，代表可地堆、挂装、叠装的服饰。以发生器 1 为例，发生器参数设置如图 6-6 所示。

图 6-6　发生器参数设置

2. 入库暂存区参数

入库暂存区是存放货物的地方，但空间有限。因此，入库暂存区的"暂存区"选项卡的"最大容量"设置为"10000.00"，搬运货物也需要操作员来实现，"临时实体流"选项卡中勾选"使用运输工具"。入库暂存区的最大容量参数设置和操作员参数设置分别如图6-7、图6-8所示。

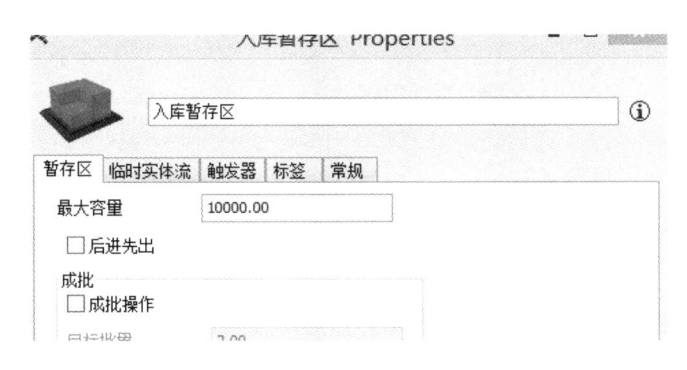

图 6-7 入库暂存区最大容量参数设置

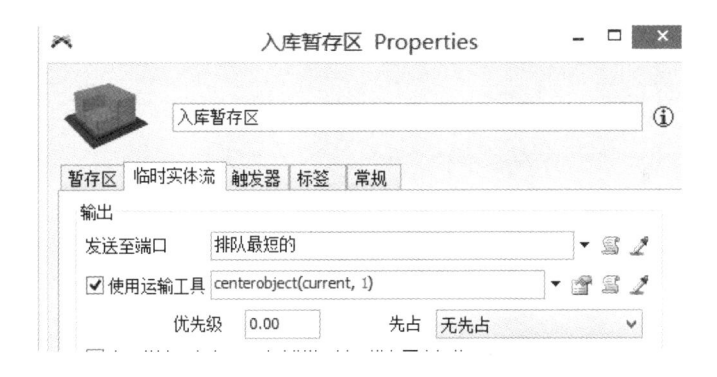

图 6-8 入库暂存区操作员参数设置

3. 操作台参数

对入库的服装进行检验，我们需要用到一种设备——操作台。每个操作员每 3 秒就可以检验 1 件商品，2 个操作台随机处理货物。以操作台 1 为例，操作台参数设置如图 6-9 所示。

4. 暂存区参数

暂存区则是暂时存放检验后的货物的，L 服装公司仓储暂存区主要分为 3 种：地堆暂存区、挂装暂存区和叠装暂存区。从暂存区到货架需要 3 个操作员，由操作员 5 负责地堆区的搬运，由操作员 4 负责挂装区的搬运，由操作员 3 负责叠装区的搬运。如图 6-10 所示，设置好地堆暂存区的参数后，同理设置好挂装暂存区和叠装暂存区的参数。

图 6-9　操作台参数设置

图 6-10　暂存区参数设置

5. 打包复核台参数

打包复核台是负责实体的打包和装箱工作的，因此需要有一个专门生成箱子的发生器和打包复核台配合,共同完成打包装箱的工作。操作员 6 负责加工和包装。每个订单的包装加工时间为 10 秒。打包复核台参数设置如图 6-11 所示。

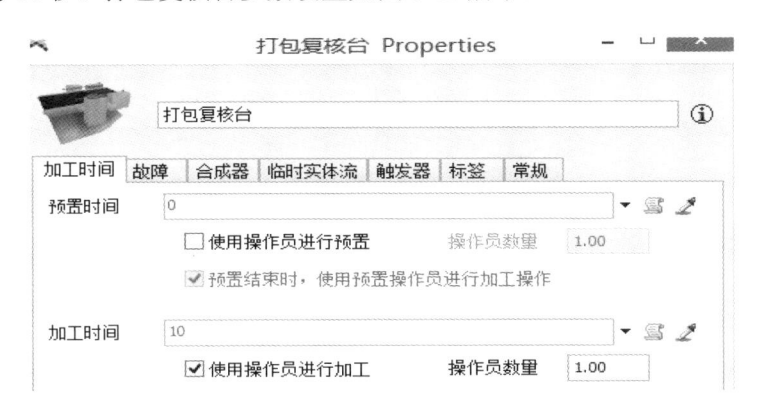

图 6-11 打包复核台参数设置

6. 箱子发生器参数

箱子发生器是专门用来生成箱子的,与打包复合台配合使用。本模型中,假设箱子数量是无限的,生成箱子后会立即送往打包复核台。因此,将"发生器"选项卡中的"临时实体种类"改为"Tote",并将"到达时间间隔"设为"0"。箱子发生器参数设置如图 6-12 所示。

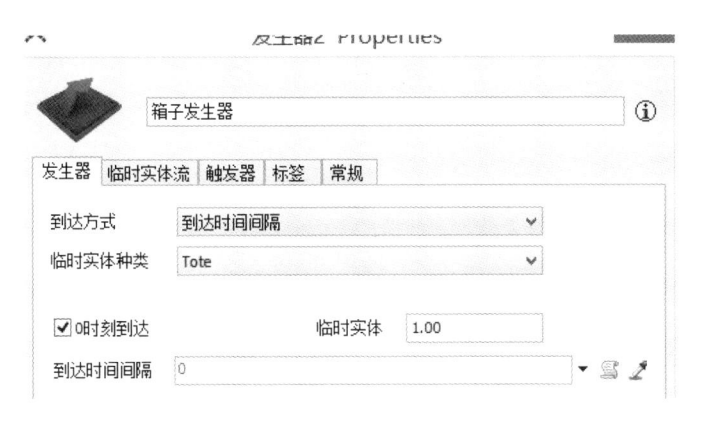

图 6-12 箱子发生器参数设置

7. 传送带参数

传送带是将出库的货物运送到打包复核台的设备。本模型中,将"传送带"选项卡中的"速度"设置为"0.5",如图 6-13 所示。

图 6-13 传送带参数设置

6.7 仿真结果分析

系统仿真建模完成后，模型开始运行。本书中设置模型以秒为单位运行，我们将小时转换为秒。24 小时对应 86400 秒，则将运行时间设定为 86400 秒。调节运行速度控制模型的运行，运行时间达到 86400 秒自动停止。经过多次仿真运行后，得到的状态数据报告如表 6-1 所示。

表 6-1 状态数据报告

Object	Class	Idle	Processing	Empty	Waiting for operator	Waiting for transporter	Travel empty	Travel loaded	Offset tr	Offset tr	Utilize
发生器1	Source	0.00%		0.00%	0.00%	0.00%	0.00%	0.00%	0.00%	0.00%	0.00%
入库暂存区	Queue	0.00%		41.29%	0.00%	36.70%	0.00%	0.00%	0.00%	0.00%	0.00%
操作台1	Processor	64.01%	5.63%	0.00%	14.12%	16.25%	0.00%	0.00%	0.00%	0.00%	0.00%
操作台2	Processor	62.89%	12.05%	0.00%	2.02%	23.04%	0.00%	0.00%	0.00%	0.00%	0.00%
地堆暂存区	Queue	0.00%	0.00%	76.89%	0.00%	23.11%	0.00%	0.00%	0.00%	0.00%	0.00%
挂装暂存区	Queue	0.00%	0.00%	75.55%	0.00%	24.45%	0.00%	0.00%	0.00%	0.00%	0.00%
叠装暂存区	Queue	0.00%	0.00%	73.72%	0.00%	26.28%	0.00%	0.00%	0.00%	0.00%	0.00%
地堆	Rack	100.00%	0.00%	0.00%	0.00%	0.00%	0.00%	0.00%	0.00%	0.00%	0.00%
挂装	Rack	100.00%	0.00%	0.00%	0.00%	0.00%	0.00%	0.00%	0.00%	0.00%	0.00%
叠装	Rack	100.00%	0.00%	0.00%	0.00%	0.00%	0.00%	0.00%	0.00%	0.00%	0.00%
传送带	Conveyor	0.00%	0.00%	9.28%	0.00%	0.00%	0.00%	0.00%	0.00%	0.00%	0.00%
打包核台	Combiner	53.16%	48.84%	0.00%	0.00%	0.00%	0.00%	0.00%	0.00%	0.00%	0.00%
操作员1	Operator	6.03%	0.00%	0.00%	0.00%	0.00%	41.07%	38.39%	8.29%	0.59%	5.63%
操作员2	Operator	74.02%	0.00%	0.00%	0.00%	0.00%	7.82%	5.92%	0.19%	0.00%	12.05%
操作员3	Operator	55.80%	0.00%	0.00%	0.00%	0.00%	20.59%	11.26%	0.54%	11.81%	0.00%
操作员4	Operator	58.98%	0.00%	0.00%	0.00%	0.00%	19.25%	9.84%	0.41%	11.52%	0.00%
操作员5	Operator	60.23%	0.00%	0.00%	0.00%	0.00%	18.75%	9.60%	0.30%	11.12%	0.00%
操作员6	Operator	41.15%	0.00%	0.00%	0.00%	0.00%	0.00%	0.00%	0.00%	0.00%	58.85%

1. 操作台分析

通过对仿真结果中操作台 1 和操作台 2 的数据进行分析后发现，2 个操作台的闲置率分别为 64.01%和 62.89%，明显高于合理的闲置率（10%～30%），表明操作台环节高度空闲，造成资源浪费。操作台运行数据如表 6-2 所示。

表 6-2 操作台运行数据表

Object	Idle	Processing
操作台 1	64.01%	5.63%
操作台 2	62.89%	12.05%

操作台利用率如图 6-14 所示，利用率基本在 30%～40%之间浮动，说明还有约 60%的空闲，设备的闲置率比较高。

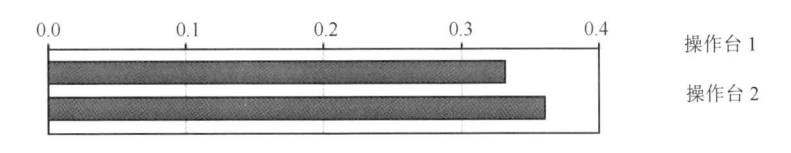

图 6-14 操作台利用率动态图

2. 暂存区分析

如表 6-3 和图 6-15 所示，4 个暂存区中的地堆、挂装、叠装暂存区的闲置率均超过 70%，而等待货物运输的比例也都达到 20%以上，说明货物在暂存区有一定的停留时间。这 4 个暂存区占用空间较大，未得到充分利用。

表 6-3 暂存区运行数据表

Object	Empty	Waiting For Transporter
入库暂存区	51.29%	48.71%
地堆暂存区	76.89%	23.11%
挂装暂存区	75.55%	24.45%
叠装暂存区	73.72%	26.28%

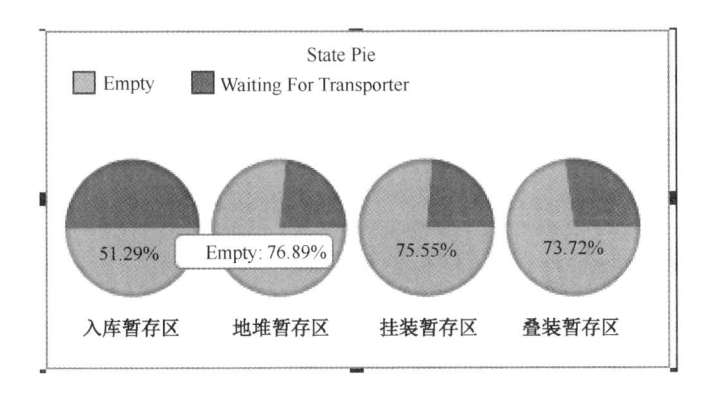

图 6-15 暂存区运行状态图

3. 操作员分析

这个模型中有 6 个操作员。操作员 1 和操作员 2 在入库环节，操作员 3、4、5 在货架存放环节，操作员 6 在出库和包装环节。如表 6-4 所示，操作员 6 的闲置率较合理，为 41.15%；操作员 2 的闲置率最高，高达 74.02%；操作员 3、4、5 的闲置率也较高，在 60% 左右；操作员 1 的闲置率很低，但操作员 1 的空载行走时间较多。如图 6-16 所示，紫色部分代表空载行走时间，粉色部分代表闲置率。通过上述分析说明操作员存在利用率低、空载行走时间长的问题。

表 6-4 操作员运行数据表

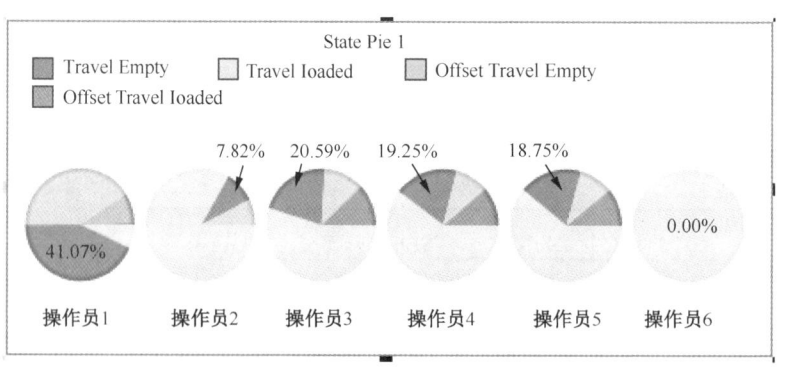

Object	Class	Idle	Travel empty	Travel loaded	Offset travel empty	Offset travel loaded
操作员 1	Operator	6.03%	41.07%	38.39%	8.29%	0.59%
操作员 2	Operator	74.02%	7.82%	5.92%	0.19%	0.00%
操作员 3	Operator	55.80%	20.59%	11.26%	0.54%	11.81%
操作员 4	Operator	58.98%	19.25%	9.84%	0.41%	11.52%
操作员 5	Operator	60.23%	18.75%	9.60%	0.30%	11.12%
操作员 6	Operator	41.15%	0.00%	0.00%	0.00%	0.00%

图 6-16 操作员运行状态动态图

4. 打包复核台分析

打包复核台负责包装出库的服装，其利用率直接影响出库的效率。通过分析，我们发现打包复核台的闲置率为 53.16%，说明一定情况下，打包复核台有一定的空闲时间，包装复核的速度较快，不会影响出库效率。打包复核台运行数据如表 6-5 所示。

表 6-5　打包复核台运行数据表

Object	Idle	Processing
打包复核台	53.16%	46.84%

6.8　模型优化与分析

1. 操作台优化

通过分析，由于操作台的闲置率较大，为了提高操作台效率，把操作台的数量减少，由 2 个减少到 1 个，提高设备利用率。优化后的操作台俯视图如图 6-17 所示。

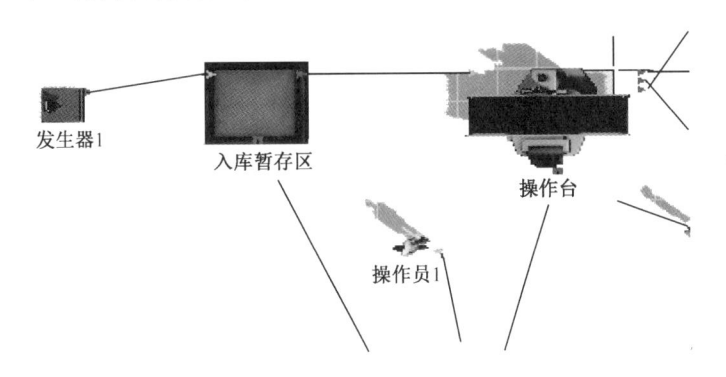

图 6-17　优化后的操作台俯视图

优化后的数据报告如表 6-6 和图 6-18 所示，操作台的闲置率由原来的 64.01% 和 62.89%，降至 47.78%，利用率超过了 50%。虽然没有达到最优的情况，即闲置率控制在 10%～30%，但是经过调整后，入库检测的工作效率有了明显的提高。

表 6-6　优化后的操作台运行数据表

Object	Class	Idle	Processing
操作台	Processor	47.78%	19.94%

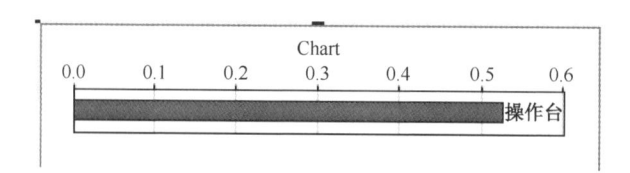

图 6-18 优化后的操作台利用率动态图

2. 暂存区优化

由于 3 个暂存区的闲置率也较高，货物等待被搬运的时间过长，因此应减少 1 个暂存区，将 3 种服装集中放到 2 个暂存区中，提高空间利用率。优化后的暂存区俯视图如图 6-19 所示。

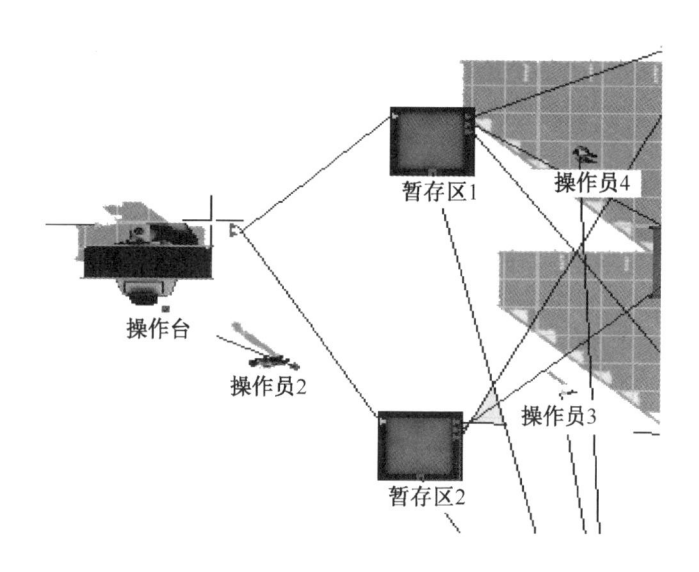

图 6-19 优化后的暂存区俯视图

由原来的分类存放调整为集中存放后，暂存区数据报告如表 6-7、图 6-20 所示，2 个暂存区的闲置率由原来的 70%多分别降低到 27.10%和 17.57%，并且货物等待被搬运的时间也有明显的减少。

表 6-7 优化后的暂存区运行数据表

Object	Class	Empty	Waiting For Transporter
暂存区 1	Queue	27.10%	15.67%
暂存区 2	Queue	17.57%	17.35%

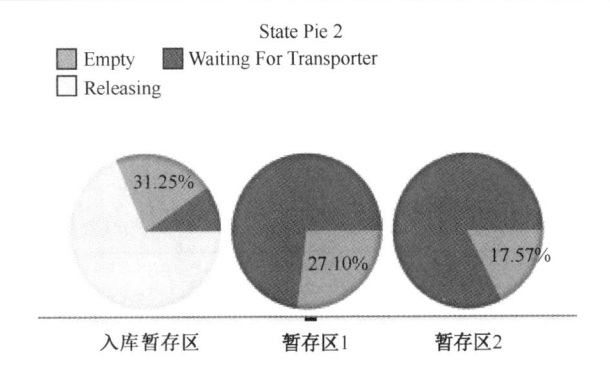

图 6-20 优化后的暂存区动态图

3. 操作员优化

入库环节的 2 个操作员同时在入库暂存区、操作台、暂存区 1、暂存区 2 之间行走，速度慢、路程长、利用率低，因此可以将 2 个操作员分配在 2 个环节：操作员 1 负责入库暂存区到操作台，操作员 2 负责操作台到 2 个暂存区。上架环节的 3 个操作员的闲置率都较高，因此可以减少 1 个操作员，在不降低上架效率的同时，降低人力成本。优化后的操作员俯视图如图 6-21 所示。

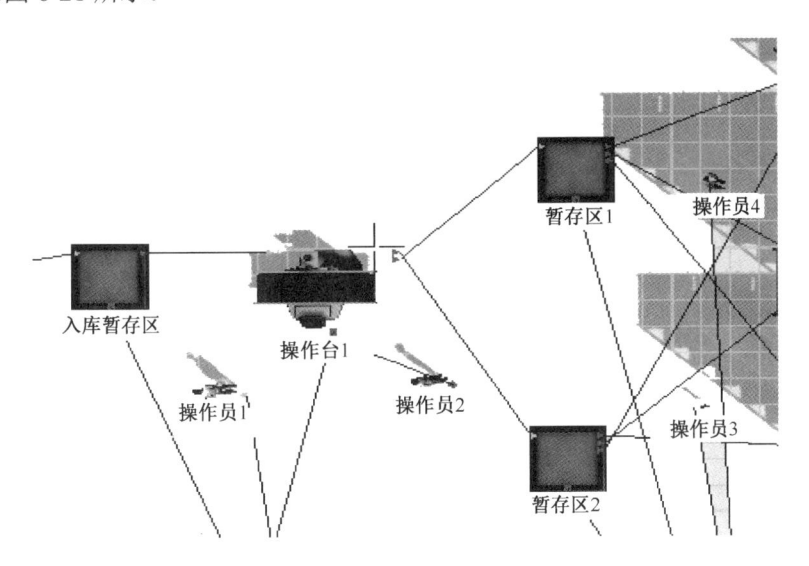

图 6-21 优化后的操作员俯视图

优化后的数据报告如表 6-8 所示，由于减少了 1 个操作员，操作员 3 和操作员 4 的闲置率由 55.8%、58.98%降低到了 24.37%、34.10%，在保证入库效率的前提下，降低了人力成本。同时，由于操作员 1 和操作员 2 的任务分配发生变化，他们各自负责一个环节，工作分配更加合理化，闲置率由原来的 6.03%、74.02%，调整为 39.38%、44.60%，2 个操作员的工作强度都在承受范围内，提高了工作效率。

表 6-8 优化后的操作员运行数据

Object	Class	Idle	Travel Empty	Travel Loaded	Offset Travel Empty	Offset Travel Loaded
操作员 1	Operator	39.38%	19.70%	20.31%	0.52%	0.00%
操作员 2	Operator	44.60%	24.02%	25.91%	3.39%	2.07%
操作员 3	Operator	24.37%	46.72%	27.91%	0.88%	24.12%
操作员 4	Operator	34.10%	30.70%	18.40%	0.82%	15.98%
操作员 5	Operator	33.08%	0.00%	0.00%	0.00%	0.00%

对于 L 服装公司的仓储系统进行全面优化后的仓储布局如图 6-22 所示。基于上一节对 L 服装公司仓储系统的建模仿真运行，发现了若干存在的问题，主要包括设备利用率较低、人员和设备配置比不合理等问题。针对以上问题采取了相应的解决办法，通过反复运行模型、修改参数、对比数据，最终通过对暂存区、操作台和操作员的优化，整个仓储系统达到了一个比较理想的状态。

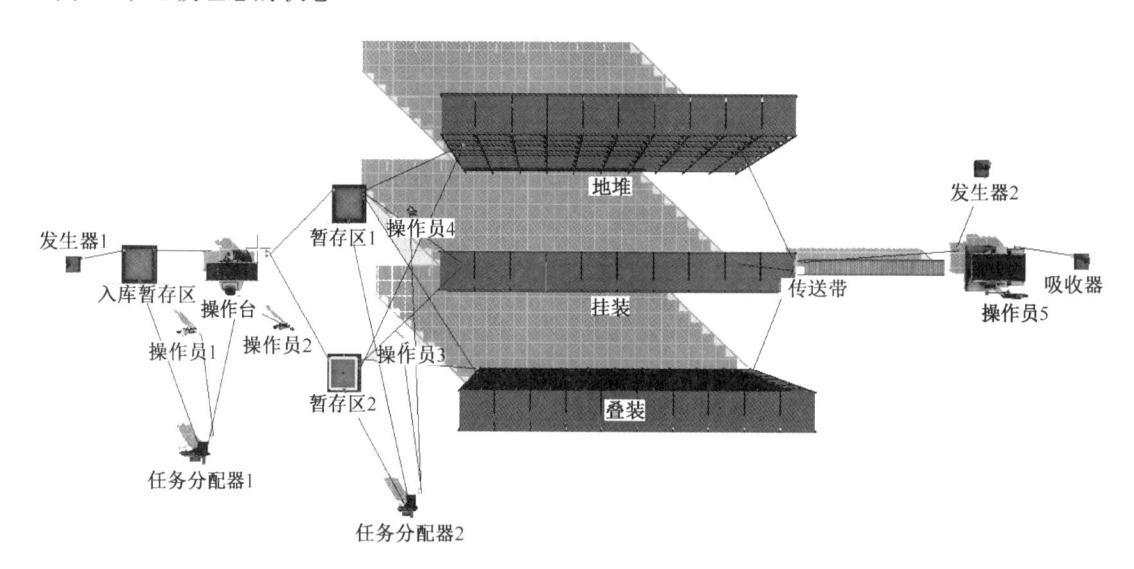

图 6-22 优化后的仓储布局

6.9 本章小结

本章在了解仓储系统的基本概念和作业流程的基础上，以 L 服装公司的仓储系统为实例，运用 FlexSim 仿真软件对 L 服装公司仓储系统的出库和入库流程进行仿真建模及优化。本章提出的优化后的仓储布局能够为 L 服装公司减少设施及人员配备等资源的浪费，提高仓储的入库效率，最终达到提高运营效益的目标，同时为其他公司提供了宝贵的参考意见，也为仓储系统出入库作业流程的研究奠定了理论基础和实践经验。

第7章 自动化立体仓库建模与仿真

7.1 研究背景

物流业作为服务业的一种,是根据实际的需求将货物从供应地运输至需求地的一种社会活动,包括储存、运输、装卸、搬运、包装、流通加工和信息处理等环节。近些年来,随着互联网的广泛应用和经济的快速发展,电子商务蓬勃发展、日渐繁荣,越来越多的人在电商平台上满足自己的需求,其订单数量不断增加,任务量愈发繁重。如何对消费者的需求做出快速且准确的响应,是物流业发展必须跨过的一道坎。将自动化技术引入物流,不仅可以降低人工成本,而且可以提高对消费者需求响应的速度和准确率,更好地服务消费者。对于仓库而言,将自动化技术与物流相结合就是自动化立体仓库。

7.2 自动化立体仓库概述

1. 自动化立体仓库

自动化立体仓库是一种采用高层立体货架储存物资,利用计算机系统进行控制管理,自动控制堆垛机及运输车进行存取作业的仓库。它作为仓储管理的重要组成部分,其工作效率直接影响着整个仓储系统的运作效率。在企业竞争日趋激烈的环境下,效率已被视为企业的竞争核心,这就对自动化仓储技术提出了新的挑战。随着射频识别(Radio Frequency IDerttification,RFID)技术的不断发展,把先进的 RFID 技术应用到目前的自动化立体仓库管理系统中,对提高自动化立体仓库的自动化和智能化程度意义重大。

2. 自动化立体仓库的优点

自动化立体仓库相较于普通的仓库有更加明显的优势,主要表现在以下几个方面。

(1) 节省空间的同时提高仓库利用率

自动化立体仓库以高层货架为标志,货物可以在高处放置,有了更多的货物储位,节省空间的同时提高了仓库利用率。在一般情况下，自动化立体仓库的仓库利用率是普通仓库的250%。

（2）连接采购和库存，提升企业管理能力

实时掌握仓库的库存管理情况，根据库存管理情况对企业的采购、生产等提出建议，提高采购和库存的关联性，使之成为一个整体，提升企业整体管理能力。

（3）提高货物存取速率，降低劳动成本

在仓库管理中，货物出入库的效率至关重要，自动化立体仓库在这方面可以进行有效的提升[6]。它不仅可以更加准确地对货物进行存取和管理，而且可以降低劳动成本，具体表现在如下2个方面。

①货物在仓库中的存取、移动等通过计算机发出指令，各种设备协作完成，不仅节省了人工成本，而且错误率低，有效提高工作效率。

②通过互联网与计算机对仓储实行全面监控，避免出现缺货或库存过多的情况[7]，这样既能对需求做出有效响应，又不会过度占用资金，加快企业资金流动，减轻企业资金压力。

总之，自动化立体仓库不仅可以节省空间、提高仓库利用率，还能降低企业成本，提高仓库对需求响应的速度和准确度，同时将采购、生产、仓储、配送等各个环节联系起来，让它们密不可分，帮助管理者更好地做出决策。

3. RFID

RFID技术是一种非接触并且可以自动识别的通信技术，读写器与电子标签通过无线电讯号进行数据交互。读写器可以读取货物的电子标签中的信息，包括位置信息、产品信息等，再通过网络将读取的信息传递到数据库中，这个过程中不需要建立机械或光学接触。

RFID技术起源于英国，国外很早便将RFID技术应用于仓储物流。美国沃尔玛从2005年开始就要求供应商在供应货物时采用RFID电子标签，这样减少了人工盘库的工作量，节省了大量人工成本。德国麦德龙使用了第2代RFID技术，随时追踪货物位置，实现了库存管理的优化。

国内RFID技术应用于物流领域起步较晚，目前处于高速发展阶段，每年的增长速率接近30%,很多知名企业也很早就开始使用RFID技术。比如,海尔的仓库把RFID电子标签应用在托盘上;顺丰快递使用RFID技术自动分拣包裹;高速不停车收费系统及铁路车辆调度等使用RFID电子标签运作;还有就是D集团的自动化立体仓库——亚洲一号,使用RFID技术进行货物分拣。这些企业都因为应用了RFID技术,不同程度地提高了仓库效率,增加了企业效益。

4. RFID系统组成

RFID系统由电子标签、阅读器、天线等部分组成。

(1) 电子标签

电子标签是由存储器、线圈、天线与控制系统组成的低电量集成电路,作用相当于条码技术中储存信息的条码。但不同的是,RFID电子标签能够自动将自身存储的信息发射出去,传递到读写器,最后将数据交由计算机进行处理,电子标签仅仅作为携带信息的载体,与阅读器进行信息交互。

(2) 阅读器

阅读器是读取或写入电子标签信息的设备,一般由读写模块、射频通道模块、天线组成。在RFID系统获取数据时,阅读器首先发送询问讯号,电子标签接收到这个信号之后做出判断,看是否需要应答,如果需要,发出电子标签中的信息,阅读器接收信息并进行处理,再将信息发送给计算机。

(3) 天线

天线是在电子标签和阅读器之间传递信号的,电子标签和阅读器中都含有。

5. RFID优点

RFID技术相较于传统的条码技术,有许多优点,主要表现在以下几方面。

①扫描速度快。RFID技术可以同时阅读多个电子标签。

②体积小、形状多变、适用性强。RFID设备在应用时,不会受到大小和形状的阻碍,而且越来越轻便、精细。

③存储信息多。RFID电子标签的储存空间是普通条形码标签的上百倍,可以存储货物更详细的信息,可以更加清楚地描述货物,包括货物属性、运输信息及货物买卖情况等。

④可循环使用。RFID 电子标签写入信息后可以进行更改，也可以添加、删除信息，避免因写入信息有误造成的浪费。

⑤穿越性。RFID 电子标签的读取功能基本没有限制，它可以穿越任何阻碍物，不用接触到实物，只要是进入可读取的范围，就可以进行读取。

⑥稳定性。RFID 技术可以在不建立机械或光学接触的情况下，对若干货物进行识别，不根据外界环境的改变而变化。

7.3 D 集团自动化立体仓库

D 集团作为目前实力最雄厚的电商平台之一，不仅仅因为它的企业管理有多么成功，很大程度上是因为它的自营物流方面的建设尤为出色，可以满足人们对物流时效性的要求，这也成为 D 集团的核心竞争力。D 集团的物流如此成功归功于它的仓库操作的快捷性和准确性。毫无疑问，D 集团一直处在国内仓库发展的领头位置，各地"亚洲一号"的陆续建成就是证明。

1. 入库流程

D 集团自营物流仓库中的货物都是从其他生产厂商购入，并没有统一的 RFID 电子标签，需要统一设置。货物在放入货架之前，先将货物放入相应的托盘，然后在货物上设置 RFID 电子标签，计算机内就会有货物的产品信息。计算机给货物寻找合适的库位，再指挥堆垛机将其放入相应的库位。这时，RFID 阅读器再将货物的库位信息传回计算机。这样货物在计算机内就存储了产品信息、库位信息等，计算机就实现了对货物的控制。具体入库流程如图 7-1 所示。

2. 出库流程

当接收到订单货物出库信息时，计算机根据 RFID 电子标签中的货物信息，指挥堆垛机到指定货位取出货物，堆垛机把货物放到出库区，之后分解器将托盘拆下并回收，货物进入暂存区，再根据计算机内的订单信息通过 RFID 电子标签将相应的货物分拣到传送带上，货物经传送带进入打包器，打包器再根据订单信息对货物进行打包，打包完成后出库。具体出库流程如图 7-2 所示。

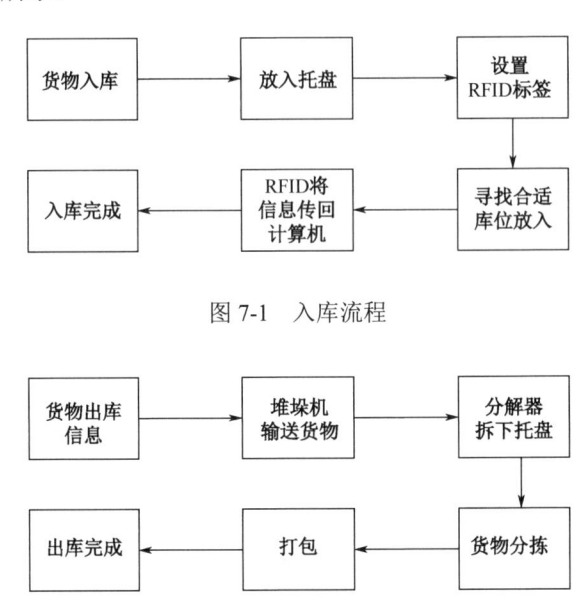

图 7-1 入库流程

图 7-2 出库流程

3. 库存管理

利用 RFID 技术管理仓库是指根据计算机的信息对仓库进行实时控制,当某种货物库存不足时,可以发出库存预警,避免出现缺货,从而更好地进行仓库管理,提高库存管理水平。另外,RFID 技术使盘库变得简单容易,根据计算机内的信息,可以实现一键盘库,并且立即生成库存报告,不仅正确率高,还能降低仓库人工成本,对仓库管理具有十分重要的作用。

7.4　D 集团自动化立体仓库现状分析

D 集团自动化立体仓库旨在以下各方面进行提高。

- 提高货物出入库的效率,降低人工成本,提高仓库效率。
- 提高仓库的空间利用率,降低仓库费用。
- 优化整体物流体系,提高仓库管理水平。

基于 RFID 技术的自动化立体仓库管理系统的升级,如果实现上述目标,将不仅改变传统仓储管理模式,使企业信息处理自动化程度得以全面提高,实现企业管理平台质的飞跃,提高工作效率、降低成本、节约资源,给企业带来良好的经济效益,而且为我国正在改革的中小型仓储企业提供一些有益的启示。

7.5　D集团自动化立体仓库模型的构建

这个模型模拟了D集团自动化立体仓库的货物从入库到出库的全过程:货物进入仓库,放入托盘内,将托盘写入RFID电子标签,计算机就会对货物实现掌控,随后对堆垛机发出指令,堆垛机根据计算机指令,将货物放入货架中的指定位置。当客户下订单时,计算机根据订单内容,指挥堆垛机将货物送到出库区,随后进入分解器,将托盘与货物分离,托盘回收,货物进入出库汇总区,根据订单分拣到各个传送带,由传送带进入打包器,对货物进行打包,打包完成后出库。仓库整体建模如图7-3所示。

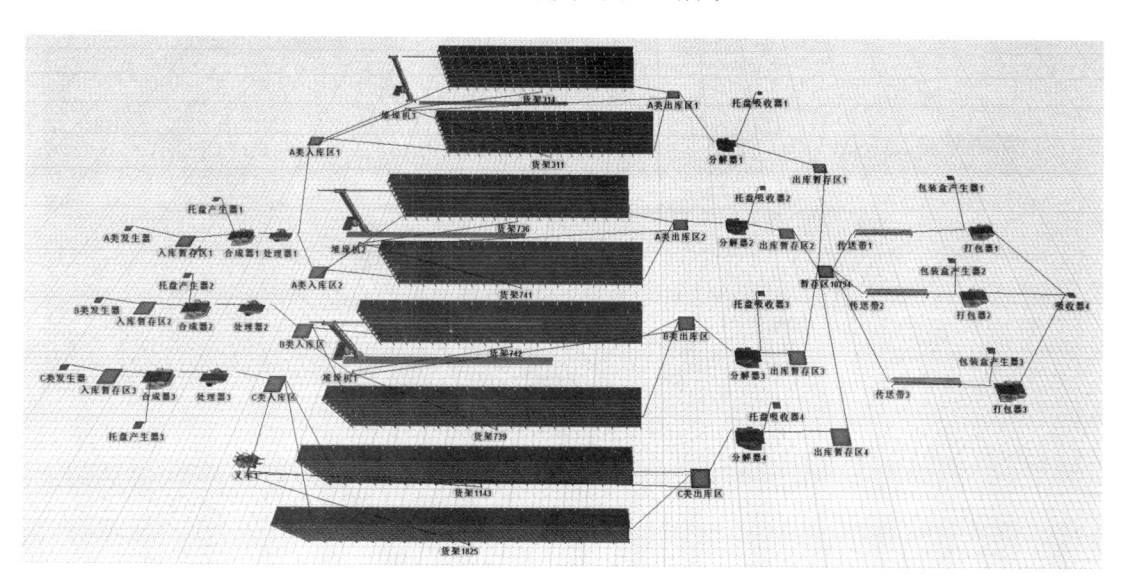

图7-3　仓库整体建模

7.6 模型主要实体参数设置

1. 入库建模

（1）入库流程

A 类发生器、B 类发生器、C 类发生器分别模拟产生 A、B、C 类货物，进入入库暂存区 1～入库暂存区 3 暂存，再去合成器 1～合成器 3 中装上托盘，之后到处理器 1～处理器 3 中对托盘进行 RFID 电子便签写入，然后进行入库。入库时，A 类货物有 2 个入库区，B 类货物有 1 个入库区，C 类货物有 1 个入库区。各类货物经堆垛机运输到相应的货架上去，完成入库。入库建模如图 7-4 所示。

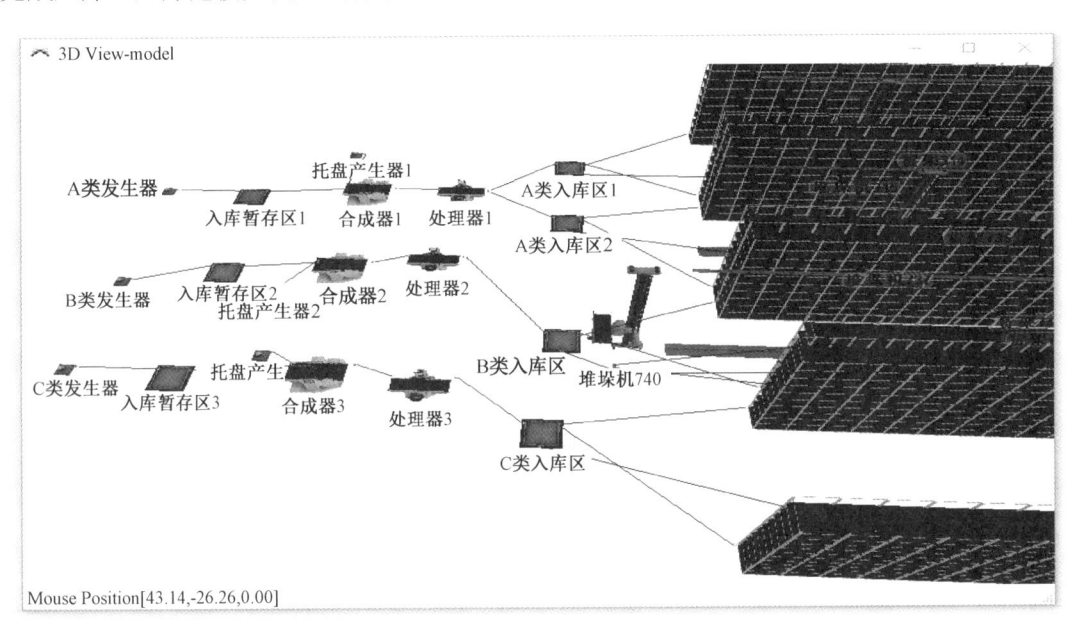

图 7-4 入库建模

（2）制作过程

① 设置发生器。根据仓库每天的到货数量设置发生器，计算出到达时间间隔，设置参数。以 A 类发生器为例，将"发生器"选项卡中的"到达时间间隔"设置为"exponential（0，6，0）"，并在"触发器"选项卡中设置 A 类货物为绿色，B 类货物为红色，C 类货物为黄色，便于区分，更好地模拟货物入库。发生器设置如图 7-5 所示。

第 7 章　自动化立体仓库建模与仿真

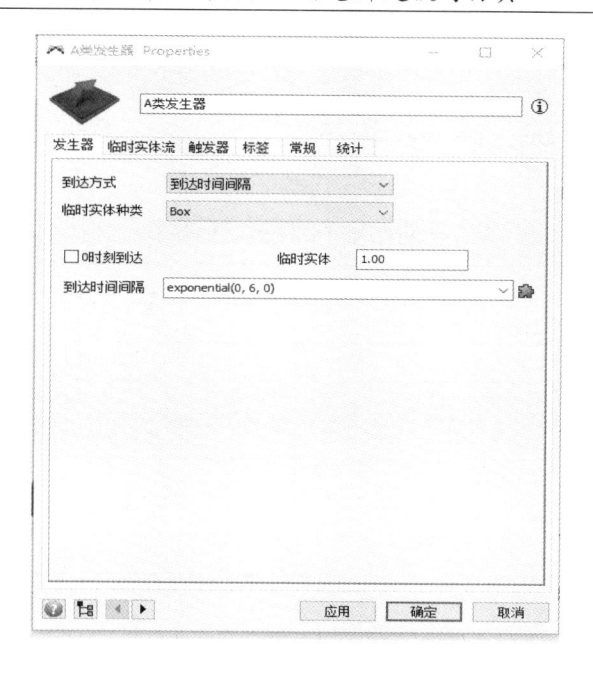

图 7-5　发生器设置

②设置合成器。合成器的第一个接入窗口为托盘产生器。合成器把货物放入托盘产生器产生的托盘上，一起入库。

③设置货架。以货架 1143 为例，由于仓库货物较多，将"尺寸表格"选项卡中的"列数"和"层数"分别设置为"20"和"10"，如图 7-6 所示。

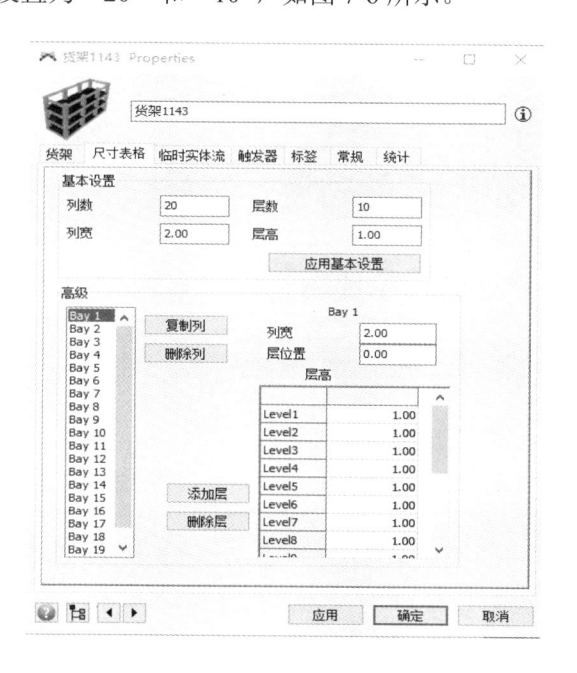

图 7-6　货架设置

（3）实体功能表

入库实体功能表如表 7-1 所示。

表 7-1 入库实体功能表

实体名称	功能
A 类发生器、B 类发生器、C 类发生器	产生 A、B、C 类实体
入库暂存区 1～入库暂存区 3	入库缓冲
合成器 1～合成器 3	模拟货物放入托盘
处理器 1～处理器 3	模拟货物写入 RFID 电子标签
A、B、C 类入库区	入库缓冲
堆垛机	模拟运输货物
货架	模拟储存货物

2. 出库建模

（1）出库过程

堆垛机根据出库指令和 RFID 电子便签内记录的货物位置找到要出库的货物，将其送至分解器，分解器将货物与托盘分开，货物放入出库区，托盘放入托盘吸收器，完成出库。出库建模如图 7-7 所示。

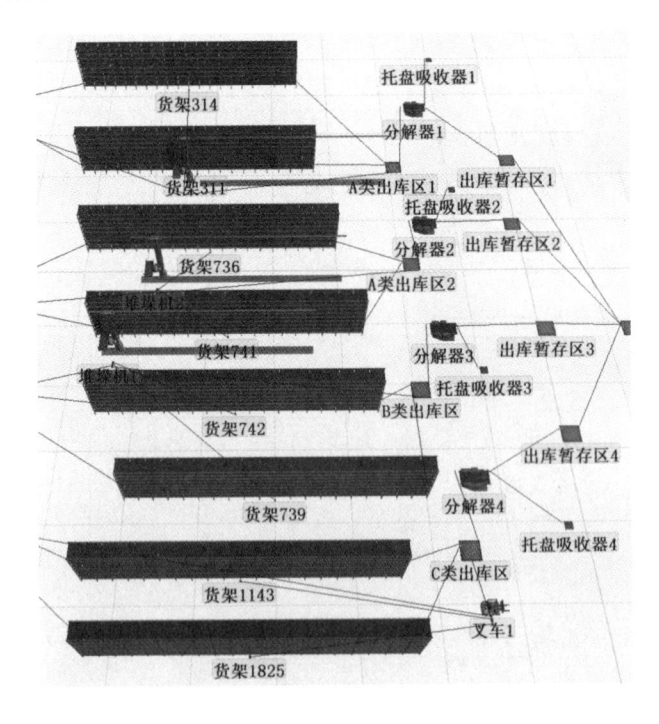

图 7-7 出库建模

（2）制作过程

分解器要分解托盘和货物，根据货物的不同类型值，将托盘与货物分至各窗口。以分解器 4 为例，分解器设置如图 7-8 所示。

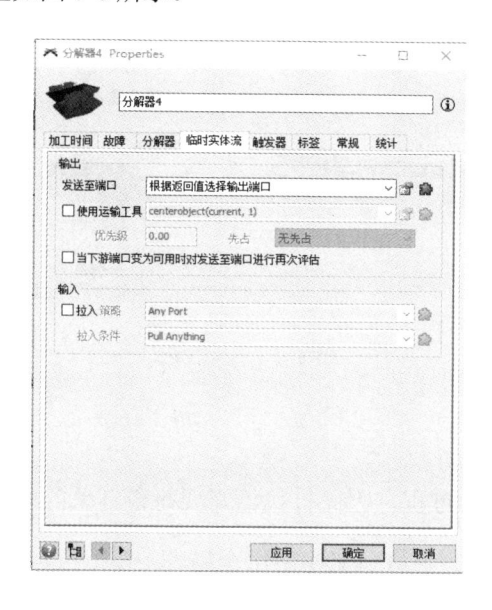

图 7-8　分解器设置

（3）实体功能表

出库实体功能表如表 7-2 所示。

表 7-2　出库实体功能表

实体名称	功能
出库暂存区 1～出库暂存区 4	出库缓冲
分解器 1～分解器 4	模拟货物拆下托盘
A、B、C 类出库区	出库缓冲
堆垛机	模拟运输货物
货架	模拟储存货物

3. 分拣建模

（1）分拣过程

出库暂存区 1～出库暂存区 4 的货物共同汇总到出库汇总区，然后分拣到各个传送带上，传送带上的货物进入打包器，打包器根据订单对货物进行打包，打包完成后出库。分拣建模如图 7-9 所示。

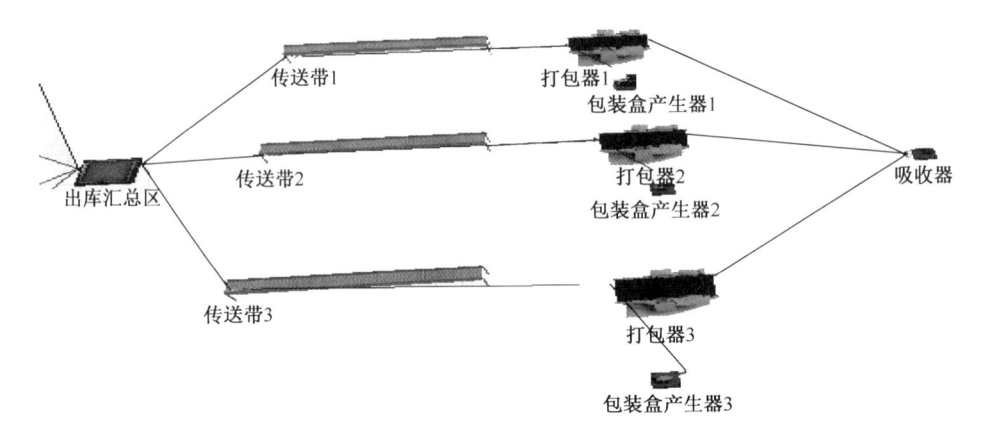

图 7-9 分拣建模

（2）制作过程

打包器模拟货物打包的过程，因此打包器需要每份订单的确切信息，以此来确定每件货物需要打包的数量。因此，在打包器中引用全局表，模拟按照订单打包出库。以打包器 3 为例，打包器设置如图 7-10 所示。

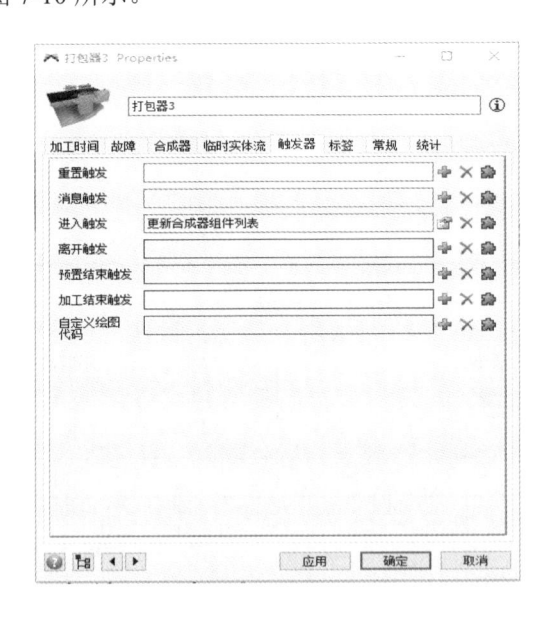

图 7-10 打包器设置

（3）实体功能表

分拣实体功能表如表 7-3 所示。

表 7-3 分拣实体功能表

实体名称	功能
出库汇总区	实现货物分拣
打包器 1～打包器 3	模拟货物打包
包装盒产生器 1～包装盒产生器 3	产生包装盒
吸收器	模拟货物出库

7.7 仿真结果分析

仓库每天的运行时间是 8 小时，即 28800 秒。那么在 FlexSim 软件中，当模型运行了 28800 秒时，导出各个实体的状态报告，通过状态报告可以详细地了解各个实体的状态。状态报告如表 7-4 所示。

表 7-4 状态报告

Object	Class	Idle	Processing	Blocked	Travel empty	Travel loaded	Offset Travel Empty	Offset Travel Loaded
合成器 1	Combiner	0.00%	37.42%	0.00%	0.00%	0.00%	0.00%	0.00%
处理器 1	Processor	66.60%	37.40%	0.00%	0.00%	0.00%	0.00%	0.00%
合成器 2	Combiner	0.21%	12.27%	0.00%	0.00%	0.00%	0.00%	0.00%
处理器 2	Processor	87.73%	12.27%	0.00%	0.00%	0.00%	0.00%	0.00%
合成器 3	Combiner	2.13%	20.70%	0.00%	0.00%	0.00%	0.00%	0.00%
处理器 3	Processor	95.28%	20.72%	0.00%	0.00%	0.00%	0.00%	0.00%
堆垛机 315	ASRSvehicle	1.84%	0.00%	0.00%	0.00%	0.00%	49.44%	48.72%
堆垛机 737	ASRSvehicle	1.70%	0.00%	0.00%	0.00%	0.00%	49.52%	48.79%
堆垛机 740	ASRSvehicle	5.05%	0.00%	0.00%	0.00%	0.00%	47.77%	47.18%
叉车 1	Transporter	18.22%	0.00%	0.00%	27.22%	37.27%	11.95%	9.35%
分解器 4	Separator	80.48%	19.52%	0.00%	0.00%	0.00%	0.00%	0.00%
分解器 3	Separator	88.92%	11.08%	0.00%	0.00%	0.00%	0.00%	0.00%
分解器 2	Separator	91.07%	8.93%	0.00%	0.00%	0.00%	0.00%	0.00%
分解器 1	Separator	89.86%	10.14%	0.00%	0.00%	0.00%	0.00%	0.00%
传送带 3	Conveyor	0.00%	0.00%	25.45%	0.00%	0.00%	0.00%	0.00%
传送带 2	Conveyor	0.00%	0.00%	10.54%	0.00%	0.00%	0.00%	0.00%
传送带 1	Conveyor	0.00%	0.00%	6.79%	0.00%	0.00%	0.00%	0.00%
打包器 3	Combiner	0.00%	57.04%	0.00%	0.00%	0.00%	0.00%	0.00%
打包器 2	Combiner	0.00%	26.52%	0.00%	0.00%	0.00%	0.00%	0.00%
打包器 1	Combiner	0.00%	17.68%	0.00%	0.00%	0.00%	0.00%	0.00%

通过上述报告，对模型做出如下分析。

（1）合成器

合成器 1~合成器 3 负责将货物装上托盘。由报告可以看出，A 类货物合成器 1 的闲置率为 0.00%，B 类货物合成器 2 的闲置率为 0.21%，C 类货物合成器 3 的闲置率为 2.13%，堵塞率都为 0。但合成器 60% 左右的时间是在等待发生器产生货物，因此当货物入库速度加快时，如仓库备货"双 11"时也不会发生拥挤。合成器数据分析（以合成器 2 为例）如图 7-11 所示。

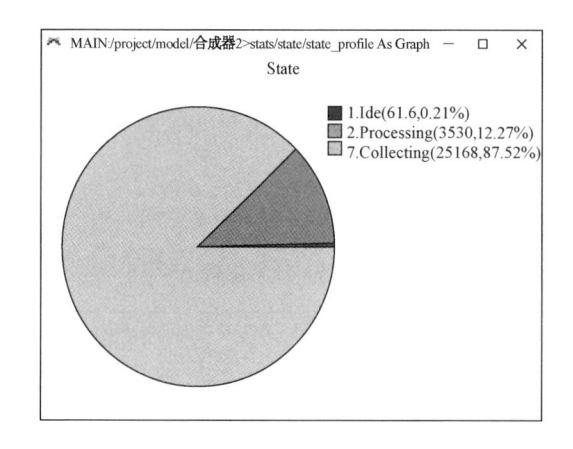

图 7-11 合成器数据分析

（2）处理器

处理器 1~处理器 3 负责对装入托盘的货物进行贴标工作，处理器 1 贴 A 类货物的标签，处理器 2 贴 B 类货物的标签，处理器 3 贴 C 类货物的标签。由报告看出，处理器 1 的闲置率为 66.60%，处理器 2 的闲置率为 87.73%，处理器 3 的闲置率为 95.28%，闲置率较大。处理器数据分析（以处理器 2 为例）如图 7-12 所示。

（3）堆垛机

3 个堆垛机负责运送货物，堆垛机 315 的闲置率为 1.84%，堆垛机 737 的闲置率为 1.70%，堆垛机 740 的闲置率为 5.05%。堆垛机数据分析（以堆垛机 740 为例）如图 7-13 所示。

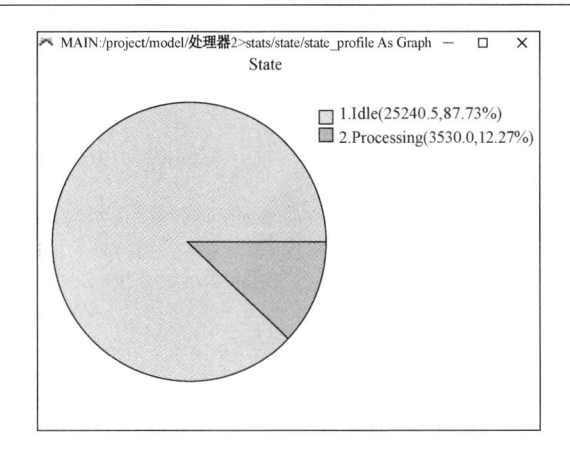

图 7-12　处理器数据分析

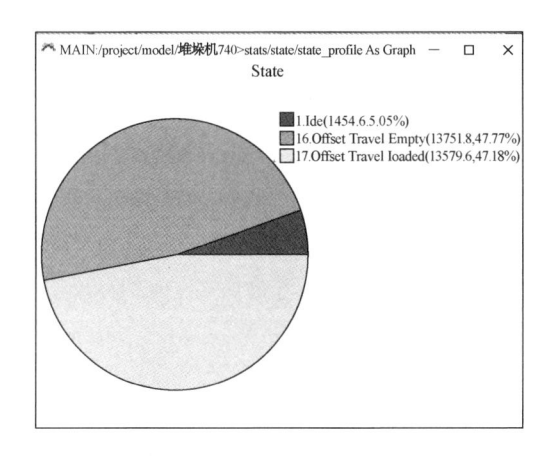

图 7-13　堆垛机数据分析

（4）分解器

分解器 1～分解器 4 主要负责货物出库前的回收托盘。由报告可知，分解器 1 的闲置率为 89.86%，分解器 2 的闲置率为 91.07%，分解器 3 的闲置率为 88.92%，分解器 4 的闲置率为 80.48%，闲置率较大，需要优化。分解器数据分析（以分解器 4 为例）如图 7-14 所示。

（5）打包器

打包器模拟货物出库前的打包过程。打包器 1～打包器 3 的闲置率都为 0，其中打包器 3 的加工时间占 57.04%，收集时间为 42.96%，即一半的时间在等待货物到来，并不是一刻不停地工作。打包器数据分析（以打包器 3 为例）如图 7-15 所示。

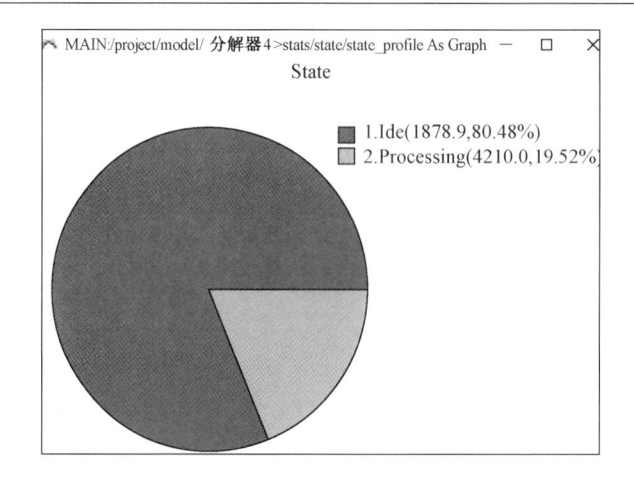

图 7-14 分解器数据分析

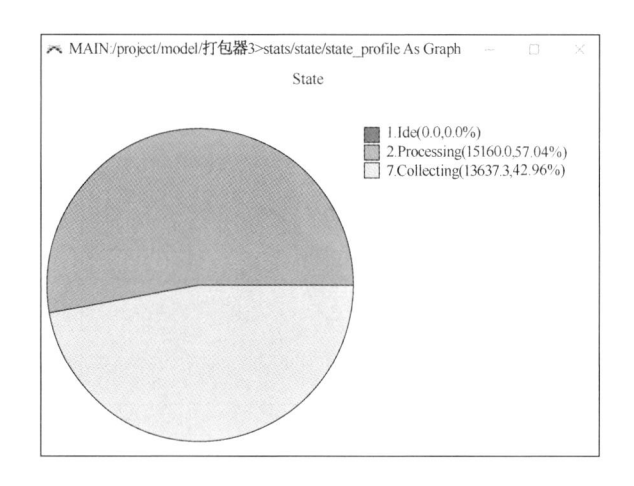

图 7-15 打包器数据分析

7.8 模型优化与分析

通过上述报告分析，发现模型运行过程中存在一些问题，总共有 4 个需要优化的部分。

①模拟自动化立体仓库一天的工作过程，仓库标准工作时间是 8 小时，于是将模型运行时间设置为 28,800 秒，待模型运行结束，发现 A 类入库区 1、A 类入库区 2 处有大量货物堆积。入库区优化前截图如图 7-16 所示。

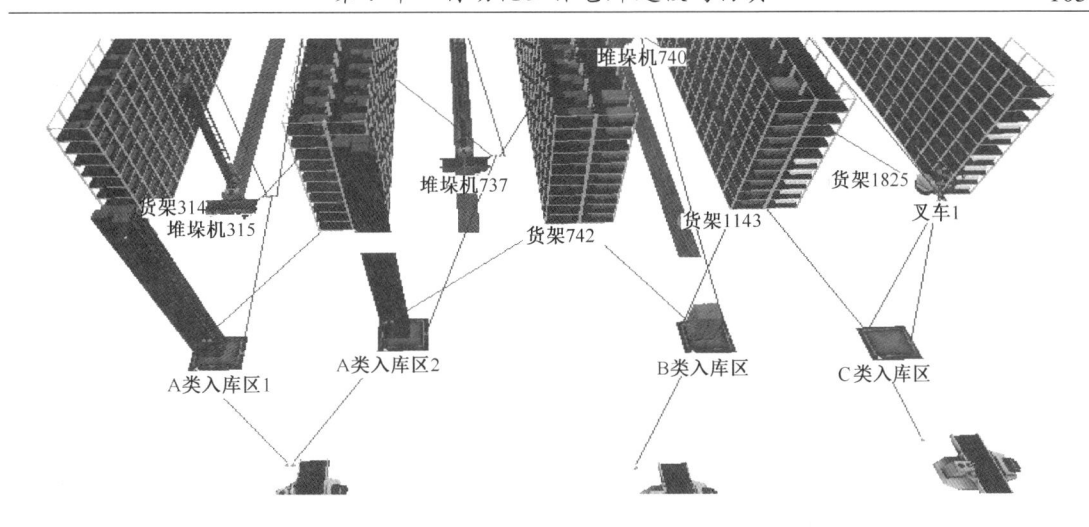

图 7-16　入库区优化前截图

经过反复分析,发现是堆垛机运输货物速度太慢导致货物在入库区处堆积,于是把堆垛机改为叉车。运行优化后的模型发现这个问题得到了解决,入库区优化后截图如图 7-17 所示。

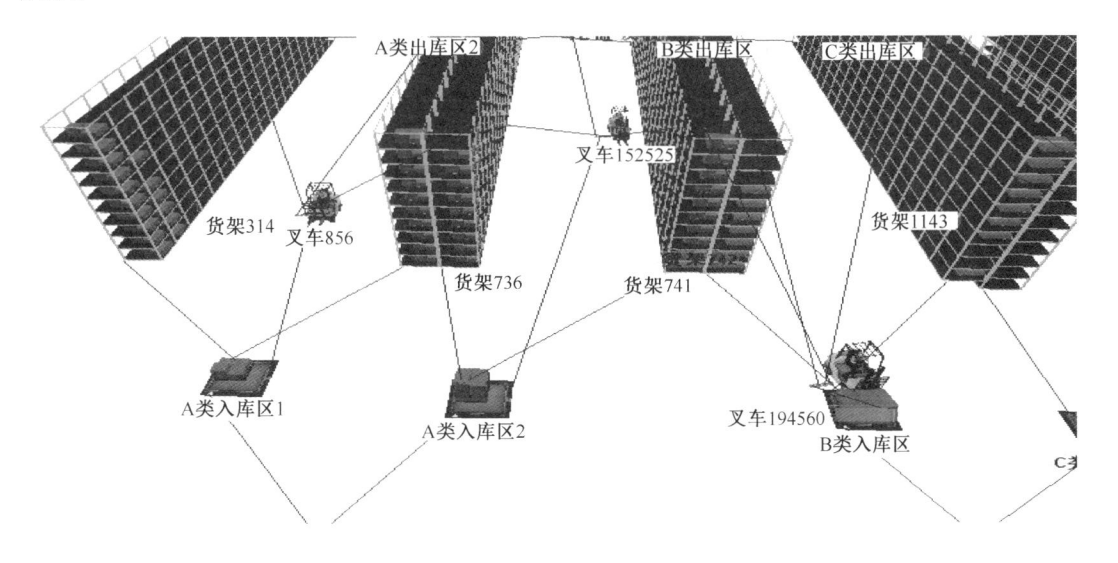

图 7-17　入库区优化后截图

②通过原有模型运行结果的分析发现,处理器 2、处理器 3 的闲置率过高,说明处理器 2 和处理器 3 处理的任务过少,于是把处理器 2、处理器 3 合并成 1 个处理器 2,让 B 类、C 类货物通过 1 个处理器进行 RFID 电子标签的写入,再通过处理器发送到不同的入库区来完成货物入库。处理器优化后截图如图 7-18 所示。

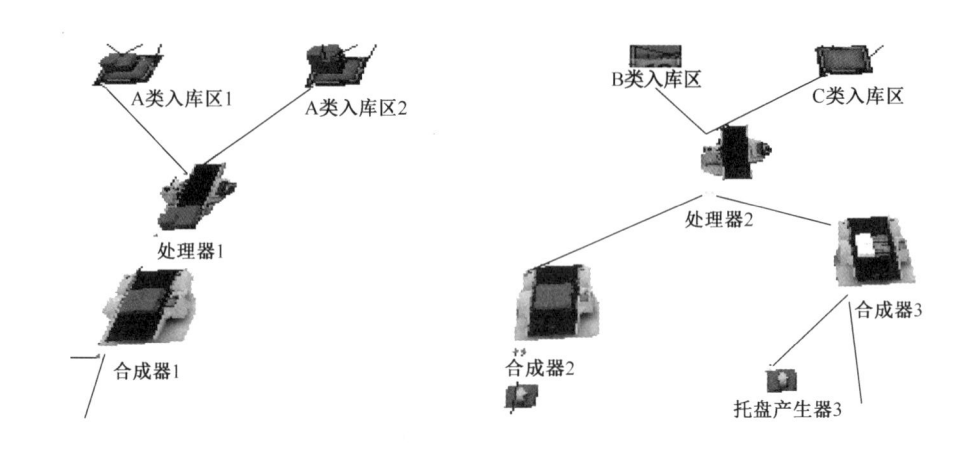

图 7-18 处理器优化后截图

③通过原有模型运行结果的分析,分解器 1~分解器 4 的闲置率均过高,说明分解器空闲时间太多,于是去掉 2 个分解器、2 个暂存区和 2 个托盘吸收器来避免浪费,提高分解器的利用率。优化后让 A 类货物用 1 个分解器,B 类、C 类货物共用 1 个分解器,分解器优化后截图如图 7-19 所示。

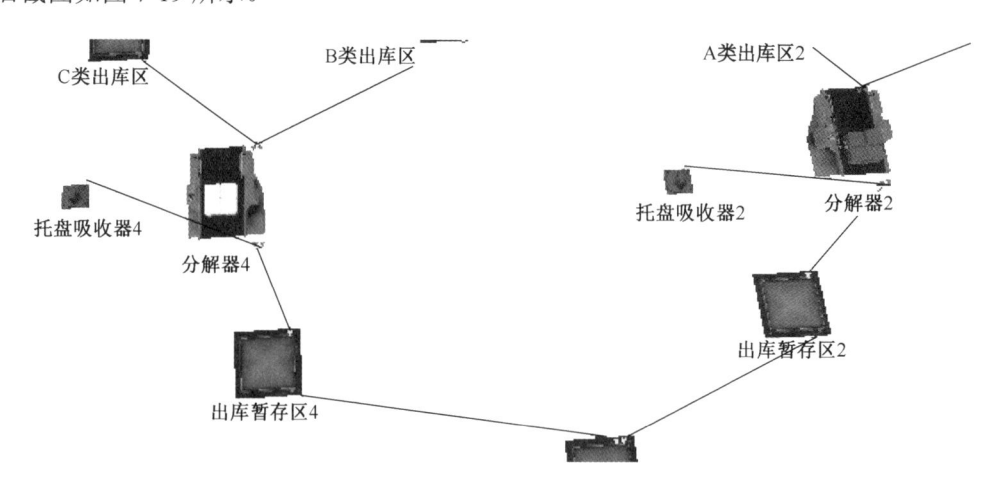

图 7-19 分解器优化后截图

④原有模型中的货物在出库回收托盘后,会进入出库汇总区。这个出库汇总区原来是一个暂存区,它的分拣功能是通过后方打包器的全局表实现的,货物根据订单进入不同传送带,打包器根据订单进行打包。但在现实生活中,暂存区汇总货物会占据大量空间,产生堆积,因此把暂存区换成货架。出库汇总区优化后截图如图 7-20 所示。

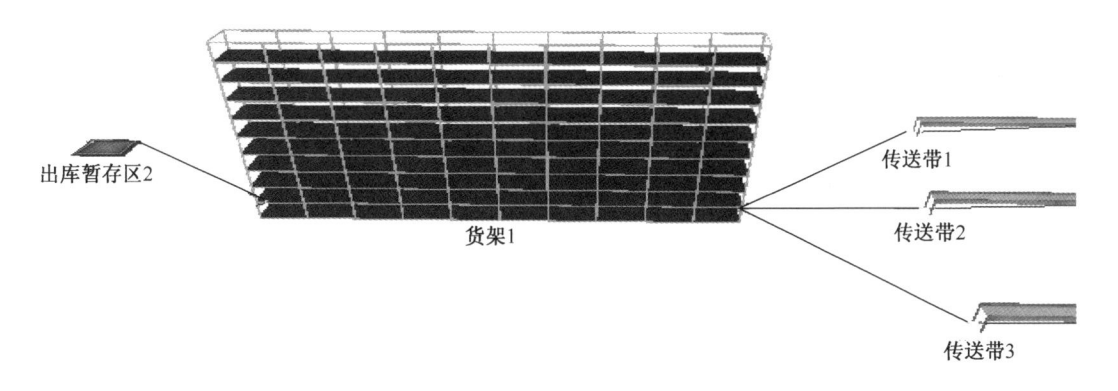

图 7-20　出库汇总区优化后截图

在模型优化后，设置模型的运行时间为 28800 秒，在模型运行结束后输出模型的状态报告。通过状态报告可以看到，优化前处理器 1 的闲置率是 66.60%，处理器 2 的闲置率是 87.73%，处理器 3 的闲置率是 95.28%；优化后，处理器 1 的闲置率没改变，处理器 2 的闲置率是 69.12%。处理器优化前后对比如图 7-21 所示。

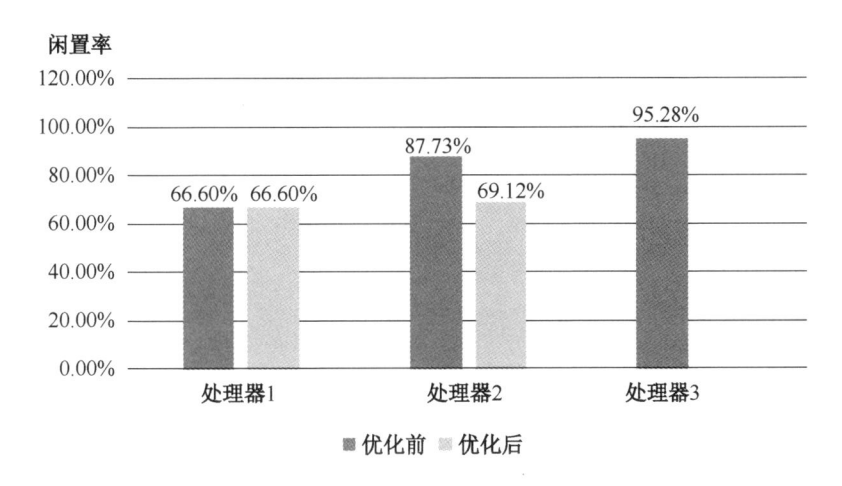

图 7-21　处理器优化前后对比图

优化时把分解器 1～分解器 4 合并成了分解器 2、分解器 4，优化前分解器 1 的闲置率是 89.86%，分解器 2 的闲置率是 91.07%，分解器 3 的闲置率是 88.92%，分解器 4 的闲置率 80.48%；优化后，A 类货物的分解器 2 的闲置率是 65.23%，B 类、C 类货物共用的分解器 4 的闲置率是 68.37%。分解器优化前后对比如图 7-22 所示。

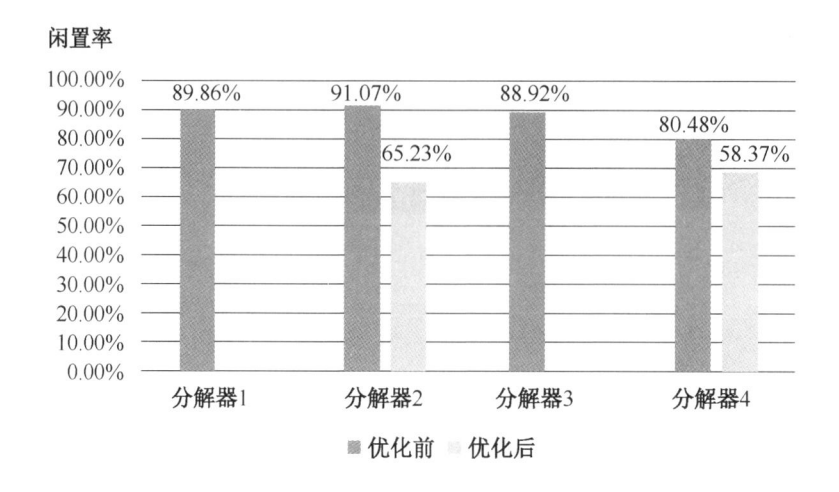

图 7-22 分解器优化前后对比图

模型在经过优化后，3 个堆垛机换成了叉车，出库汇总区换成了货架，整个仓库优化后的模型如图 7-23 所示。

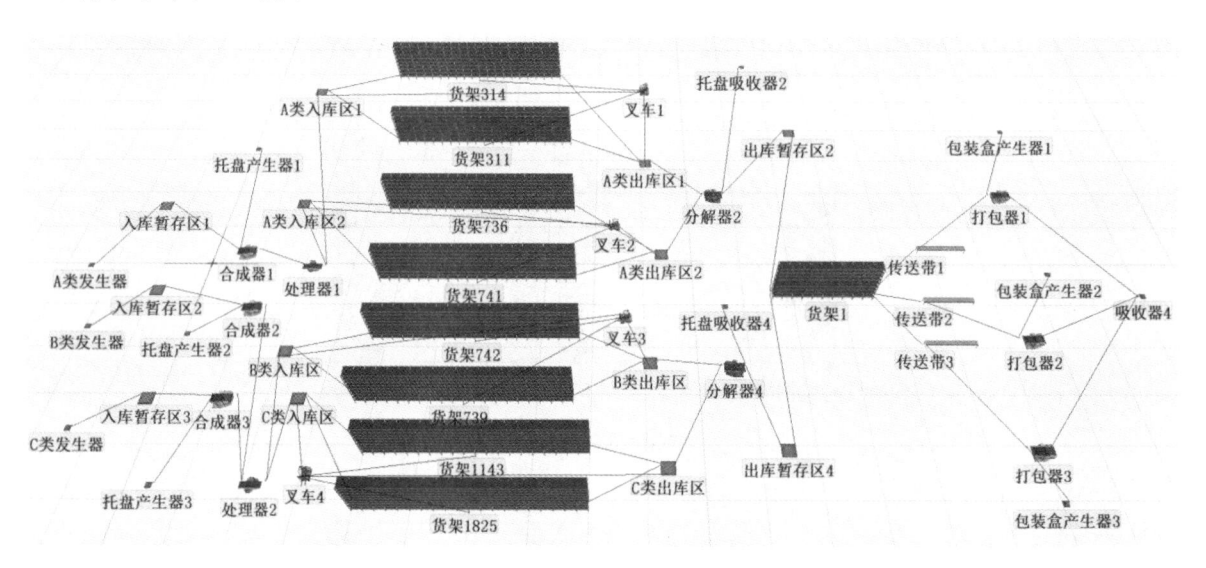

图 7-23 整个仓库优化后的模型图

7.9 本章小结

随着计算机技术和无线电的不断发展，RFID 技术逐渐被应用到物流领域中。RFID 技术中的电子标签可以满足企业快速把货物信息录入信息系统中的要求，并且能够实现自动采集，减少了人工操作，可以提高准确率和效率。因此，越来越多的自动化立体仓库使用 RFID 技术。

本章首先分别介绍了自动化立体仓库、RFID 技术、基于 RFID 技术的自动化立体仓库的实现及它的优点；再对 D 集团的某个自动化立体仓库的数据进行 ABC 分析和 EIQ 分析，在数据分析的基础上运用 FlexSim 软件对自动化立体仓库进行建模；建模完成后，找出模型中存在的问题，对模型进行优化，解决存在的问题，并根据优化结果对模型进行再调整，直至达到最优。

第8章 第三方物流系统建模与仿真

8.1 研究背景

随着近几年中国物流市场逐渐扩大，越来越多的运输公司、仓储公司等传统单一物流企业开始向第三方物流企业转型，并成功地进入第三方物流企业的行列。第三方物流在物流市场中有很大的影响，第三方物流企业的数量在逐年增长。然而在其快速发展的同时，传统企业的不完全转型使得企业物流运作过程中仍然存在系统上的缺陷，需要进一步优化。

以快递为主营业务的 S 速运作为第三方物流企业得到了迅速发展，其始终注重以客户为中心，尤其在快件收派时，要确保快件能快速、准确和安全地派送到客户手中。在快件收派时，配货作业作为其中一个环节起着很大作用，配货作业质量的好坏将对后续送货作业的质量产生一定的影响，进而影响快件时效性及客户满意度。然而配货作业系统比较复杂，随机性高，运用传统方法很难对其进行准确的分析，而系统仿真作为一种以现实为依据，通过对系统建模仿真并运行，从而还原系统运作并对运行结果进行统计分析的方法，能更直观地反映出系统的缺陷与优势，更方便地对系统进行研究与优化。

8.2 第三方物流概述

1. 第三方物流概念

第三方物流是指生产经营企业为主营其核心业务，把原本属于自己处理范畴内的非核心物流活动，以合同方式委托给第三方企业，第三方企业以合作方式提供专业物流服务于"第一方"或"第二方"，同时企业间通过信息系统保持密切的联系，以更好地管控整个物流过程的一种物流运作与管理方式。

第三方物流企业不拥有商品，也没有商品使用权，而是为客户提供专业化、个性化、系统化与信息化的运输、仓储、配送等物流代理服务。从狭义上讲，S 速运属于第三方物流。

2. 第三方物流的作用

第三方物流的出现，对降低企业成本、提高企业利润有很大的作用。第三方物流的作用主要包含以下几个方面。

①节省费用，减少资本积压，降低物流企业的经营成本。第三方物流企业利用其规模经营的专业和成本优势，控制企业库存，从而提高物流各环节利用率，节省物流费用。

②有效整合物流资源，实现物流信息、资源的共享。

③提高服务水平。第三方物流可以降低缺货或库存积压概率，与营销有效配合，为客户提供更专业的物流服务，从而更好地满足客户的需求。

④提升企业形象。第三方物流提供者与客户是战略伙伴关系，可以制订以客户为导向、低成本高效率的物流方案，使企业竞争更为有利。

3. 配货系统

配货是指按照根据客户需求编写的货物清单内容，在存放大批量货物的地方拣取目标货物。而配货系统是由配货过程中所需要用到的人、设备与货物等相关联的个体组成的，能根据预先制订好的规则完成一定工作的一个群体结构。

4. 配货作业及其流程

配货作业是指把拣取分类好的货品，进行配货检验后，装入容器并做相关标示，再运送到发货准备区，等待装车后运送的流程。

配货作业的流程主要包括印贴标签、货物分类、出货检查、捆包包装等，当这一系列操作完成后，再将货物运送至发货准备区，进行堆码和配货信息处理。当配货信息记录完成后，将货物配载装车，再更新配货信息。配货作业流程如图8-1所示。

5. 配货作业的主要内容

配货主要包括分货和配装两个方面。分货是指根据出货单上的内容说明，将出货商品按出货的优先顺序、储位区域号、配送车辆趟次号、门店、先进先出等需求整理出来，经复核人确认无误后，放置在暂存区，准备装货上车的工作。配装是指把不同客户的货物集中到一起，按要求进行合理的搭配装载，以充分利用运能、运力的工作。

```
印贴标签 → 货物分类 → 出货检查 → 捆包包装 → 运至发货准备区
                                          ↓           ↓
                                         堆码      配货信息处理
                                          ↓
                                       配货信息记录
                                          ↓
                                        配载装车
                                          ↓
                                     更新配货信息记录
```

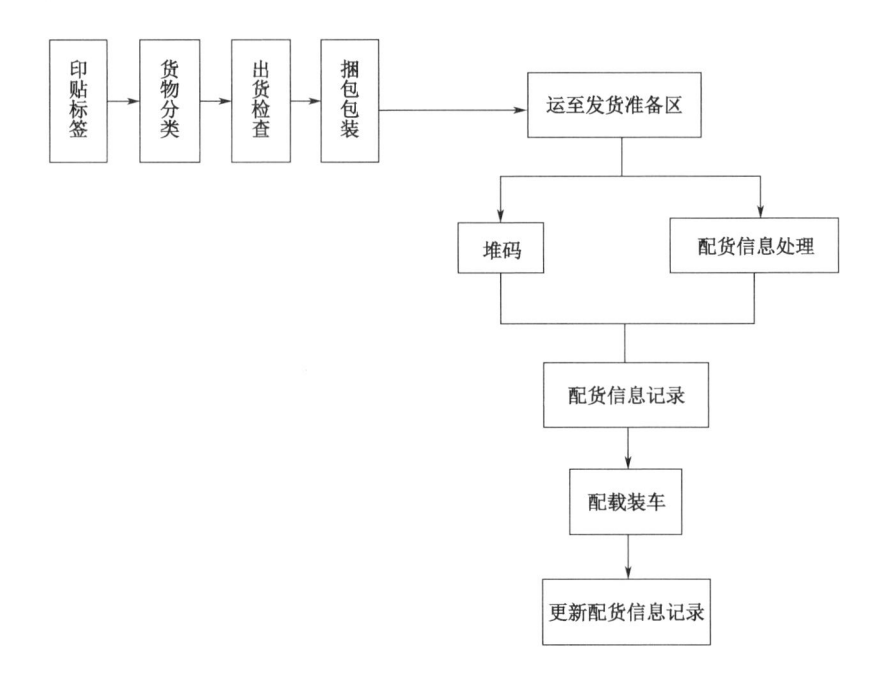

图 8-1　配货作业流程图

8.3　S 速运配货作业流程描述

S 速运在物流业务方面主要包括快递服务、冷运服务和仓储服务，其中快递服务为主要业务，次晨、次日及隔日件居多，目前正在向外积极推销其增值服务，以更好地满足客户体验及客户需求，增强企业信誉，提高客户满意度。

对 S 速运某一营业网点进行调研，其基本流程可以概括为：快件到达营业网点，收派员进行卸货，将快件卸至暂存区；由收派员对快件进行检测，检测异常的快件则滞留，正常快件放至另一暂存区，等待分货配装；正常件由两名收派员按照快件类型及所属区域进行分货并打包，打包装盘后的快件放至另一暂存区；由叉车将打包好的快件运送至货架上，等待收派员进行取件并完成派送。

按照配货作业的性质将整个流程的模型抽象地划分为暂存区、检测区、打包区和派货区。配货作业流程概念模型如图 8-2 所示。

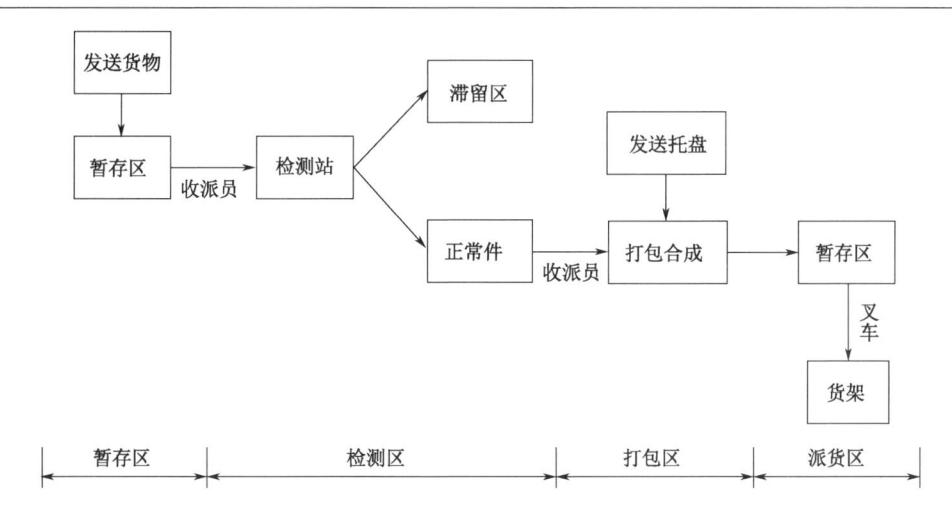

图 8-2　配货作业流程概念模型

8.4　S 速运配货作业现状分析

S 速运的营业网点每天均有 4 个班次的班车从中转场送货过来，每个班次分 2 个车次，每个车次平均 1000 件快件。最早的一个车次大约在早晨 6 点 30 到达营业网点，需要在 7 点 30 左右将该车的快件全部卸货，分货装配完成，由收派员来取件。快件到达后，由收派员进行人工卸货，对快件进行分拣，并根据各快件的产品类型及所属派送区域进行巴枪扫描，将快件信息录入系统，完成与系统的对接，核实快件信息，再以先进先出的原则进行简单的配装整理，匹配收派员，并完成最后的派件。其中，次晨件和次日件占大多数，隔日件占极少数，其他类型的产品占比很小，相比来说可以不计。因此，在本书中为了方便建模，只对次晨件、次日件和隔日件进行建模仿真。

8.5　S 速运配货作业模型的构建

1. 派件终端配货系统数据

第一个车次在早晨 6 点 30 到达营业网点，快件的到达时间为正态分布（均值为 10，方差为 2）。根据次晨件、次日件和隔日件将所有快件分成 3 类，3 类实体在 1～3 类型之间服从（40%、40%、20%）分布。由收派员进行卸货搬运，将快件搬至检测区的暂存区，并协助搬运到检测装置上，预置产品。预置时间 6 秒，预置结束后进入检测过程，检测时间 10 秒，检测完成后如有破损及其他异常则滞留，正常件则由另 2 名收派员搬运至打包合成器上，按照派件区域表进行装盘打包（其中滞留件占比为 2.5%）。打包后的产品首先放入暂存区，然后被叉车以 2 米/秒的速度放到货架（货架 8 层、8 列）上，等待收派员取件进行派送。派件区域及收派员取件时间表如表 8-1、表 8-2 所示。

表 8-1 派件区域表

单位：件

	Area1	Area 2	Area 3	Area 4	Area 5	Area 6	Area 7	Area 8
Prod1	6	12	8	10	8	14	10	12
Prod2	8	10	10	4	8	6	10	6
Prod3	6	4	6	2	8	6	4	8

表 8-2 收派员取件时间表

	ArrivalTime	ItemName	ItemType	Quantity
Distributer1	0	A	1	3
Distributer2	600	B	2	2
Distributer3	900	C	3	4
Distributer4	1200	D	4	3
Distributer5	1500	E	5	5
Distributer6	1800	F	6	1
Distributer7	2100	G	7	2
Distributer8	2400	H	8	2

2. 建立模型

根据该配货作业流程，在 FlexSim 软件中构建模型。系统模型所用到的实体大致包括发生器、暂存区、处理器、合成器、货架及操作员、分配器和叉车，各实体对应的系统元素及其作用如表 8-3 所示。

表 8-3 各实体对应的系统元素及其作用表

模型实体	系统元素	作 用
Source1	发送快件	发送的 3 种不同颜色的产品代表 3 种快件
Source2	发送托盘	发送托盘用于打包快件

续表

模型实体	系统元素	作用
Queue1、Queue 4	货物存储区（暂存区1、暂存区4）	临时存放快件
Queue2	滞留件暂存区（暂存区2）	滞留件在此存放
Queue3	正常件暂存区（暂存区3）	正常快件存放区
Processor	检测站	对快件进行简单的检测
Combiner	打包合成器	将快件打包配装
Rack	货架	存放打包好的快件，等待收派员取件
Dispatcher1、Dispatcher 2	分配器	给操作员进行任务分配的控制器
Operator1、Operator 2、Operator 3	操作员	负责搬运快件
Transporter	叉车	进行搬运操作的叉车

具体操作步骤如下所述。

（1）在工作窗口建立实体

打开 FlexSim 软件，建立新模型，按住鼠标左键，将所用到的实体从实体库中直接拖曳到工作窗口中，将其放在合适的位置，然后双击实体，在其属性对话框中修改各实体名称。

（2）进行连接

对发生器、暂存区、处理器、合成器和货架、分配器和操作员按照实体路径依次进行"A 连接"，对暂存区和分配器进行"S 连接"，所得仿真模型如图 8-3 所示。

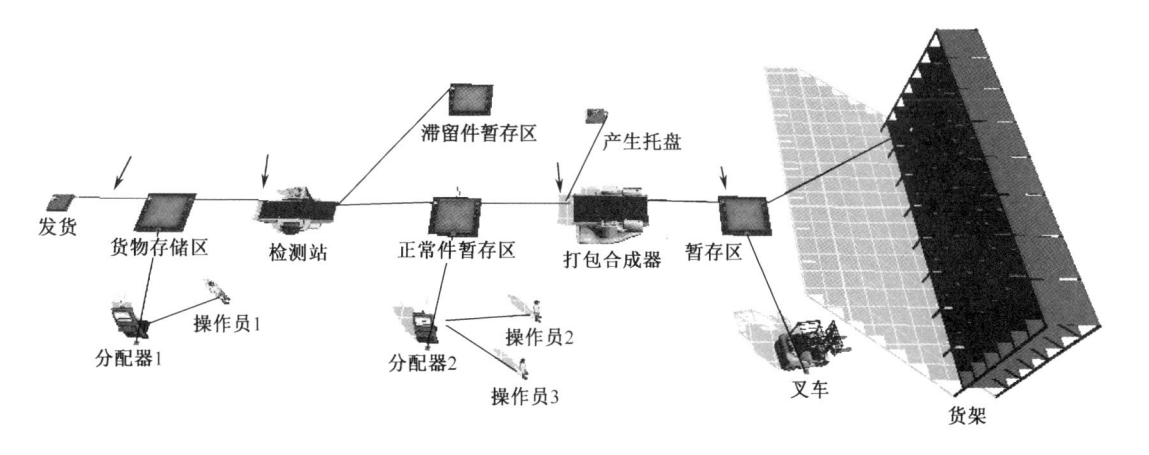

图 8-3 仿真模型

8.6 模型主要实体参数设置

对每一个实体进行参数设置，根据模型需求修改实体参数。

（1）设置 Source（发生器）参数

Source 参数即快件到达的时间规律。根据调研所得数据，快件到达时间服从均值为 10、方差为 2 的正态分布，将 Source1 的"Source"选项卡中的到达时间间隔"Inter-Arrivaltime"设置为"normal（10.0，2.0，0）"，并根据 3 类快件服从（40%、40%、20%）分布设置"OnExit"为"Set Item Type By Percentage，Set Color By Case"，用 3 种颜色区分 3 类快件。发生器到达时间及输出端口参数设置如图 8-4、图 8-5 所示。

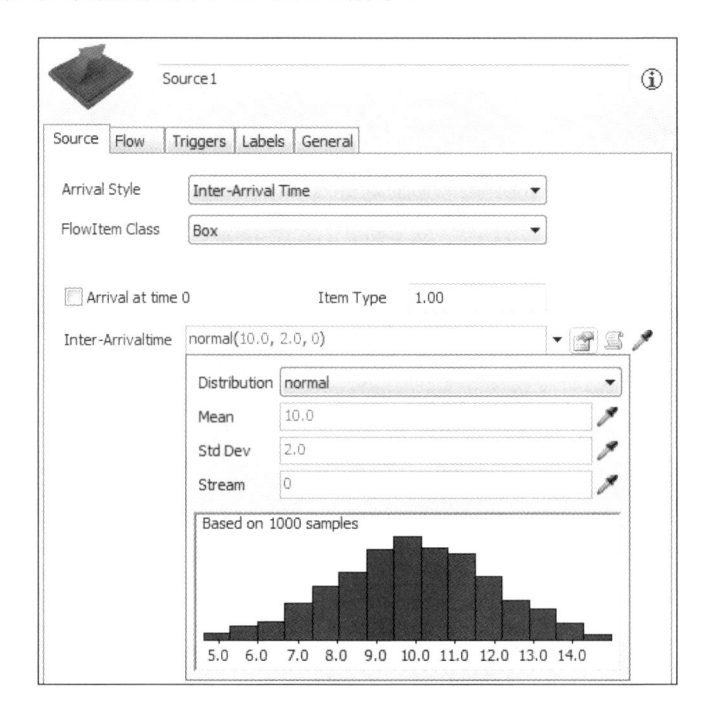

图 8-4　发生器到达时间参数设置图

（2）设置 Queue（暂存区）参数

3 种快件在暂存区由操作员协助搬运产品。设置 Queue1 属性对话框中暂存区"Queue"选项卡的最大容量"Maximum Content"为"500.00"。设置临时实体流"Flow"选项卡的发送端口"Send to Port"为"First Available"，并勾选"Use Transport"，设置为"centerobject(current,1)"，如图 8-6 所示。同理，分别设置 Queue2、Queue3 和 Queue4 最大容量为 1000、

20 和 1000。设置 Queue2、Queue3 和 Queue4 的临时实体流"Flow"选项卡的发送端口"Send to Port"为"First Available",并勾选"Use Transport",设置为"centerobject(current,1)"。

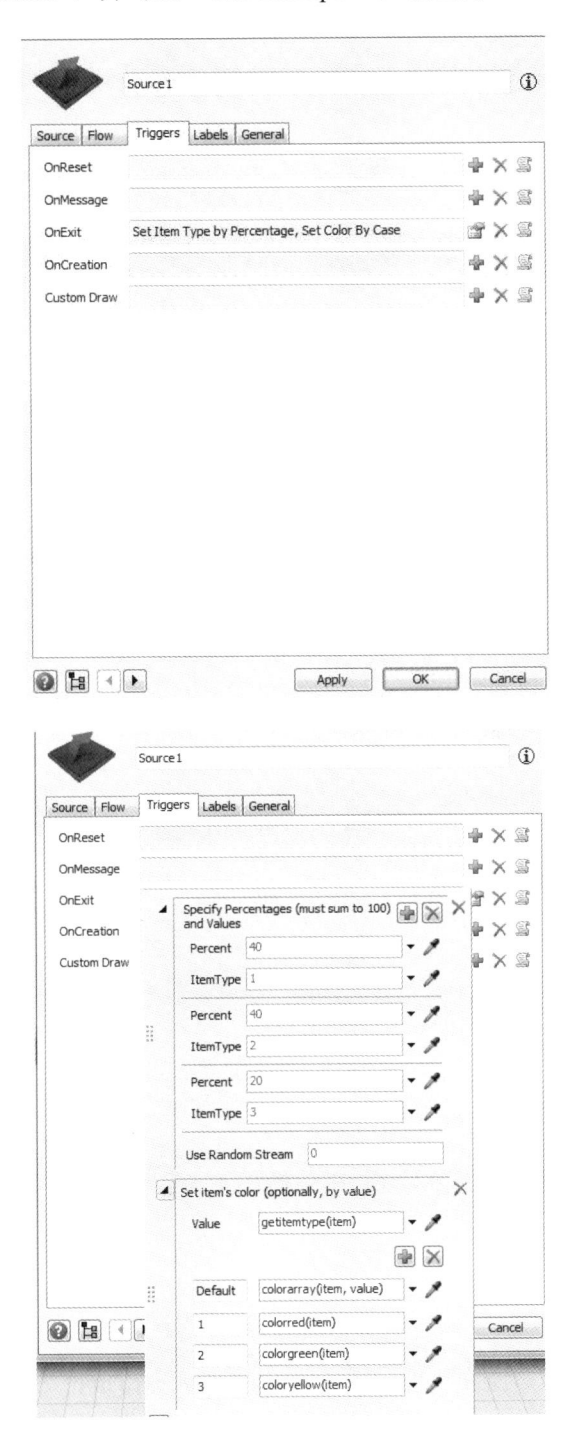

图 8-5　发生器输出端口参数设置图

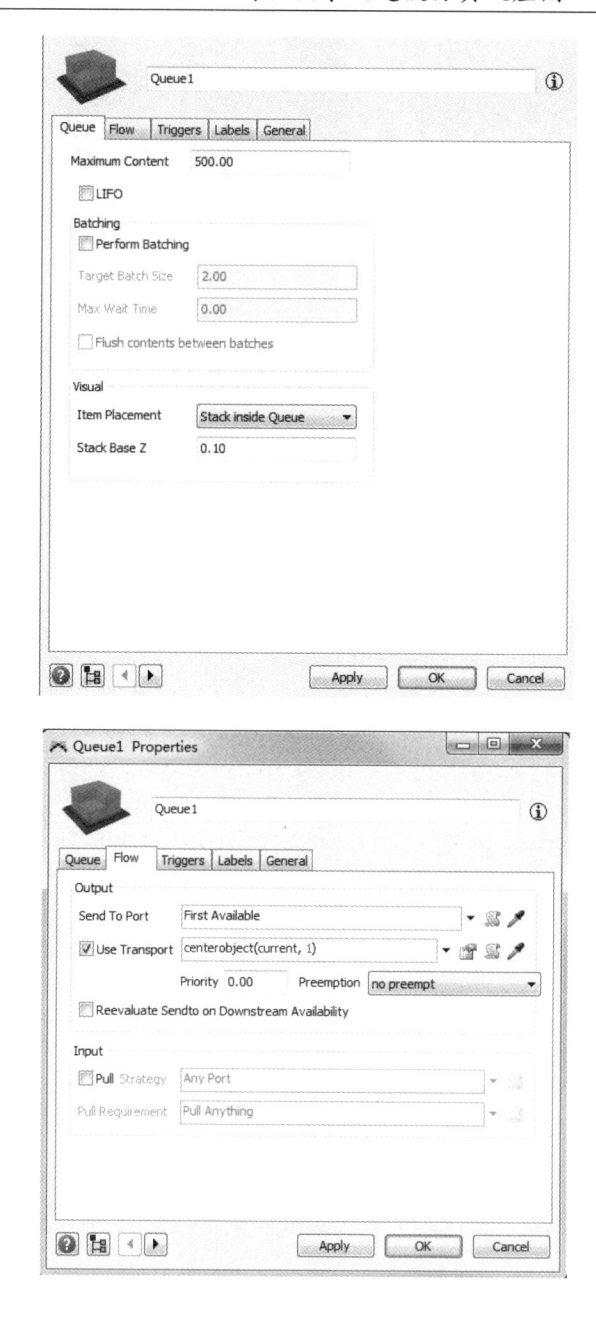

图 8-6　Queue 1 使用操作员设置图

（3）设置 Processor（处理器）参数

操作员将 3 种快件搬运至同一个处理器，并首先预置产品，然后检测。将"Processor"选项卡中的"Setup Time"（预置时间）设置为"6"，"Process Time"（检测时间）设置为"10"；并将"Flow"选项卡中的输出端口参数"Send To Port"设置为"By Percentage"；第一输出端口为 2.5%，第二输出端口为 97.5%，即滞留件和正常件的占比。处理器参数设置如图 8-7

所示。

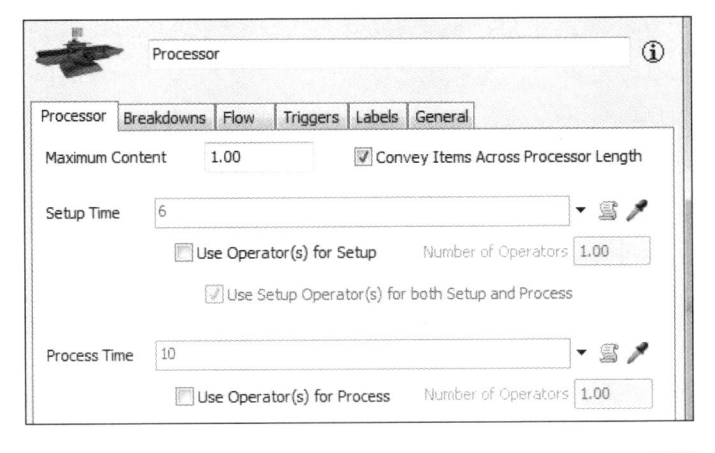

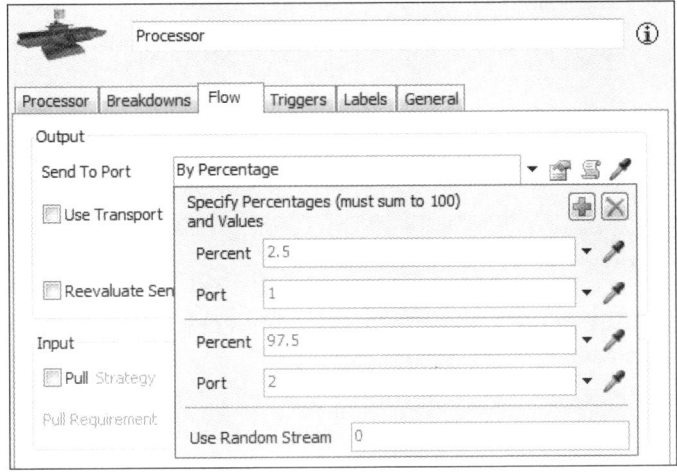

图 8-7　处理器参数设置图

（4）设置 Source2（发生器 2）与 Combiner（合成器）参数

当快件到达合成器时，合成器上存在发生器根据收派员到达的时间发出的托盘，并且在合成器的托盘上根据派件区域表进行装盘打包作业。

首先，在 Source2 的"Source"选项卡中设置"FlowItem Class"为"Pallet"，表示发送的为托盘，根据收派员取件时间表设置"Arrival Style"为"Arrival Schedule"。发生器 2 参数设置如图 8-8 所示。

其次，在 Combiner 的"General"选项卡中将发生器 2 设置为合成器的第一输入端口，在"Triggers"选项卡设置"OnExit"为"Update Combiner Component List"，合成器根据派件区域表对快件进行打包。合成器参数设置如图 8-9 所示。

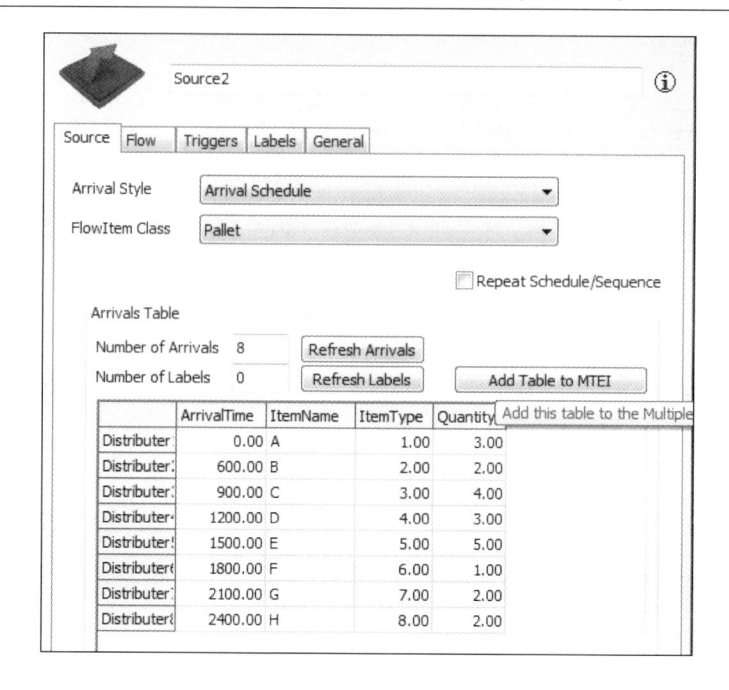

图 8-8 发生器 2 参数设置图

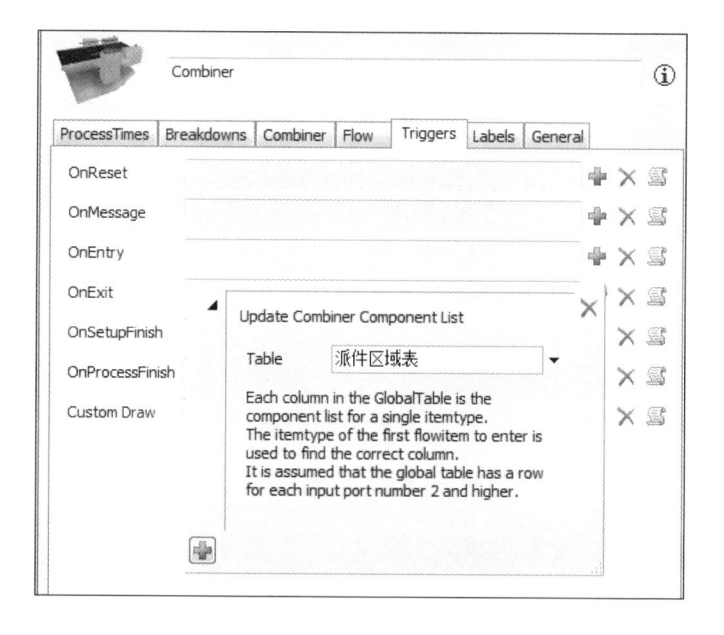

图 8-9 合成器参数设置图

（5）设置 Rack（货架）参数

将货架设置为 8 层 8 列。装盘后的快件放入暂存区 4，并用速度为 2 米/秒的叉车运送到货架。

8.7 仿真结果分析

在模型运行过程中，系统对处理器、合成器等实体以饼状图的形式进行了统计，可以更直观地显示统计结果，使用户可以在模型运行中实时观察相应实体的数据及动态结果，及时发现模型运行中存在的问题。

对系统进行多次仿真运行后，可以得到各实体的实际运行效率统计结果。但是我们只能通过抽样分析某一运行结果，这样所得到的结果与系统的实际操作值有一些误差，此时可以进行多次仿真试验减小这些误差。

通过对仿真结果的分析，能够看出系统在哪些地方出现拥堵，哪些设备利用率较低、长时间处于闲置状态，以及操作人员的工作状态。通过分析以上结果，可以发现系统存在的问题，从而有针对性地对系统进行优化。

在分析仿真结果时，一般有以下几种主要参考标准。

①当某一实体等待时间过长，长期处于空闲状态时，可以基本判断出其上游某一实体处出现了拥堵的情况。

②当某一实体长时间工作，作业时间占比较高时，说明其自身发生拥堵。

③一般认为，系统中实体作业比例为75%～80%时，系统能较顺畅地运行。

④对于合成器来说，其作业比例需达到90%以上，就表明其运行效率基本达标。

由图 8-10 可知，暂存区 1 的容量呈上升趋势，且处理器作业比例不到 70%。因此，系统在暂存区处发生了拥堵，存在系统瓶颈，需要优化。

图 8-11（左）为合成器处于较低作业比例的某时刻，图 8-11（右）为合成器处于较高作业比例的某时刻。从合成器运行状态图可以看出，合成器在工作过程中出现了空闲时间，其实质为收派员取件等待时间，等待时间逐渐缩短，在此过程中合成器的设备利用率基本达标，因此不需要优化。

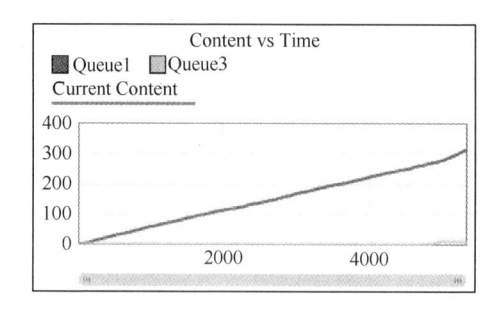

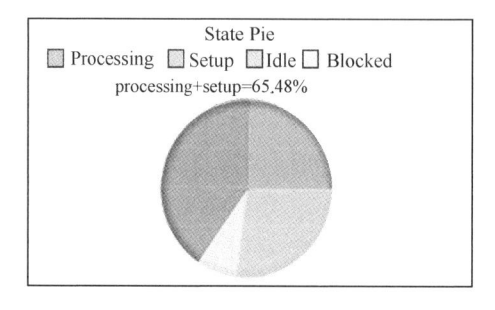

图 8-10　暂存区 1 容量状态图（上）与处理器工作状态图（下）

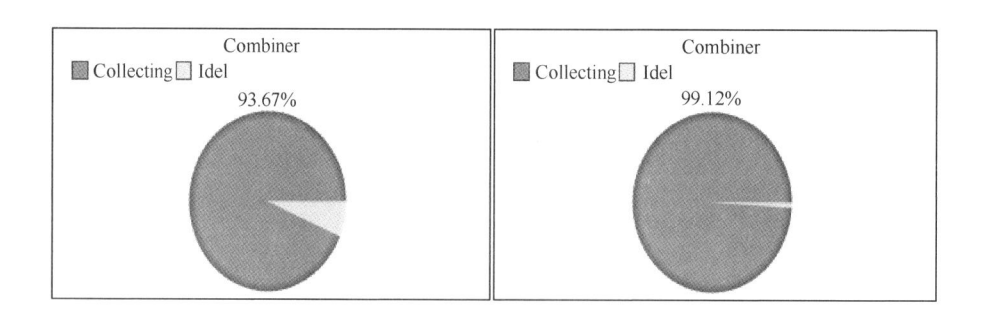

图 8-11　合成器运行状态图

此外，操作员及叉车的运行状态统计结果如图 8-12 所示。从该图中可以看出，3 个操作员 70%以上的时间都处于不工作状态，劳动力供大于求，出现浪费人力的情况，需要优化；叉车的设备利用率也较低，有待进一步提高。

通过以上对系统仿真运行结果的分析可以得出，该系统存在暂存区拥堵，处理器、叉车等设备利用率低，操作员工作强度较小等问题，这些都是系统运行过程中影响运行速度及降低系统作业效率的症结所在，需要予以优化。

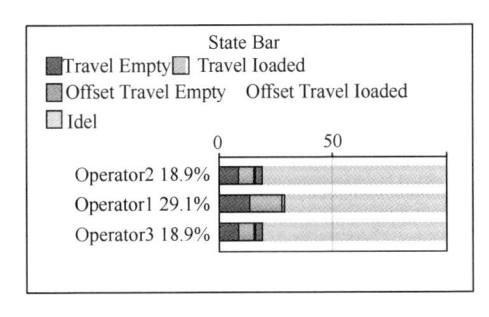

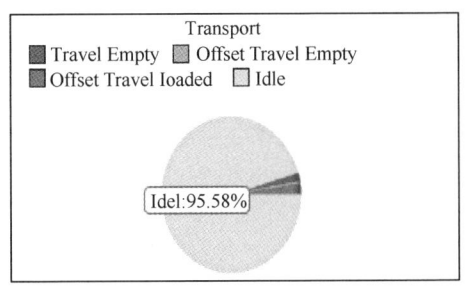

图 8-12 操作员（上）与叉车（下）运行状态图

8.8 模型优化与分析

根据上一节对系统仿真运行结果的分析，针对所发现的问题提出优化方案。其中，设备和人员的利用率较为关键，当设备和人员的利用率过高时，系统易出现拥堵情况；而利用率过低时，将会额外加大人力物力，从而相应地增加系统成本。因此，我们需要对其进行重点优化，使设备和人员搭配达到最优，从而降低成本，提高作业效率。

概括来讲，该系统的优化目标为提高设备利用率及减少操作人员，保证系统正常运行，从而使系统达到最优。

1. 优化方案

针对暂存区出现的拥堵状况及处理器、人员利用率低，拟在检测区增加 1 个处理器代替人工；针对打包区人员利用率低的情况，在不改变原有操作的基础上，增加 2 个传送带取代其中 1 个操作员，以提高作业效率，改善系统目前出现的问题。

（1）增加处理器代替操作员

在暂存区 1 和暂存区 3 之间增加 1 个处理器 2，即检测器 2，并按路径对暂存区 1、处理器、暂存区 2 和暂存区 3 进行"A 连接"。去掉操作员，让快件自动进入检测，对新增的处理器 2 做与初始处理器同样的参数设置，对暂存区 1 做以下修改：修改暂存区 1 "Flow"选项卡的输出参数，设置 "Send To Port" 为 "By Percentage"，其他属性参数均不变。暂存区 1 参数设置如图 8-13 所示。

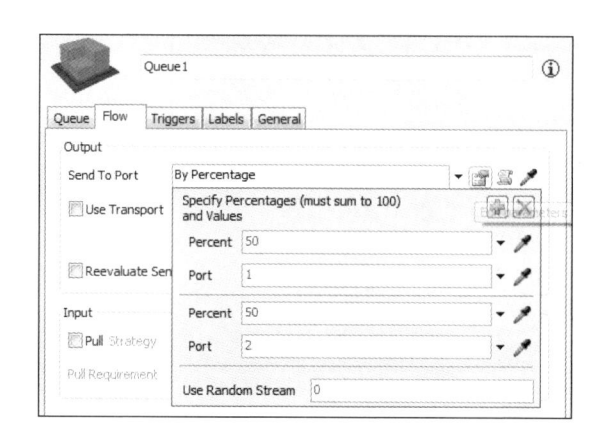

图 8-13　暂存区 1 参数设置图

（2）增加传送带取代操作员

在暂存区 3 和合成器之间增加 2 条普通传送带，传送带的速度为 2 米/秒，用于运输快件，去掉其中 1 个操作员，对暂存区 3、传送带及合成器进行"A 连接"。对暂存区 3 的"Flow"选项卡的输出参数进行修改，将"Send To Port"设置为"Random Port"，即暂存区 3 输出的快件随机进入传送带，其他属性参数不做修改。暂存区 3 参数设置如图 8-14 所示。

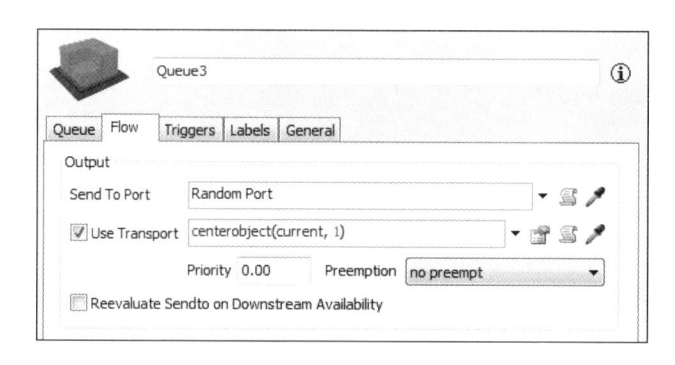

图 8-14　暂存区 3 参数设置图

对整个模型进行重置并运行，观察其运行情况。优化后的模型如图 8-15 所示。

2. 优化结果统计

对于新建立的系统优化模型，经过多次仿真运行后，通过系统控制器输出仿真结果。

下面将用饼状图等更直观的方式显示最后的统计结果。首先，系统瓶颈存在于暂存区 1，增加 1 个处理器后暂存区容量和处理器工作状态如图 8-16 所示，可以看出暂存区的堆积量明显减少，且处理器的利用率达到了 75%以上，利用率明显提高，这样系统就不会在此处发生拥堵，快件可以顺畅地进入检测。

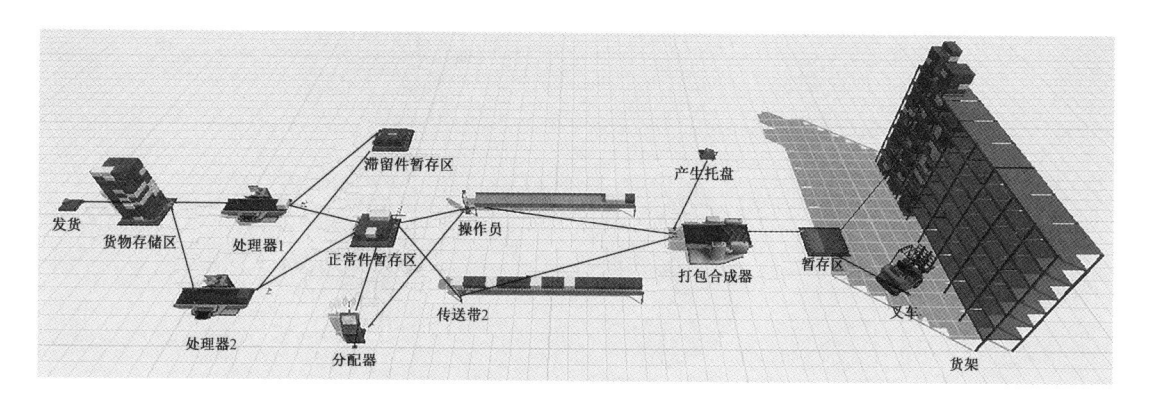

图 8-15　优化后模型

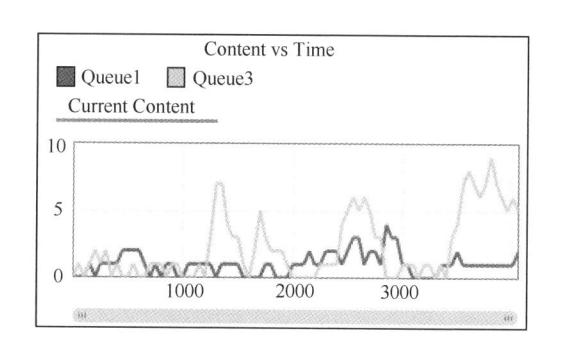

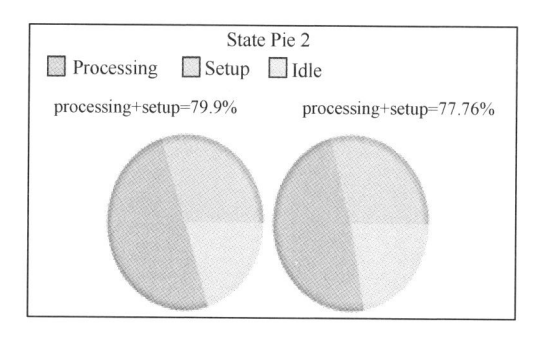

图 8-16　暂存区容量图（上）和处理器工作状态图（下）

图 8-17 是优化后操作员的工作状态及合成器的工作状态。由此可见，操作员的利用率达到了 70%以上，在减少操作员后，操作员的工作强度明显比之前增加了很多；且合成器的利用率基本处于 99%，减少了收派员取件的等待时间，从而提高了作业效率。

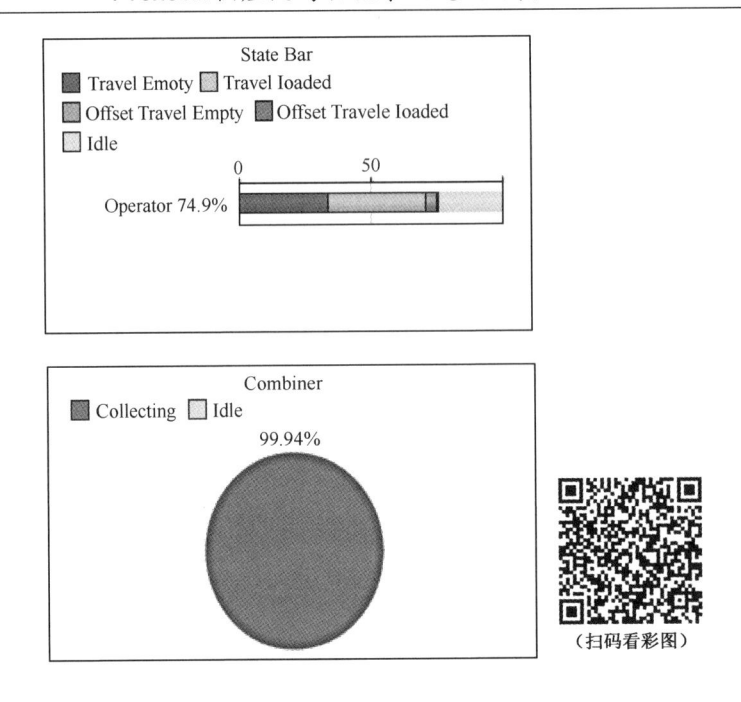

图 8-17 优化后操作员工作状态图（上）和合成器工作状态图（下）

3. 优化前后数据对比分析

优化前后数据对比如图 8-18 所示。通过对比分析可以得出如下几点结论。

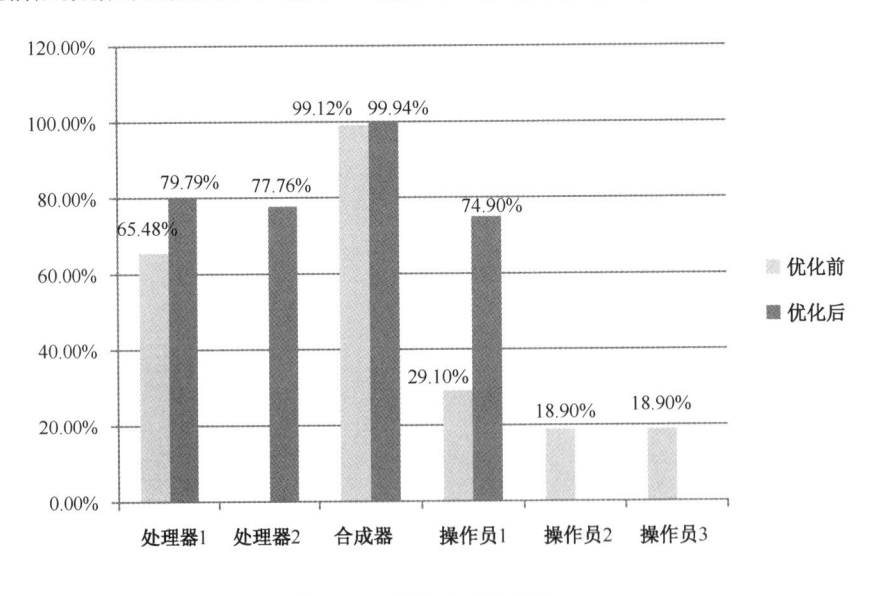

图 8-18 优化前后数据对比

①处理器在优化前的利用率为 65.48%；而优化后处理器 1 的利用率为 79.79%，处理器 2 的利用率为 77.76%，2 个处理器的利用率均达到了目标值，利用率显著增强。

②合成器的利用率在优化前后同样有所提升，减少了收派员取件的等待时间，进一步缩短了客户收到快件的等待时间。

③优化前3个操作员的利用率均低于30%，劳动强度过低，且出现劳动力过剩的情况，造成了一定的人员浪费；而优化后仅剩1个操作员，且操作员的利用率达到了74.9%，得到明显提高，不仅减少了多余的劳动力，而且增强了操作员的劳动强度，在一定程度上降低了企业的人工成本。

从系统自身统计的优化前后暂存区1的容量曲线图可以看出，优化前暂存区1的容量呈上升的趋势，在运行结束时达到了300多的容量；而优化后的暂存区1的容量基本在2和3之间波动，最大值不超过5，暂存区1的堆积状况在优化前后出现了明显的不同，优化后的暂存区1不再出现拥堵情况。

由此可见，优化后的系统在向最优运行效率方向推进，各设备的利用率明显提高，系统基本实现有效运行，作业效率达到了比较理想的状态，表明优化方案基本达到了预期的效果。

8.9 本章小结

本章在分析配货系统的作业流程基础上，以第三方物流企业为研究方向，以 S 速运某一营业网点的快件派送系统的前期配货作业流程为背景，结合仿真软件 FlexSim，对该作业流程进行了系统仿真，找出系统存在的问题并进行相应的优化，主要包括以下几项内容。

①介绍了配货系统的概况及配货作业的流程，分析配货系统现状，并对 FlexSim 软件进行简单的介绍。

②应用 FlexSim 软件建立配货作业系统的仿真模型，详细介绍建模步骤，并运行仿真模型，收集并分析仿真数据。

③利用 FlexSim 软件自带的控制器统计仿真结果，结合企业现实情况找出系统存在的问题，并针对性地提出优化方案，从而使系统有效运行。

在多次对系统仿真模型编译运行后，输出仿真结果，并对结果进行分析，得出系统在暂存区和打包区存在拥堵及操作人员与设备利用率较低的问题，针对这几个问题对系统进行了优化，并通过分析对比优化前后的数据，得出优化方案达到了预期效果的结论。

第 9 章　物流配送中心建模与仿真

9.1　研究背景

　　近年来，物流业被列为我国重点鼓励发展行业，国家为此也出台了许多鼓励政策。21世纪以来，随着人们购买力的不断提高，物流服务水平也在逐年提高，随着政府对物流发展的重视，物流业的发展环境及条件也有了极大的改善。2010—2017 年，社会物流总额由 125.4 万亿元增加到 252.8 万亿元，复合增长率高达 10.53%，社会物流需求整体呈增长趋势。随着物流需求的增加，社会物流总费用的规模也有所扩大，由 7.1 万亿元增加到 12.1 万亿元，年复合增长率为 7.91%。这期间，社会物流总费用占 GDP 的比例从 2010 年的 17.8%下降至 2017 年的 14.6%，物流运行的效率和质量都有所提升，但与美国、日本、德国等比例均不到 10%的发达国家的水平相比，还有很大的发展空间。

　　随着社会经济的发展，物流产业"第三利润源泉"的战略地位更加突出，已经成为国民经济发展的重要支柱。近年来，我国物流业的发展在迅速加快，但总体发展水平还是偏低，发展过程中依旧存在着许多问题。整个物流网络的中枢为物流配送中心。物流配送中心的建立可以有效保证货物快速、高效地流通，并且对货物进行有效的管理、分类、加工与配送。作为现代物流网络的中枢，物流配送中心影响着整个物流网络的发展。但是在我国，物流配送中心仍存在很多问题，其中最突出的是智能化程度较低、基础设施简陋、操作人员专业素质低等。作为物流网络中至关重要的环节，物流配送中心存在的这一系列问题极大地制约了物流业的进步与发展，因此对物流配送中心进行优化和改进在当下显得尤为重要。

　　物流配送中心的投资规模和占地面积一般较大，而且一旦建成，基本上就无法进行改动。而物流仿真软件恰好可以解决这一问题。我们可以在物流配送中心建设前，根据需要的功能、建造规模、作业流程等相关信息，利用仿真软件对物流配送中心进行模型规划，通过仿真模拟来确认各要素的相关数据。模型建好后，我们还可以对其运行过程中出现的问题进行更深入的研究分析，剖析流程及各元素分配的合理性，对相关数据进行修改调试，以对模型进行进一步优化。模型优化完成后，我们可以根据优化后的模型对物流配送中心进行设计建造，避免了建成后改造成本大、改造难度高等问题，这样就可以实现建成后的物流配送中心高效率、低成本地运转。

对物流配送中心加以研究和改善，不仅可以改进现有物流配送中心的作业流程，改善客户的实际体验，还能够提高运营效率，增强企业的竞争力。运用建模与仿真技术对物流配送中心进行研究规划，可以更加全面、更加合理地对系统进行有效的设计与改进，从而实现资源配置的优化，有效地降低物流配送中心的运作成本，提高工作效率，节省优化过程中的时间和费用。

9.2 物流配送中心概述

1. 物流配送中心

随着市场化商品流通加速及社会化大生产环境的扩散，物流配送中心应运而生。物流配送中心以物资配送、存储为主要任务，以这一任务为中心，物流配送中心发展出更多的功能，包括物流过程状态的变化追踪，以及与环保相关的物料回收等功能。

物流活动的进行应包括各种各样的过程，如物资的采购、存储、运输及废弃物管理等。不同的过程必须进行统筹管理以提高效率，因此对物流配送中心的研究和管理就显得尤为重要。

如今社会信息化的进程加速，利用信息化的手段可以实现对物资流动更优质的管控，因此现代的物流配送中心也应发展信息处理传输、协调指挥等基本功能，提供更优质的服务。

2. 物流配送中心的作用

物流配送过程中各种实体，如供应商、物流公司、客户等组成了现代物流网络，并有资金流、物流、信息流流动其上。物流配送中心在物流网络中起着调度、协调及执行其他某些重要职能的枢纽作用，主要表现为以下几方面。

（1）资源成本的整合调度

物流配送中心利用信息化处理，整合各方的物流资源，在市场调控的背景下调节商品生产，并按时间地点配送物资，以缩减物流网络成本。同时，物流配送中心通过集成化的信息管理系统，可以使物流网络上的各方信息共享、资源互调，提高服务质量和配送效率。

（2）物流网络利益共享

以门市网点作为市场依据、以连锁经营制度作为轴心，现代超级市场与物流配送中心共同开发销售利润和物流利润，并且通过对加工制造业的信息渗透及名优产品的发展来挖掘生产利润。物流配送中心保障了企业经营与供货的高效益，促进了生产消费，降低了各方成本，提高了物资调配效率和效益，从而获得了高经济效益。

（3）物流形式衔接

物流配送中心可以衔接海、陆、空各种不同的运输方式，通过一些特有的手段减少货物和时间损耗。另外，物流配送中心可以衔接不同种类的包装形式，根据不同的存储、运输等需求变换货物的包装形式。最后，物流配送中心可以衔接供需差异，通过集货、分货等手段调节供需平衡，满足不同生产需求。

（4）调节物流供需

物流配送中心具有一定的存储能力，可以减少无效存储，降低存储成本。大多数情况下，消费与生产在时间轴上并不是连续的，产品的价格受价值规律的影响会沿着时间轴浮动。而物流配送中心可以调节产销之间在时间和价格上的不平衡，通过反季出售等手段调节供需关系。

（5）汇集各方信息

物流配送中心不仅起到物流集聚的作用，而且承担着信息汇聚的职责。物流配送的各个环节涉及多种多样的实体，辐射各个层面，这就要求物流配送中心必须有强大的收集处理信息的能力，并对这些信息加以反馈，从而实现整个物流信息网络的调度管理，提高物流配送的决策能力，使客户拥有优质的信息渠道及服务。

3. 物流配送中心的功能

物流配送中心作为现代物流体系承担重要职能的节点，为使商品能在客户要求下完成附加值并克服运输过程中的阻碍，需要拥有如下功能。

(1) 集分货功能

物流配送中心应当能根据具体需求，将零散的、规格混杂的产品进行集中运输存储以节省成本，也应当能根据需要，将大批量的产品分散为零星产品进行运送。

(2) 产品配送

作为物流配送中心，最基本的要求便是能够对货物加工配送，这要求物流配送中心拥有条码、叉车等必要的设施和工具。

(3) 装卸搬运及存储管理

虽然装卸搬运及存储本身不具有目的性，并且不会产生新价值，但物流配送中心应当具有特殊工具以装卸货物，并且拥有仓库等场地存储物流产品以便后续分派加工，这是完成物流作业必要的辅助工作，不可或缺。

(4) 加工包装

物流配送中心需要对货物进行包装以保护货物且方便货物运输。此外，适当的包装可以促进人们的消费欲望。同时，为了提高货品仓储区的利用率及物流的效率，还需要按照客户需求对货品的形态进行加工转换。此举可以降低零售店的管理费用，并有利于建立良好的企业形象。

(5) 信息处理

高效的信息处理能力有利于提高配送的效率和收益，并可通过综合决策来实现物流的高效运转。同时，优质的信息处理可以给予客户良好的信息体验。

(6) 其他增值服务

其他增值服务主要包括培训物流操作员、结算、预测需求、设计咨询物流系统等。

9.3　D 物流配送中心作业流程

为了满足当今日益烦琐的物流需求，现代物流配送中心的作业流程越来越复杂化，优化作业流程对提高物流配送中心的效益起着十分重要的作用。合理地优化物流配送中心的布局与作业流程能够有效地提高工作效率，降低企业的运行成本。

D 物流配送中心的作业流程如下：货物到达物流配送中心后，首先根据业务范围对货物进行分类，分类完成后对其进行入库扫描和检验，检验合格的货物进一步分类进入不同的存储区进行存储，不合格的进入退货区等待处理；零担货物和整车货物由存储区进入拣选区，根据客户订单加以拣选，拣选完成后进入流通加工区；中转型货物无须存储直接进入流通加工区进行加工处理。货物加工完成后进入分拣区，大部分货物分拣完成后进行出库扫描直接装车配送，剩余的小部分货物进入出库暂存区，在客户规定的时间进行扫描出库。具体作业流程如图 9-1 所示。

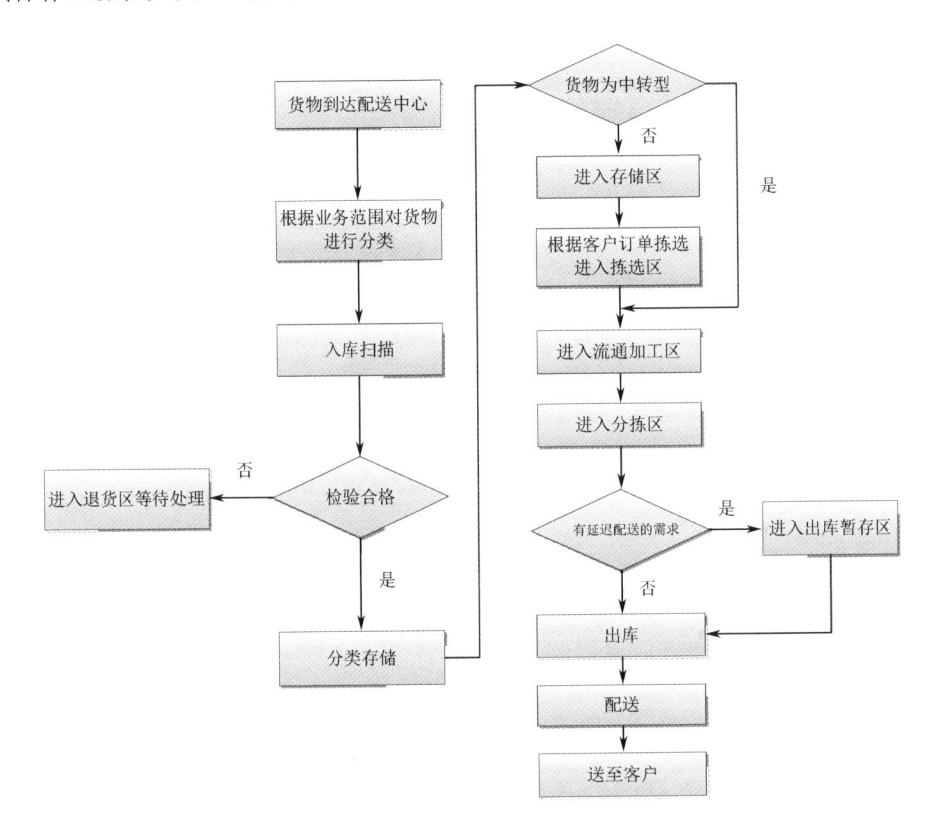

图 9-1　D 物流配送中心作业流程图

9.4　D 物流配送中心作业现状分析

实际调研发现，D 物流配送中心的各个环节都会同时存在很多操作员，而每天的工作量是大概固定的，这样就会存在人员过剩的情况，而且操作员的流动性相对较大，工作的不稳定性较高，经常有熟悉工作流程的人员辞职，而新雇佣的人员需要一段熟悉流程的时间，前期往往会出现失误等情况。其次，D 物流配送中心的整体利用率较低，尤其是叉车的利用率低导致入库、上货、出库等一系列流程运转速度慢，影响了后续作业。

9.5 D 物流配送中心作业模型的构建

根据 D 物流配送中心的几大主要业务，在模型规划时将其划分为 3 大模块，分别是零担业务、整车业务和中转业务。不同模块的处理方式也有所不同，零担类货物和整车类货物入库后需进行进一步的拣选和加工，而中转类货物直接分拣出库。拣选区加入拣选货架，并将其划分为人工拣选和自动拣选 2 部分，不同类型的货物采用不同的拣选方式。通过以上措施细化了 D 物流配送中心的作业流程，在提高 D 物流配送中心工作效率的同时还可以体现企业特色。

该模型模拟的是正常工作日一天的作业流程，工作时间为 8 小时，期间没有特殊情况发生。实际 D 物流配送中心作业流程的管理及结构都较为细致、复杂，本模型只是针对该物流配送中心部分作业流程进行分析规划，过程中对部分因素进行理想化处理。模型构建过程中进行以下假设。

①该模型运行的 8 个小时内无意外状况发生。

②该物流配送中心的商品分为 A 类、B 类、C 类 3 种商品。

③物流配送中心的操作员及设备不受自身及外界各种因素影响，始终保持正常的工作效率。

④由于物流配送中心货量过大，建模过程中部分参数设置按 1:100 的比例进行缩小。

物流配送中心仿真模型如图 9-2 所示。

入库作业区：由发生器 1～发生器 3 产生 6 种不同类型的货物。发生器 1 按比例产生 A、B、C 3 种零担类货物，发生器 2 产生 2 种整车类货物，发生器 3 产生中转类货物。

入库整理区：货物到达物流配送中心后，经处理器进行入库扫描后暂时存放在暂存区 1～暂存区 3 中。暂存区 1～暂存区 3 中的货物有 90%检验合格进入存储区进行存放，另外 10%的货物检验不合格，进入暂存区 10。暂存区 1 内的货物由打包器进行装托盘操作，每个托盘存放 4 个实体。

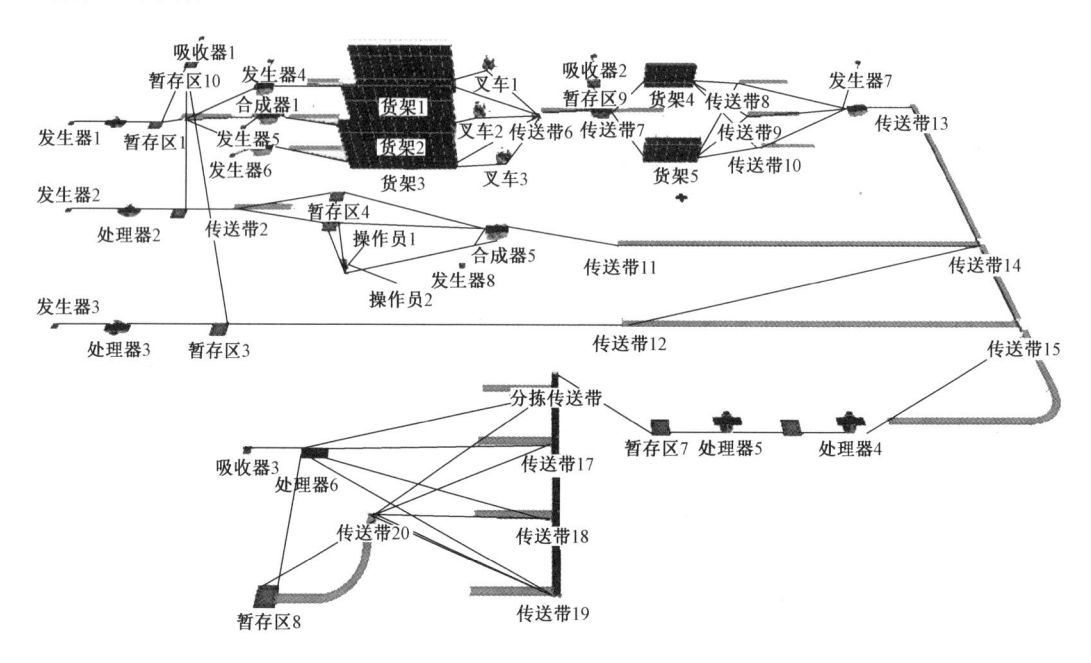

图 9-2 物流配送中心仿真模型

存储区：货物经初步分类后存放在相应的存储区内，存储区内部进行进一步分类，A、B、C 3 种货物分别存放于不同的货架上，具有特殊性的少量货物分类存放在暂存区 4 和暂存区 5 中。

拣选区：拣选区分为自动拣选和人工拣选 2 部分。存放在货架上的 A、B、C 3 种货物经分解器除去托盘后，分解为单个实体存放在拣选区货架上，采用自动拣选的方式进行拣选，而具有特殊性的货物人工根据订单进行拣选。分解出的托盘进入暂存区 9，由吸收器 2 进行吸收。

流通加工区：拣选好的货物由传送带运输至流通加工区，由处理器 4 和处理器 5 进行重新包装、贴单据等操作。

分拣区：包装好的货物及需要中转的货物放到分拣传送带上，根据配送方位不同由不同的传送带输送至出库作业区进行装车配送。

出库暂存区：部分包装好的货物无须马上进行配送，这一部分货物由传送带输送至暂存区 8 进行临时存放。

退货区：入库整理区检验不合格的货物进入暂存区 10 等待处理。

9.6 模型主要实体参数设置

主要实体参数设置如表 9-1 所示。

表 9-1 主要实体参数设置

实体设备	仿真模型对象	参 数 设 置		功能
入库作业区	发生器 1	到达时间间隔	exponential（0，13，0）	模拟货物到达物流配送中心
		触发器	产生 3 种实体，颜色分别为红、蓝、绿，实体数量所占百分比分别为 60%、25%、15%	
	发生器 2	到达时间间隔	exponential（0，46，0）	
		触发器	产生 2 种实体，颜色分别为黄和浅蓝	
	发生器 3	到达时间间隔	exponential（0，144，0）	
		触发器	产生 1 种实体，颜色为白	
入库暂存区	处理器 1~处理器 3	加工时间	3	扫描入库
	暂存区 1	最大容量	500000	暂时存储货物
		发送至端口	按百分比	
	暂存区 2	最大容量	300000	
		发送至端口	按百分比	
	暂存区 3	最大容量	100000	
		发送至端口	按百分比	
	传送带 1~传送带 2	发送至端口	根据返回值选择输出端口	输送货物
装托盘	发生器 4	达到方式	到达序列	给货物上托盘
		临时实体种类	Pallet	
		实体类型	4.00	
		数量	375.00	
	发生器 5	达到方式	到达序列	
		临时实体种类	Pallet	
		实体类型	4.00	
		数量	120.00	
	发生器 6	达到方式	到达序列	
		临时实体种类	Pallet	
		实体类型	4.00	
		数量	39.00	
	合成器 1~合成器 3	加工时间	5.00	
		打包数量	4.00	

续表

实体设备	仿真模型对象	参数设置		功能
存储区	传送带3~传送带5			输送货物
	货架1~货架3	最大容量	500000	存储货物
		放置到列	第一个可用列	
		放置到层	第一个可用层	
		最小停留时间	normal（3600，10，1）	
		使用运输工具		
	暂存区4~暂存区5	最大容量	300000	
拆托盘区	分解器	加工时间	10	拆托盘
		发送至端口	根据返回值选择输出端口	
	传送带6~传送带10			输送货物
拣选区	货架4~货架5	最大容量	500000	存储要拣选的货物
		尺寸表格	8×8	
		放置到列	第一个可用列	
		放置到层	第一个可用层	
		最小停留时间	normal（720，10，1）	
	发生器7	达到方式	到达时间间隔	根据订单打包货物
		临时实体种类	Pallet	
		到达时间间隔	exponential（0，45，0）	
	发生器8	达到方式	到达时间间隔	
		临时实体种类	Pallet	
		到达时间间隔	exponential（0，144，0）	
	合成器4~合成器5	加工时间	10	
		触发器	更新合成器组件列表	
	传送带11~传送带15			输送货物
	任务分配器			分配任务
	操作员1~操作员2			工作人员
流通加工区	处理器4	加工时间	15	重新包装
	处理器5	加工时间	3	贴标签
	暂存区6~暂存区7	最大容量	1000	暂存货物
分拣区	分拣传送带	发送条件	按端口发送	分拣货物
	传送带16~传送带19	发送至端口	按百分比	
出库暂存区	暂存区8	最大容量	100000	暂存货物
	传送带20			输送货物
出库作业区	处理器6	加工时间	3	出库扫描
	吸收器			模拟货物出库

发生器 1~发生器 3 产生 6 种不同类型的货物，到达时间间隔服从指数分布。发生器 1 产生的是 A、B、C 3 种货物，物流配送中心每天要处理这 3 种货物的总量约为 200000 件，每天工作时间为 8 小时，按 1∶100 的比例缩小后，计算可得平均每 13 秒产生一个货物，同时结合 A、B、C 3 种货物的比例 60∶25∶15 来设置货物产生数量。发生器 2 和发生器 3 的设置方法与之相同。具体参数设置如图 9-3 至图 9-8 所示。

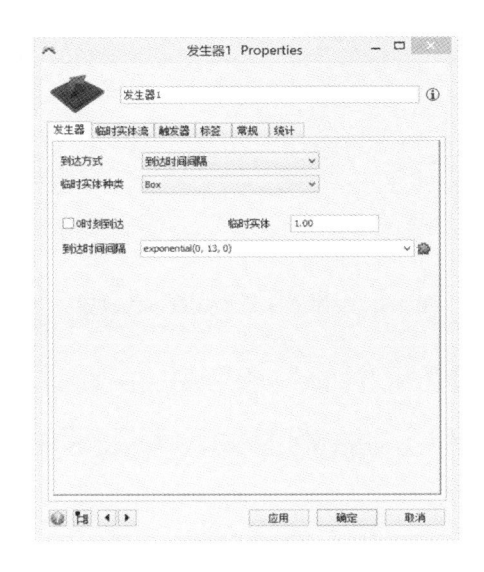

图 9-3　发生器 1 到达时间间隔分布参数设置

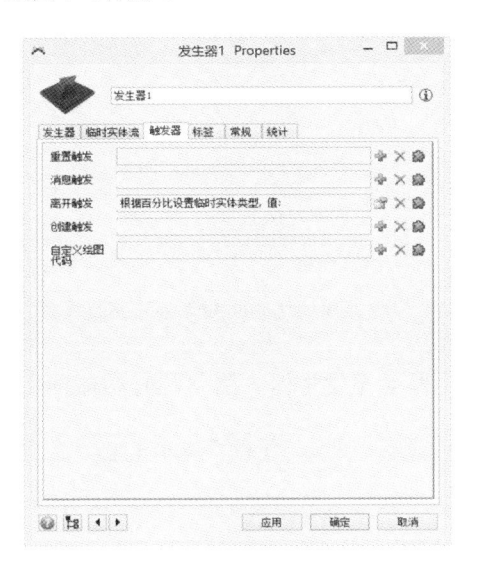

图 9-4　发生器 1 货物数量颜色设置

图 9-5　发生器 2 到达时间间隔分布参数设置

图 9-6　发生器 2 货物数量颜色设置

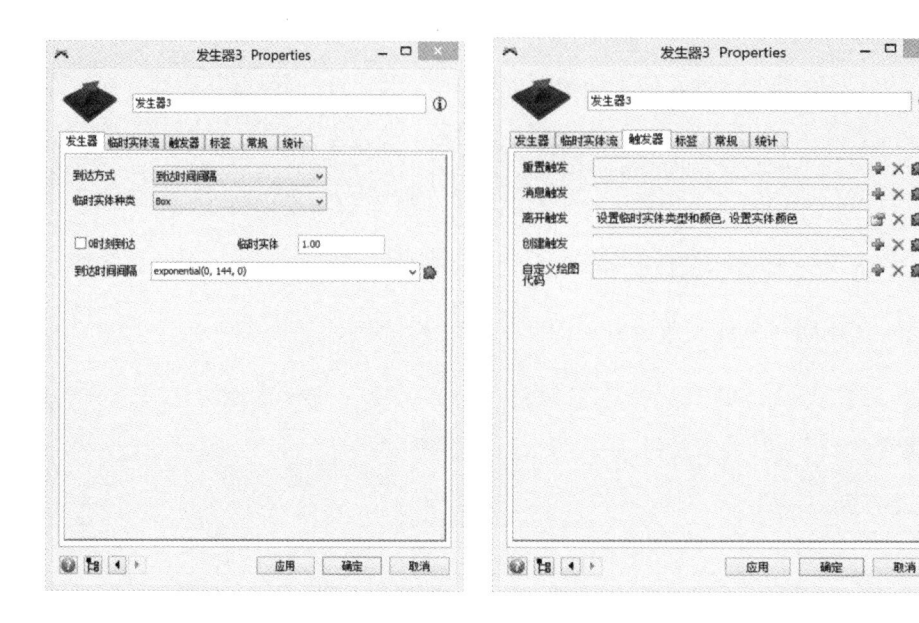

图 9-7　发生器 3 到达时间间隔分布参数设置　　　图 9-8　发生器 3 货物数量颜色设置

发生器 4 至发生器 6 将"临时实体种类"设置为"Pallet"，来生成托盘，"到达方式"设置为"到达序列"，并将"Item Type"设置为"4"，并根据不同实体的数量来生成相应数量的托盘。具体参数设置如图 9-9 至图 9-11 所示。

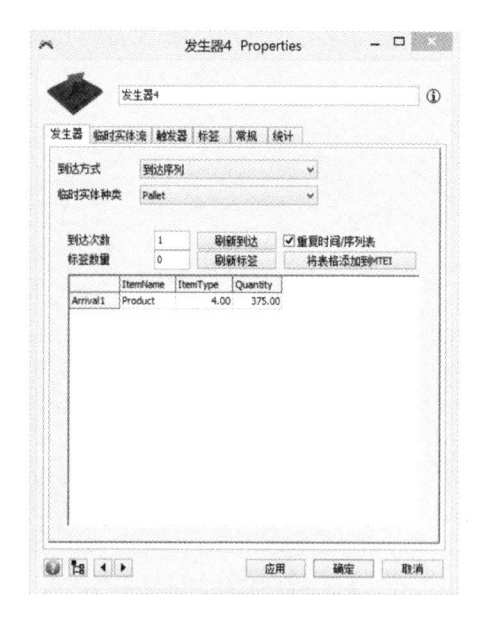

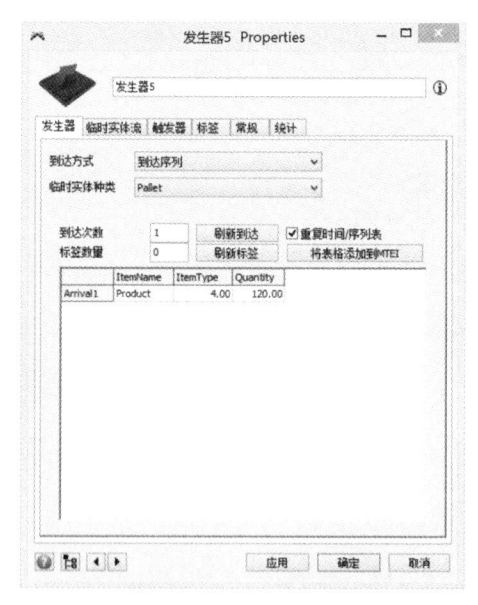

图 9-9　发生器 4 参数设置　　　图 9-10　发生器 5 参数设置

合成器 1 至合成器 3 将"合成模式"设置为"打包",将"Target Quantity"设置为"4.00",对货物进行装托盘操作。具体参数设置如图 9-12 所示。

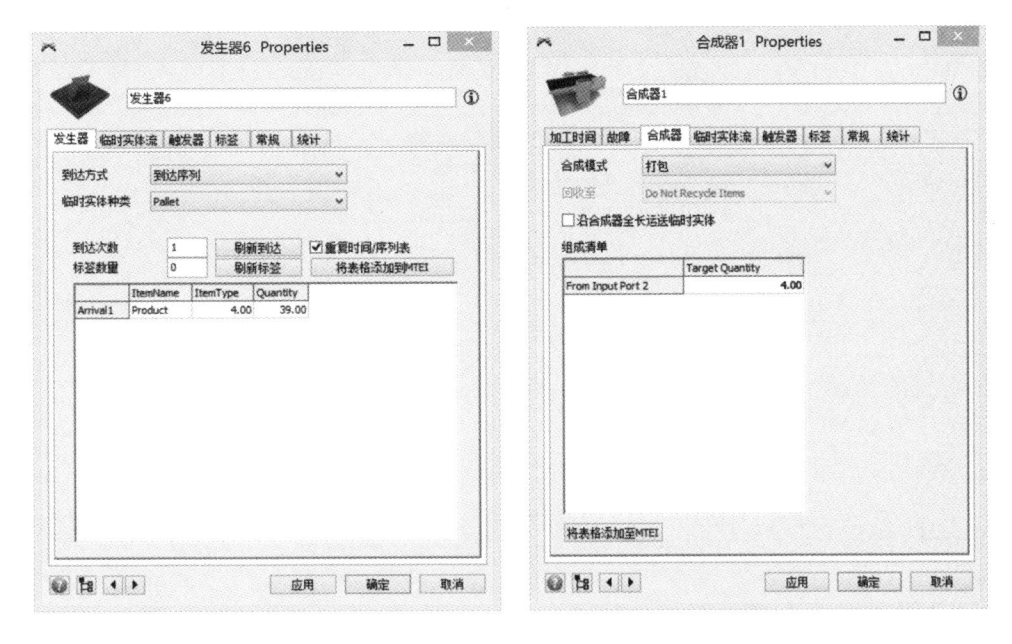

图 9-11　发生器 6 参数设置　　　　图 9-12　合成器托盘装货量参数设置

货架 1 至货架 3 将"最大容量"设置为"500000.00",放置位置(列/层)都是"第一个可用列/层","最小停留时间"服从正态分布,并且勾选"使用运输工具"。具体参数设置如图 9-13、图 9-14 所示。

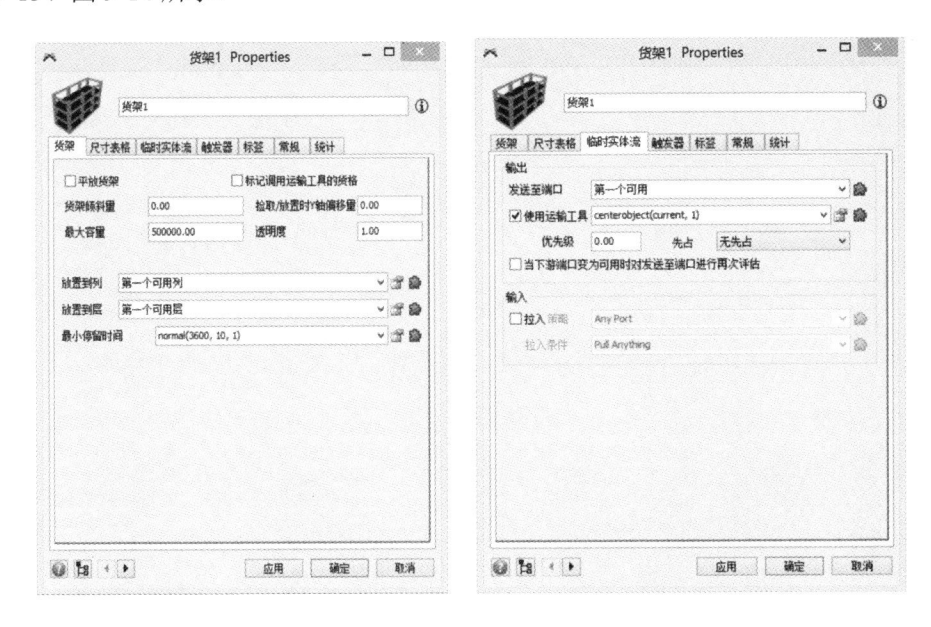

图 9-13　货架参数设置　　　　图 9-14　货架使用运输工具设置

分解器的"发送至端口"选择"根据返回值选择输出端口",分解完毕的托盘进入暂存区 9,货物进入货架 4 和货架 5 等待拣选。具体参数设置如图 9-15 所示。

图 9-15　分解器参数设置

货架 4 和货架 5 将"最大容量"设置为"500000.00",尺寸设置成 8 列、8 层,放置位置(列/层)都是"第一个可用列/层","最小停留时间"服从正态分布,"发送至端口"选择"根据返回值选择输出端口"。具体参数设置如图 9-16 至图 9-18 所示。

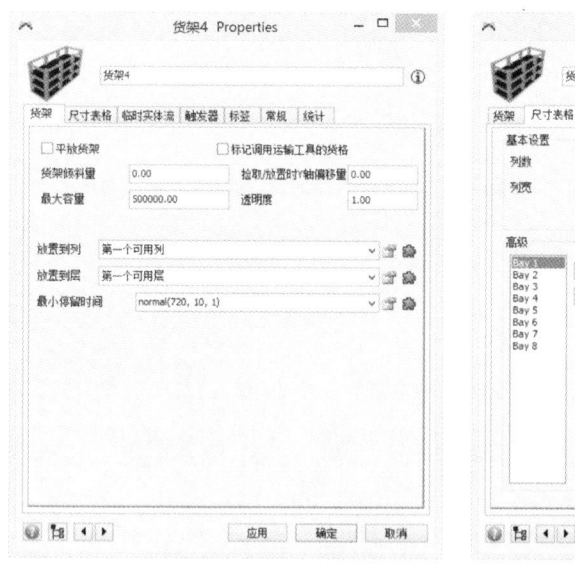

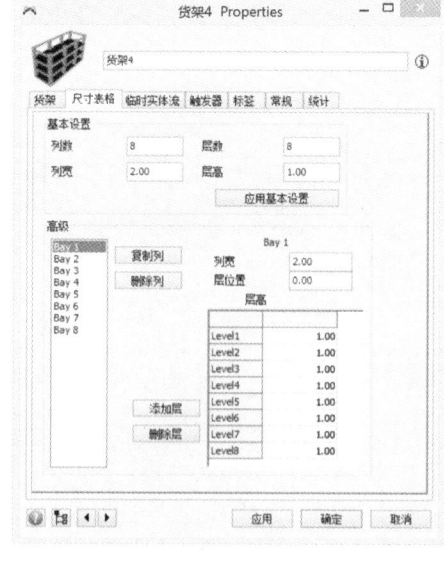

图 9-16　货架参数设置　　　　　图 9-17　货架尺寸参数设置

图 9-18　货架输出端口参数设置

发生器 7 和发生器 8 的"临时实体种类"设置为"Pallet","到达时间间隔"服从指数分布（见图 9-19、图 9-20），并在"离开触发"中设置产生实体的颜色（见图 9-21），不同的颜色代表不同的订单。具体参数设置如图 9-19 至图 9-21 所示。

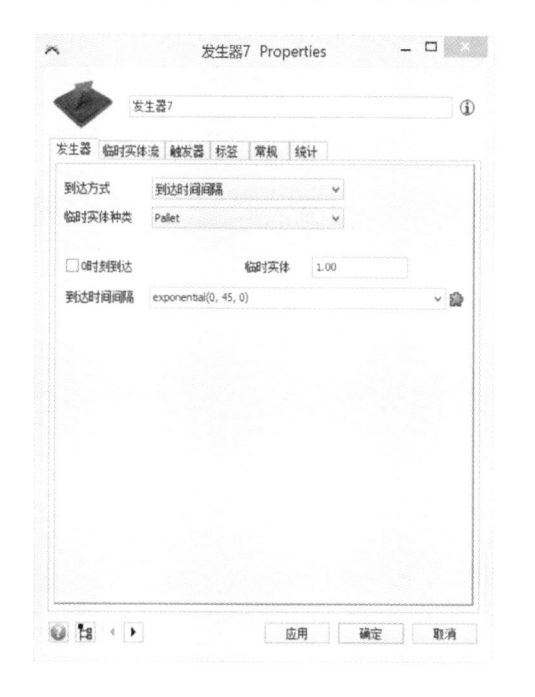

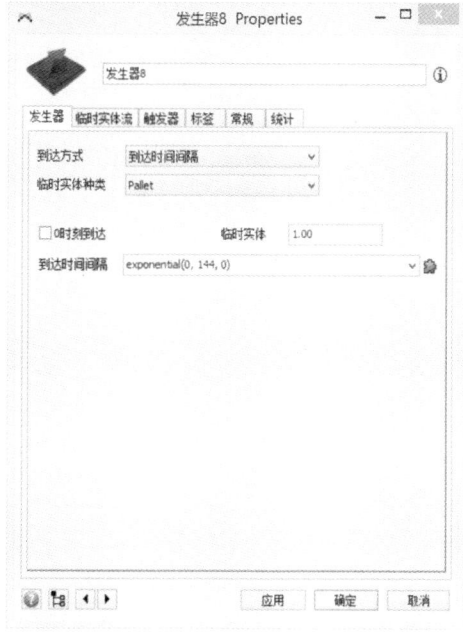

图 9-19　发生器 7 参数设置　　　　　　图 9-20　发生器 8 参数设置

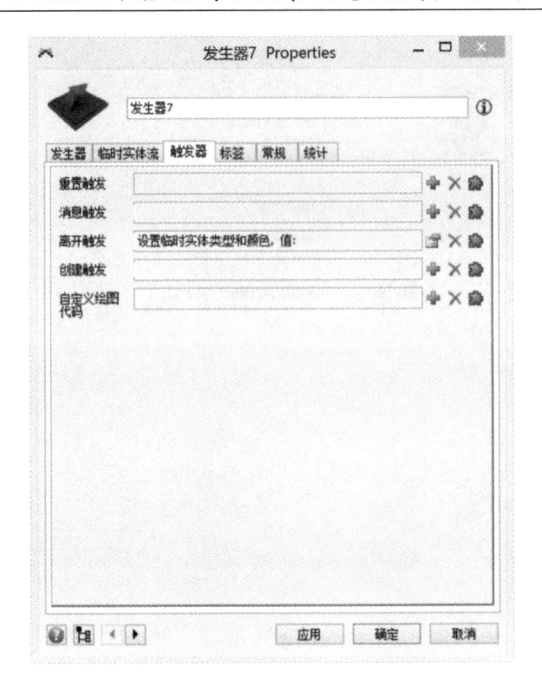

图 9-21 托盘类型颜色参数设置

合成器 4 和合成器 5 的"进入触发"设置为"更新合成器组件列表",根据订单来打包货物。具体参数设置如图 9-22 所示。

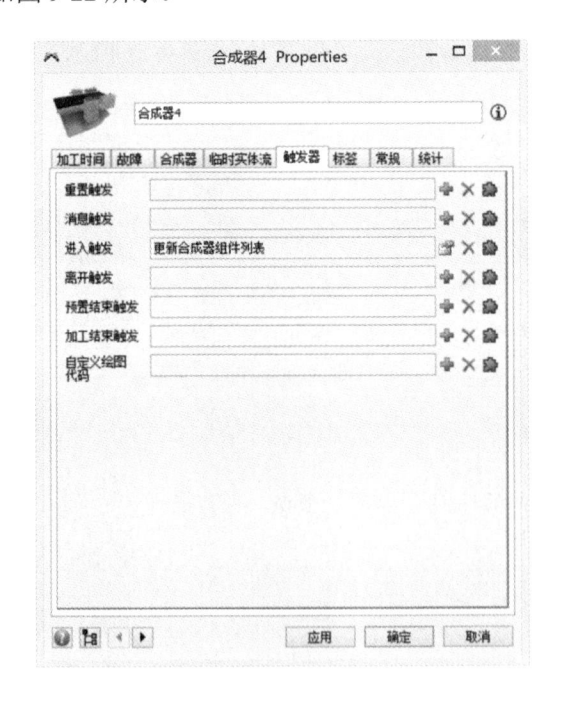

图 9-22 合成器参数设置

分拣传送带的"发送条件"设置为"按端口发送",不同方向的货物进入不同的传送带。

具体参数设置如图 9-23 所示。

图 9-23　分拣传送带参数设置

传送带的"发送至端口"选择"按百分比"，90%的货物直接进行配送，另外 10%的货物进入暂存区 8 进行存储。具体参数设置如图 9-24 所示。

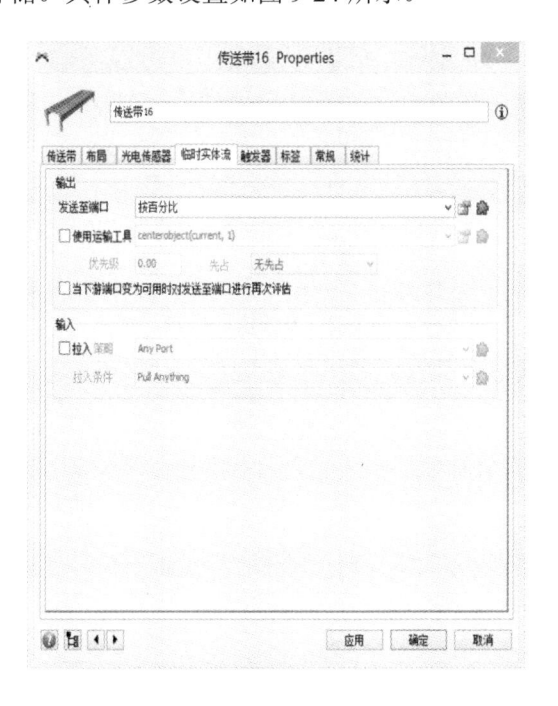

图 9-24　传送带输出端口参数设置

9.7 仿真结果分析

物流配送中心一天的正常工作时间为 8 小时，设置运行时间为 28800，运行结束后的效果图如图 9-25 所示。

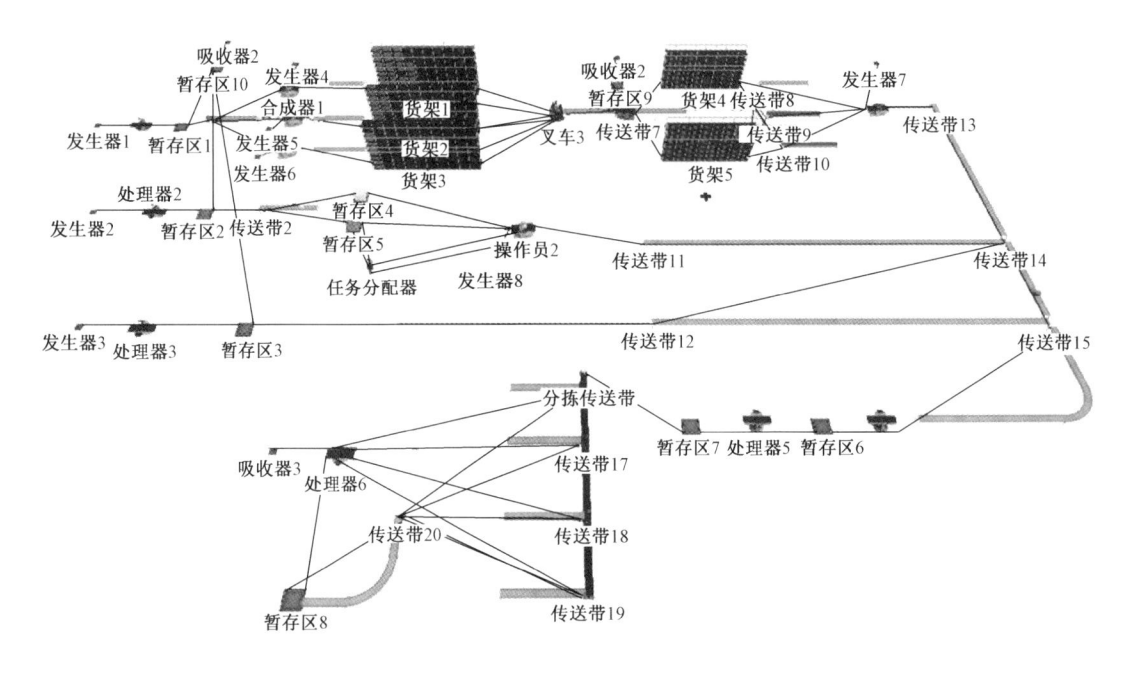

图 9-25 整体布局运行结束后的效果图

通过 Excel 表对仿真模型运行结束后的数据进行统计，可得出系统模型报告，如表 9-2 所示。

表 9-2 系统模型报告

Flexsim Summary Report							
Time: 28800							
Object	Class	Stats_Contentavg	Stats_Input	Stats_Output	Stats_Staytimeavg	Idle	Blocked
货架 1	Rack	33.426907	284	249	3624.907007	0	0
货架 2	Rack	14.738886	125	108	3626.40955	0	0
货架 3	Rack	8.820169	74	66	3627.543598	0	0
暂存区 4	Queue	23.884679	259	226	2723.618298	0	0
暂存区 5	Queue	38.532793	287	210	3829.996798	0	0
传送带 6	Conveyor	0.146987	423	423	10	0	0
合成器 4	Combiner	0.949557	1731	1730	15.7149	1445.16668	0

续表

\multicolumn{7}{c	}{Flexsim Summary Report}
\multicolumn{7}{c	}{Time: 28800}
Object	Class	Stats_Contentavg	Stats_Input	Stats_Output	Stats_Staytimeavg	Idle	Blocked
---	---	---	---	---	---	---	---
合成器 5	Combiner	0.411154	611	610	19.304463	16953.0082	0
发生器 7	Source	1	0	156	135.747055	0	21176.541
发生器 8	Source	1	0	175	13.157035	0	2302.4812
传送带 16	Conveyor	0.039698	111	111	10.058538	0	6.497735
传送带 17	Conveyor	0.051626	148	148	10.029578	0	4.377518
传送带 18	Conveyor	0.040824	117	117	10.041142	0	4.813578
传送带 19	Conveyor	0.05014	142	142	10	0	0
叉车 1	Transporter	0.144076	249	249	16.645729	20282.2335	0
叉车 2	Transporter	0.063732	108	108	16.917158	24932.2148	0
叉车 3	Transporter	0.041891	66	66	18.069413	26027.9444	0
操作员 1	Operator	0.120982	223	223	15.602558	21863.0176	0
操作员 2	Operator	0.115044	213	213	15.549927	22226.356	0
传送带 20	Conveyor	0.103545	167	167	17.853981	0	0
暂存区 8	Queue	0.000223	167	167	0.038402	0	0
传送带 3	Conveyor	0.098646	284	284	10	0	0
传送带 4	Conveyor	0.043486	125	125	10	0	0
传送带 5	Conveyor	0.025699	74	74	10	0	0
分拣传送带	MergeSort	0.280874	518	518	15.598456	0	0
暂存区 1	Queue	0	2130	2130	0	0	0
暂存区 10	Queue	0	257	257	0	0	0
吸收器 1	Sink	0	257	0	0	0	0
传送带 1	Conveyor	0.674505	1934	1933	10.049374	0	95.439708
合成器 1	Combiner	1	1421	1420	20.267394	0	0
合成器 2	Combiner	1	627	626	45.902875	0	0
合成器 3	Combiner	1	371	370	77.795962	0	0
发生器 4	Source	234.260443	0	285	14567.62146	0	0
发生器 5	Source	63.417715	0	126	13043.0872	0	27165.974
发生器 6	Source	19.446462	0	75	6865.818857	0	13844.379
分解器	Separator	0.22759	2115	2115	3.098	24043.7689	516.06
传送带 7	Conveyor	0.587503	1692	1692	10	0	0
货架 4	Rack	22.421547	862	832	764.562949	0	0
货架 5	Rack	30.750267	830	777	1039.256104	0	0
暂存区 9	Queue	0	423	423	0	0	0
吸收器 2	Sink	0	423	0	0	0	0
暂存区 2	Queue	0	597	597	0	0	0
传送带 2	Conveyor	0.189635	547	546	10	0	0
暂存区 3	Queue	0	201	201	0	0	0

续表

| Flexsim Summary Report ||||||||
| Time: 28800 ||||||||
Object	Class	Stats_Contentavg	Stats_Input	Stats_Output	Stats_Staytimeavg	Idle	Blocked
传送带 12	Conveyor	0.397969	190	190	60.004465	0	0.848342
传送带 11	Conveyor	0.362668	174	174	60.00427	0	0.742955
传送带 13	Conveyor	0.189284	155	155	35.007758	0	1.202543
传送带 14	Conveyor	0.269897	519	518	15	0	0
传送带 15	Conveyor	0.721684	518	518	40.023355	0	1039.7938
处理器 4	Processor	0.270332	518	518	15	20972.3979	0
暂存区 6	Queue	0	518	518	0	0	0
处理器 5	Processor	0.090095	518	518	5	26157.3979	0
暂存区 7	Queue	0	518	518	0	0	0
处理器 6	Processor	0.053962	518	518	3	27244.2519	0
吸收器 3	Sink	0	518	0	0	0	0

从整体布局运行结束效果图及系统模型报告中可以看到，仓储区货架 1 至货架 3 有部分托盘没有出库，叉车的空闲时间较长；自动拣选区货架 4 至货架 5 未完成分拣任务，人工拣选区的操作员也有较长的空闲时间（发生器 4 至发生器 8 用于产生托盘，托盘产生的数量足够，因此不考虑堵塞问题）。

若要对系统进行优化，则首先就要对系统进行整体把握，找出其存在的问题。经分析可知，该系统存在的主要问题是库存积压、设备数量及操作员数量安排不合理，造成了资源的浪费。

①叉车和操作员的主要评价指标是空闲时间、空载行走时间、运载行走时间、空载偏移时间和运载偏移时间。通过对叉车和操作员指标的统计可以得到叉车和操作员的状态饼图，从图中可以清楚地看出叉车的空闲时间、空载行走时间、运载行走时间、空载偏移时间和运载偏移时间，以及各自的占比。图 9-26 是仿真运行结束后叉车 1 的状态饼图，图 9-27 是仿真运行结束后叉车 2 的状态饼图，图 9-28 是仿真运行结束后叉车 3 的状态饼图，对其数据进行整理并记录到表 9-3 中。图 9-29 是仿真运行结束后操作员 1 的状态饼图，图 9-30 是仿真运行结束后操作员 2 的状态饼图，对其数据进行整理并记录到表 9-4 中。

第 9 章　物流配送中心建模与仿真

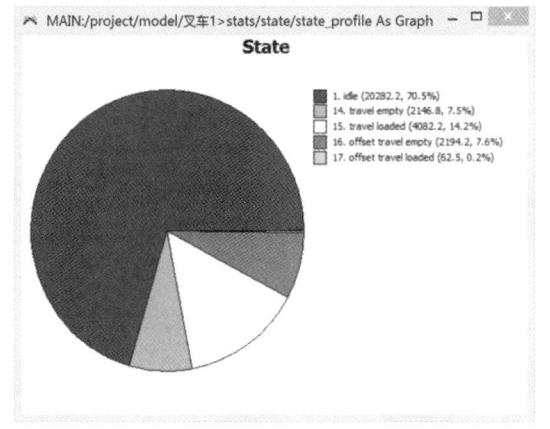

图 9-26　叉车 1 仿真运行结束时状态饼图

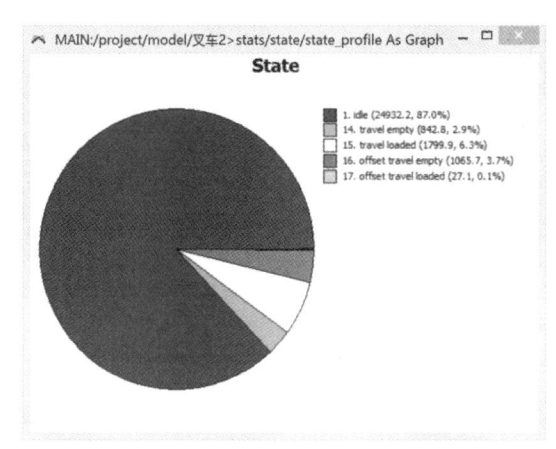

图 9-27　叉车 2 仿真运行结束时状态饼图

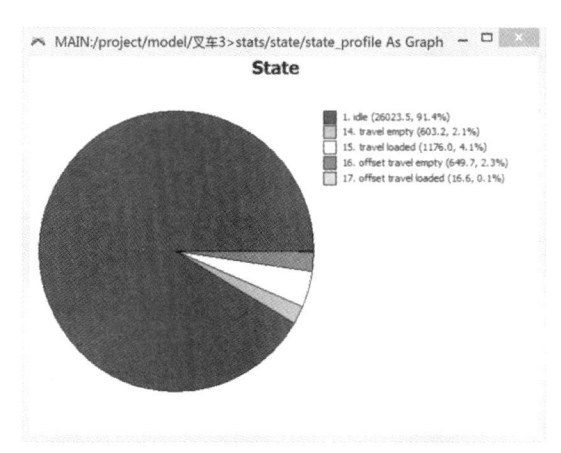

图 9-28　叉车 3 仿真运行结束时状态饼图

表 9-3 叉车仿真输出数据

项目	叉车 1	叉车 2	叉车 3
空闲时间百分比	70.5%	87%	91.4%

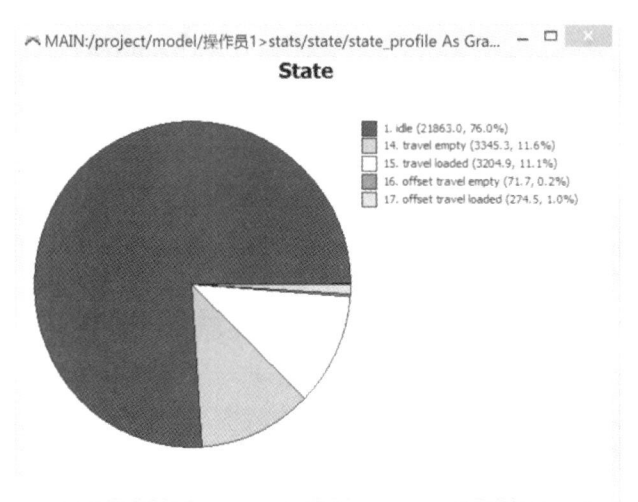

（扫码看彩图）

图 9-29 操作员 1 仿真运行结束时状态饼图

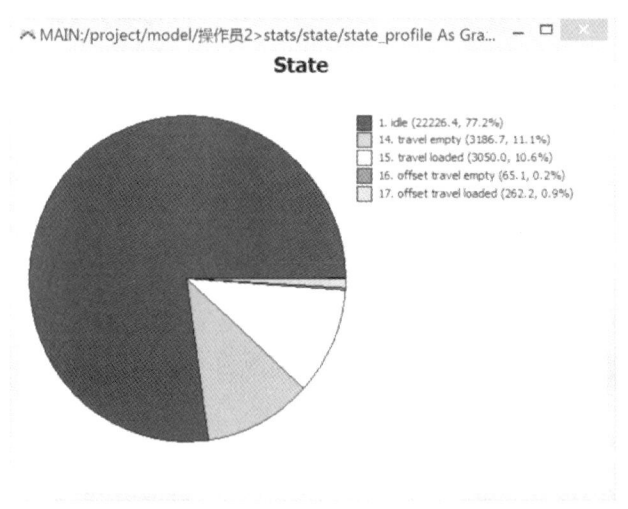

（扫码看彩图）

图 9-30 操作员 2 仿真运行结束时状态饼图

表 9-4 操作员仿真输出数据

项目	操作员 1	操作员 2
空闲时间百分比	76%	77.2%

根据表 9-3 和表 9-4 可以得出叉车和操作员的利用率,如表 9-5 所示。

表 9-5 仿真试验数据分析结果

实体	叉车 1	叉车 2	叉车 3	操作员 1	操作员 2
利用率	29.5%	13%	8.6%	24%	22.8%

由表 9-5 可知,存储区 3 台叉车和拣选区 2 个操作员的利用率非常低,因此可以根据货物和订单数量合理减少叉车和操作员的数量,以提高其利用率。

②存储区货架上的货物输入、输出数量差异较大,造成货物的积压。分拣区货架上有货物堆积,未完成分拣任务。经分析,可能是发生器产生货物数量不合理,或者是货物在货架上的停留时间设置不合理造成的。因此,优化的方向主要是通过修改到达货物的数量和调整货物的停留时间来减少货物的积压。

9.8 模型优化与分析

通过对 D 物流配送中心的建模仿真及数据分析可知,若要提高整个物流配送中心的运作效率,则需要提高设备的利用率,同时调整货物入库时间和停留时间,对设备及人员安排进行详细的规划,减少不必要的资源浪费,提高物流配送中心的整体作业能力。

1. 优化方案

①减少叉车和操作员的数量。3 辆叉车在减少 1 辆的情况下利用率还是较低,所以考虑使用 1 辆叉车的情况。2 个操作员的效率也是极低的,因此只用 1 个操作员即可。

②减少发生器产生货物的数量。发生器到达时间间隔服从 exponential(0,13,0)的指数分布,可以修改参数设置,减少货物数量。为了提高优化方案的可靠性,可选取多个参

数进行设置，并对其结果进行比较分析，选出最优方案。货物积压数量折线图如图 9-31 所示，随着到达时间间隔增大，货物数量会减少，货物积压也会随之减少。后续增大到达时间间隔，虽然会减少货物积压，但是一味地减少货物量会使物流配送中心利益受损，因此可以在此基础上，通过同时调整货物在货架上的停留时间来减少货物积压。为了使物流配送中心效益最大化，将原指数分布改为 exponential（0，15，0）。

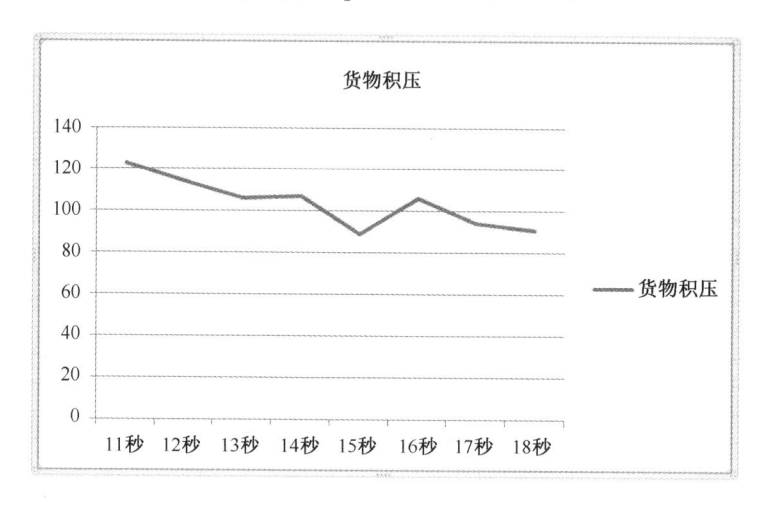

图 9-31　货物积压数量折线图

③修改货物在货架上的最小停留时间。为了缓解货物同时拣选造成的堵塞情况，存储区货架 1～货架 3 由原来服从正态分布 normal（3600，10，1）改为按一天内不同时段分布，这样既留出了时间用于对存储区货物进行盘点，又不会导致拣选堵塞。根据货物类型不同，货架 1 的最小停留时间为每小时停留 1080 秒，货架 2 的最小停留时间为每小时停留 1200 秒，货架 3 的最小停留时间为每小时停留 1800 秒。拣选区货架 4～货架 5 由原来的服从正态分布 normal（720，10，1）改为 normal（360，10，1）。

2．优化结果统计

修改完参数后重新运行模型，结果如图 9-32 所示。

分析图 9-33 和图 9-34 中叉车及操作员的状态饼图，同时统计存储区货架及拣选区货架上的货物输入/输出数量并记录至表 9-6 中。

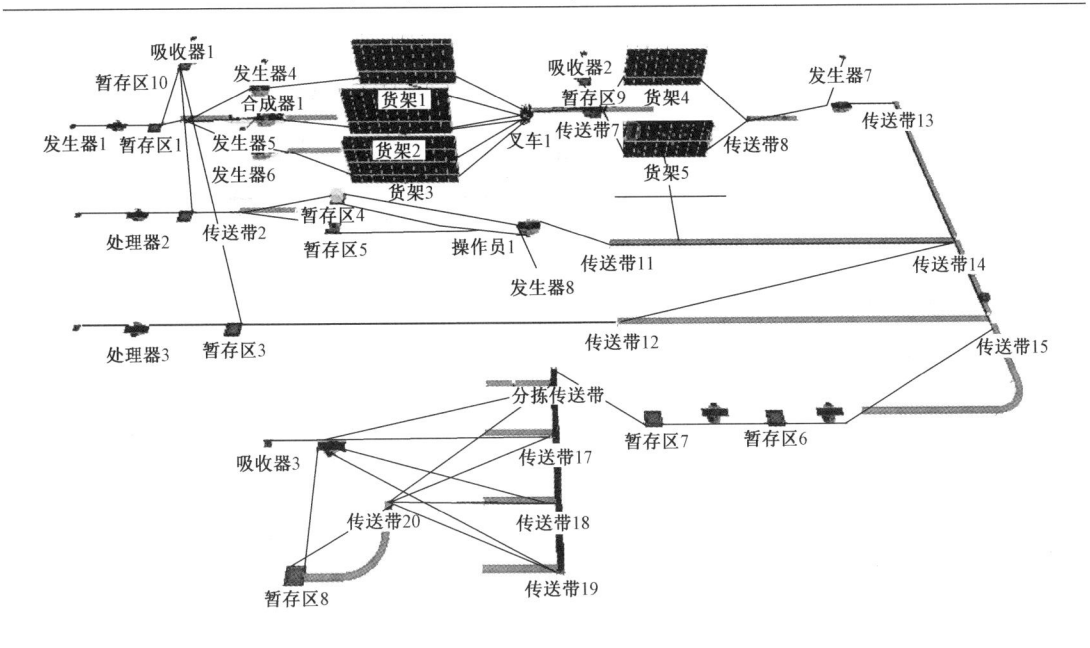

图 9-32　优化后整体布局运作结束后的效果图

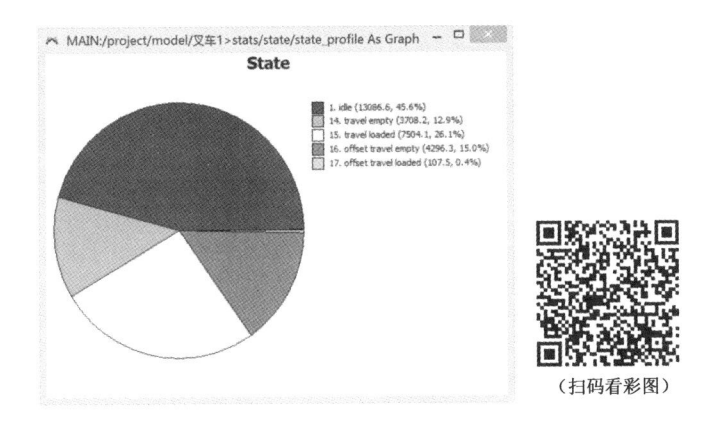

图 9-33　仿真运行结束时叉车状态饼图

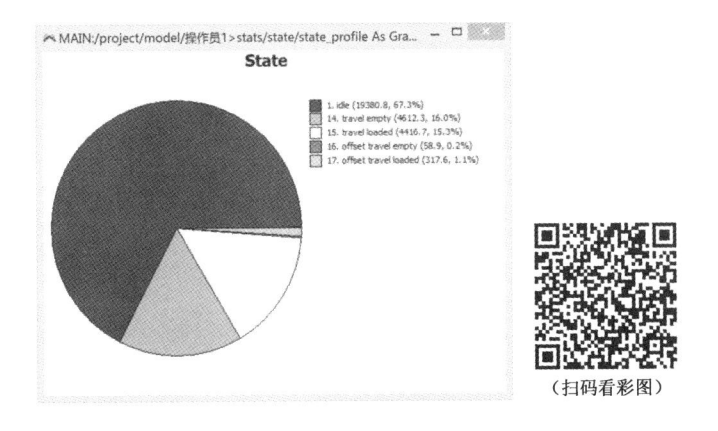

图 9-34　仿真运行结束时操作员状态饼图

表 9-6 优化后货物输入/输出统计表

Object	Class	Stats_Input	Stats_Output
货架 1	Rack	257	257
货架 2	Rack	108	108
货架 3	Rack	63	63
货架 4	Rack	862	856
货架 5	Rack	850	843

3. 仿真模型优化前后数据对比分析

利用 FlexSim 仿真软件中的 Dashboard 模块，对优化前后叉车和操作员的仿真数据进行统计输出，如图 9-35 和图 9-36 所示。

State Pie
■ Travel Empty ■ Travel Loaded ■ Offset Travel Empty ■ Offset Travel loaded □ Idle

叉车1 70.54%　叉车2 87.03%　叉车3 91.52%　操作员1 76.05%　操作员2 77.21%　（扫码看彩图）

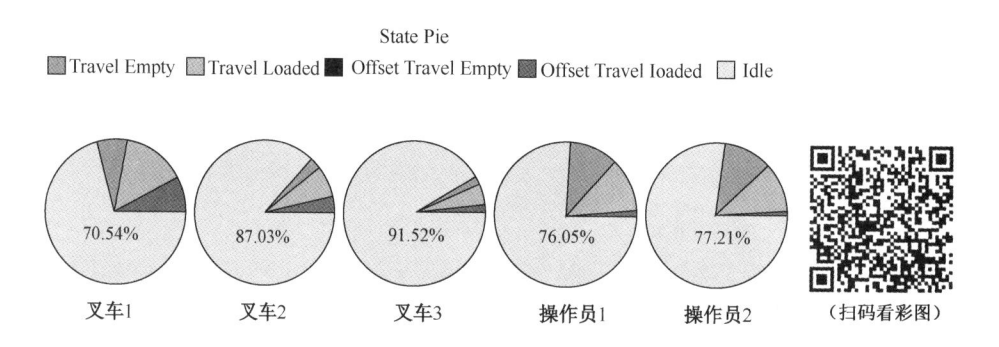

图 9-35 优化前叉车及操作员仿真数据

State Pie
■ Travel Empty ■ Travel Loaded ■ Offset Travel Empty ■ Offset Travel loaded □ Idle

Travel Loaded

叉车 45.78%　操作员 62.79%　（扫码看彩图）

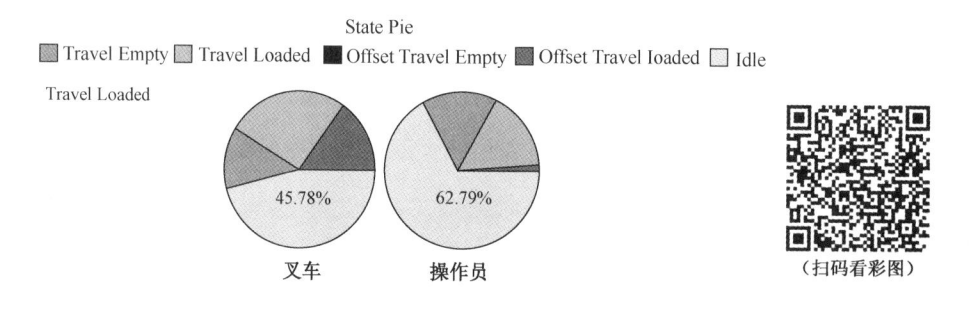

图 9-36 优化后叉车及操作员仿真数据

通过表 9-7 对优化前后的闲置率数据进行对比，可以看出优化后叉车和操作员的闲置率都有所降低。

表 9-7　优化前后闲置率对比表

优化前	闲置率 idle（%）	优化后	闲置率 idle（%）
叉车 1	70.54%		
叉车 2	87.03%	叉车	45.78%
叉车 3	91.52%		
操作员 1	76.05%	操作员	62.79%
操作员 2	77.21%		

利用 FlexSim 仿真软件中的 Dashboard 模块，对优化前后各货架货物存量随时间的变化以折线图的方式进行统计输出，具体情况如图 9-37 和图 9-38 所示。

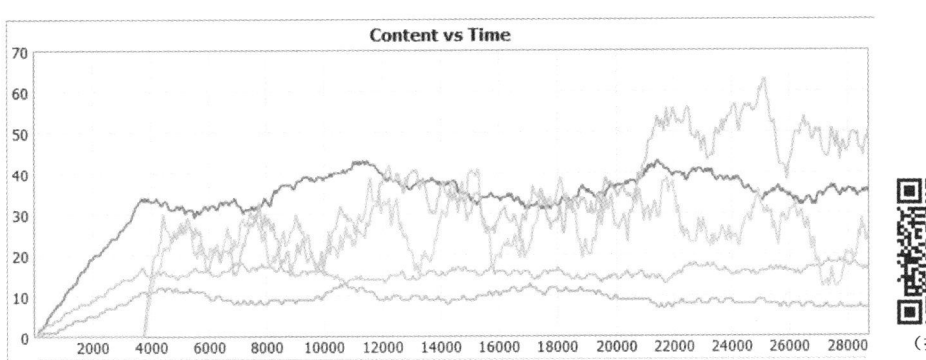

图 9-37　优化前货架货物存量仿真数据

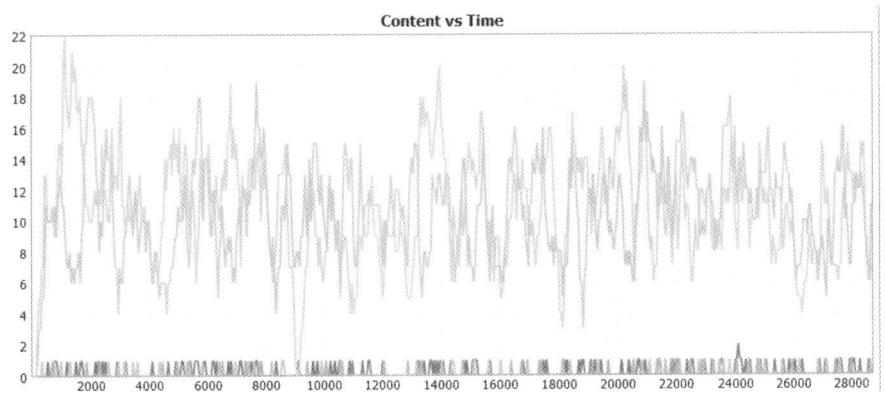

图 9-38　优化后货架货物存量仿真数据

通过表 9-8 对优化前后模型运行结束时的货物积压数量进行对比，可以看到优化后货架上的货物积压数量明显减少。

表 9-8　优化前后货物积压对比表

实体	优化前货物积压	优化后货物积压
货架 1	35	0
货架 2	17	0
货架 3	8	0
货架 4	30	6
货架 5	53	7

综合以上分析结果可知，提出的优化方案是有效果的，通过对物流配送中心的仿真分析，优化了其参数设置和资源配置，提高了整个作业系统的运作效率。

9.9　本章小结

本章对物流配送中心进行 FlexSim 仿真建模，通过对模型的运行结果进行分析，找到设备及人员配置存在的问题，提出优化方案，通过对比优化前后的数据来验证，最终得到的物流配送中心的优化方案为最优。

第10章 延迟供应链建模与仿真

10.1 研究背景

随着互联网的广泛应用，线上零售业快速发展，迅速抢占零售市场和顾客，沉重打击了线下零售业的发展。

在互联网刚起步的时代，互联网经济占总体经济比重较小；电商时代的互联网经济占据了总体经济的10%~20%；而在近几年由滴滴、美团引领的新商业——O2O时代，线上交易也不过影响总体经济的30%，因此线下仍然存在大量的发展契机。随着互联网的发展及纯线上红利的逐渐消失，许多企业纷纷转向线下市场的进一步挖掘，如共享单车、共享充电宝为代表的线下流量的入口，OMO（线上、线下的融合）被认为是零售业未来发展的新的利润增长点，并被越来越多的人谈及。

要想实现线上、线下高效率的结合，进一步提升顾客的体验度和降低库存成本，必须发挥供应链的整体优化作用。而传统的推式供应链已经不再适应顾客需求的多样化，也不能满足新时代顾客注重体验感的要求。与此同时，单纯的拉式供应链也存在局限，对于一些提前期较长的产品，无法及时满足顾客需求，造成顾客体验度降低。而推拉式供应链则很好地糅合了两者的优势，能够更好地适用于OMO发展阶段。

10.2 延迟供应链概述

1. 延迟的背景

经济的不断发展、技术的不断进步等因素导致顾客需求日益个性化、多样化，随之而来的是现今的产品种类爆炸式增长。同一产品为了适应不同国家的法律法规、当地的习惯等往往有多个版本和型号。爆炸式增长的产品种类带来诸多危害，首先是增大了市场预测的难度，预测者无法兼顾每一个种类的产品；其次，为了保证顾客服务水平，许多企业选择尽可能多地储存各类产品,导致库存成本上升;最后,产品种类繁多对供应链的效率提出了挑战,更多的产品种类就意味着要管理更多的供应商,审核更多供应来源的可靠性,由此会增加供应链管理成本,降低供应链的整体效率。

为解决以上问题,各个行业的企业进行了诸多尝试,其中较为成功的是延迟策略,实施恰当的延迟策略可以提升供应链的柔性、降低需求不确定性和库存成本、提高顾客的满意度。

2. 延迟的定义与分类

延迟策略是为了降低需求不确定性带来的风险,将产品的生产制造、装配等推迟至顾客发出订单后进行,是为适应大规模顾客定制生产要求而采取的策略。尽可能延迟产品差异化步骤,当顾客下单后,再根据其需求进行多样化的组装等。延迟策略可以分为以下类型。

(1) 生产延迟策略

生产延迟策略是指通过标准化、模块化使产品的最终形态延迟至顾客需求产生,在合适的时间按照订单生产合适数量、合适品质的产品来满足顾客需求。生产延迟策略避免了因需求预测偏差而产生的库存积压,降低库存,加快资金周转。生产延迟可以实现一定数量通用化中间产品的规模经济。

(2) 物流延迟策略

物流延迟策略指地理上的延迟,产品根据需求预测放置在中央仓库或配送中心,而不是放在消费所在地的仓库,当顾客下单时,立即从中央仓库中实施最优的调度将货物送达顾客。物流延迟在制造生产阶段仍然以规模生产的方式进行,物流延迟使得前期产品的库存集中在中央仓库,消费地的库存延迟到顾客下单以后,因此可以实现库存的规模效应。

3. 延迟策略与推拉式供应链的一致性

(1) 目标的一致性

延迟策略通过模块化和标准化生产来降低需求预测的不确定性,降低各环节的库存水平,提高供应链的柔性,更好地适应顾客需求的变化。而供应链的目标是使供应链整体运作效率最大化,以最低的成本使物流、资金流、信息流能够有效运作,并把合适的产品以合适的质量在合适的时间送到顾客手中。

（2）关键点的一致性

推拉式供应链的关键在于找到推式供应链和拉式供应链的分界点，使供应链整体高效率地运作；而延迟策略的关键在于生产、配送产生差异化的节点，即顾客下单的节点。因此，延迟策略顾客需求切入点（CODP）就相当于整个供应链区分推拉的分界点。延迟策略与推拉式供应链的关系如图10-1所示。

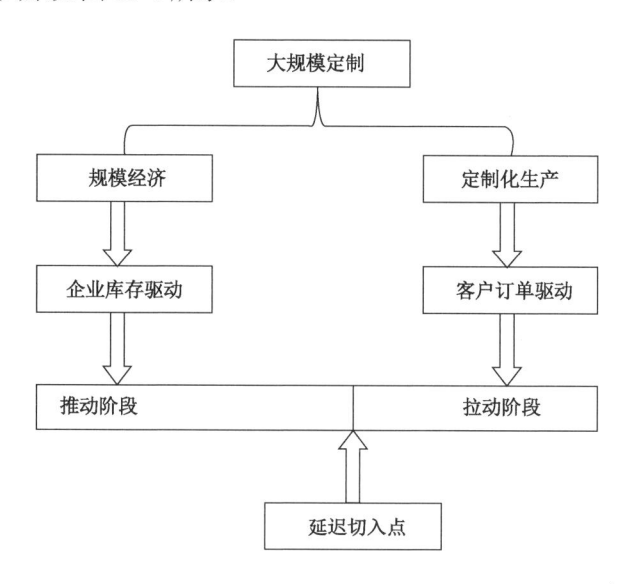

图10-1 延迟策略与推拉式供应链的关系

大多数企业都在研究如何确定这一延迟切入点，来实现高效率、低成本的供应链。不同的市场和同一市场的不同发展阶段都会影响到这一切入点的位置，有些企业可以引入流水线实现产品的标准化，因此这一切入点位置会比较靠后。随着互联网经济的发展及生活水平的提高，顾客对于质量和体验度提出了更高的要求，顾客需求多样化，无法通过标准化来满足，因此要求企业进行差异化生产时的节点不断提前。但并不是所有的企业都适合延迟策略，实行延迟策略需要一定的前提条件。

4. 延迟的前提条件

①产品可模块化生产。例如，汽车行业，顾客会根据自己的需求下单，制造商在前期将零部件组装成不同的模块，当顾客下单时，制造商只需要将不同的模块进行组装即可满足顾客多样化的需求。

②零部件可标准化、通用化。只有零部件标准化、通用化才能大规模进行模块化组装，实现规模效应，降低成本。

③经济上具有可行性。如果产品的零部件无法实现通用化和标准化，无法进行大规模生产，且顾客需求多样，那施行差异战略在库存成本、运输成本等方面的改善其实并不显著，那延迟的意义便不大。

④适当的交货提前期。若实行延迟策略则意味着顾客下单后需要一定的时间留给最终的生产加工过程，提前期过短则不利于延迟策略的实施，提前期过长则无须延迟。

5. 供应链延迟策略 CODP 分类

延迟策略实施的关键在于顾客需求切入点的位置，CODP 若处在供应链过于上游的位置，供应链就无法实现规模化效应；若处于过于下游的位置，就无法满足顾客多样化的需求。延迟策略根据 CODP 在供应链的不同位置，分为按订单设计（ETO）、按订单制造（MTO）、按订单装配（ATO）、按订单销售（STO）。供应链延迟策略 CODP 分类如图 10-2 所示。

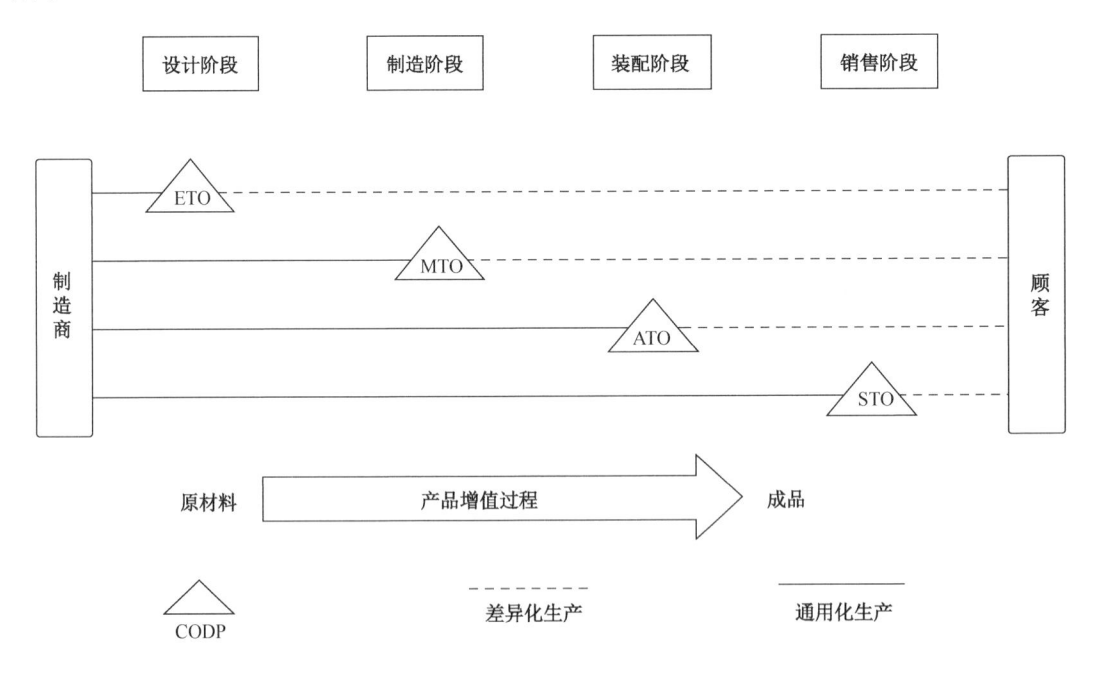

图 10-2 供应链延迟策略 CODP 分类

当 CODP 处于设计阶段时，延迟策略称为按订单设计（ETO），即制造商在供应链早期设计阶段就要满足顾客的多样化需求，通常适用于飞机、船舶等价值量大、数量较少的大型机器设备。

当 CODP 处于制造阶段时，延迟策略称为按订单制造（MTO），一般适用于对加工工艺或原材料等有特殊需求的机械设备或软件系统等。

当 CODP 处于装配阶段时，延迟策略称为按订单装配（ATO），是实现大规模定制的常用手段，适用于汽车、PC 等行业。

当 CODP 处于销售阶段时，延迟策略称为按订单销售（STO），此时顾客只能在已经制造出来的产品中进行选购，此种方式不能充分满足顾客的多样化需求。

6. OMO 的定义

OMO 商业模式（Online-Merge-Offline）是一种行业平台型商业模式，通过在线分享商务、移动电子商务、线下商务的有效聚合，帮助企业顺应体验经济的发展和顾客需求的变化，简化获得实体商品和服务的途径，打造线上-移动-线下三位一体全时空的体验店营销系统，使企业与顾客能够通过各种载体及终端进行交易和消费，使线下能够拥有线上级别的选择和便利，使线上能够具有线下级别的服务和体验。

10.3　X 渔业集团供应链流程描述

X 渔业集团经过多年经营，现已发展成为集远洋捕捞、冷链物流、水产品加工、海珍品养殖等于一体的综合型企业，形成了"捕捞回运+冷藏加工+高附加值产品生产"的完整产业链条。

X 渔业集团采用的是推式供应链，供应商提供原材料，加工部门根据长期数据预测来安排加工生产，并通过最终的销售网络运送到顾客手中。X 渔业集团实施延迟策略前的供应链流程如图 10-3 所示。但是，推式供应链会造成企业对市场需求变化响应不及时，降低顾客满意度，同时增加供应链库存管理的不确定性，造成库存堆积和大量资源浪费。因此，对其供应链进行改造，并验证实施推拉式供应链能够更好地提高供应链的整体效率，降低库存成本。

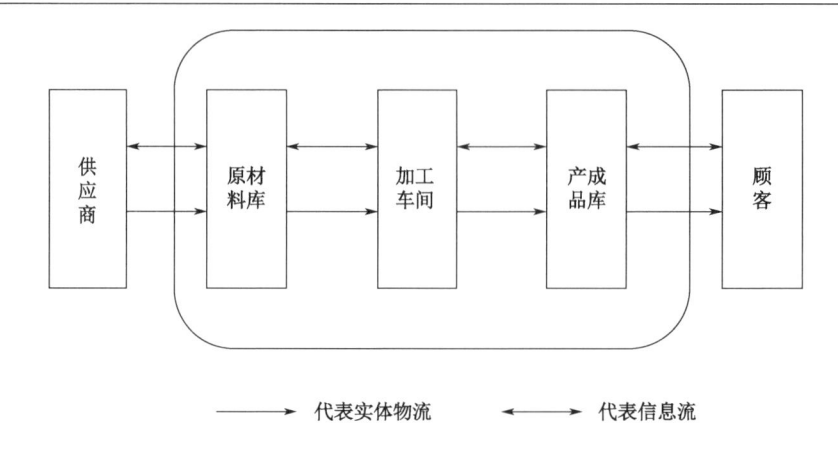

```
┌─────┐   ┌─────┐   ┌─────┐   ┌─────┐   ┌─────┐
│ 供  │   │ 原  │   │ 加  │   │ 产  │   │ 顾  │
│ 应  │◄─►│ 材  │◄─►│ 工  │◄─►│ 成  │◄─►│ 客  │
│ 商  │   │ 料库 │   │ 车间 │   │ 品库 │   │     │
└─────┘   └─────┘   └─────┘   └─────┘   └─────┘
```

──► 代表实体物流　　◄──► 代表信息流

图 10-3　X 渔业集团实施延迟策略前的供应链流程

X 渔业集团在实施延迟策略后，在原有的供应链环节中增加了半成品库存，此时生鲜加工流程被分为了 2 个阶段。顾客需要切入点（CODP）作为实施延迟策略的关键，位于半成品制造阶段与差异化制造阶段的交叉点。在 CODP 上游采用的是推式供应链，通过市场需求预测来进行半成品的生产，以追求达到规模效应。在 CODP 下游采用以顾客订单为核心的拉动式供应链，根据顾客的订单需求对半成品进行不同方式的组装。例如，鱼作为人们日常生活中必不可少的食物深受大家喜爱，在传统的生鲜行业，顾客通常会直接购买新鲜活鱼或已经加工好的菜品，实施延迟策略就意味着在整个加工过程中增加生鱼片这一半成品，而当顾客产生需求后即可根据顾客的不同要求来决定是做成酸菜鱼还是水煮鱼，以此来满足顾客的多样化需求。X 渔业集团实施延迟策略后的供应链流程如图 10-4 所示。

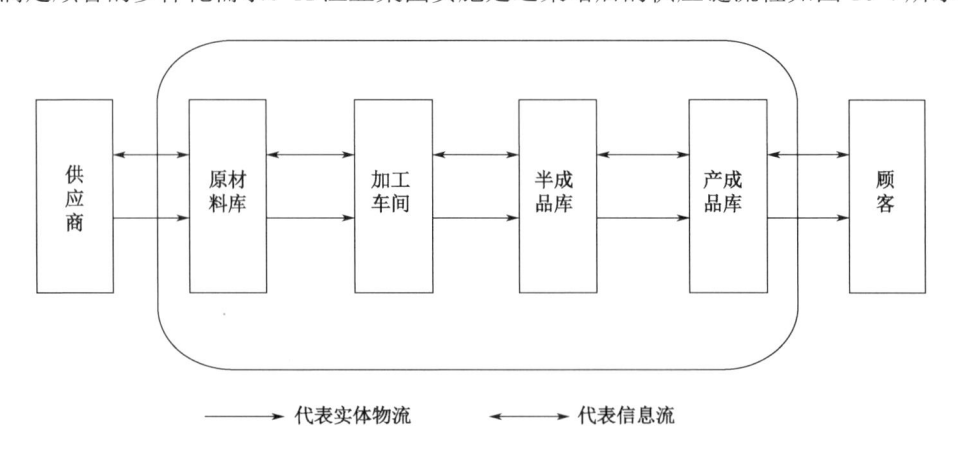

──► 代表实体物流　　◄──► 代表信息流

图 10-4　X 渔业集团实施延迟策略后的供应链流程

10.4　X 渔业集团供应链现状分析

根据上文提到的 X 渔业集团的供应链，结合 FlexSim 软件可以替代的活动功能细化出其未有延迟策略和实施延迟策略的供应链流程图，分别如图 10-5、图 10-6 所示。

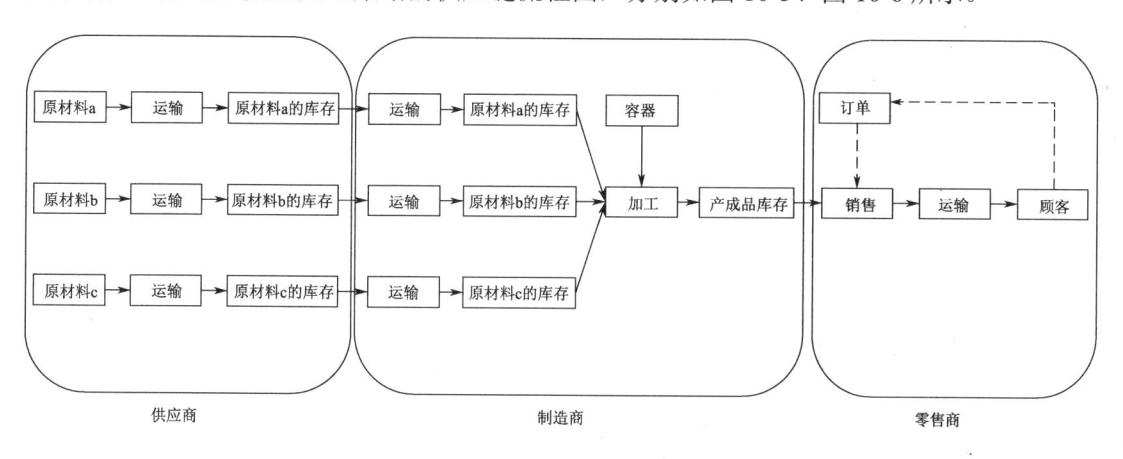

图 10-5　未有延迟策略的供应链流程图

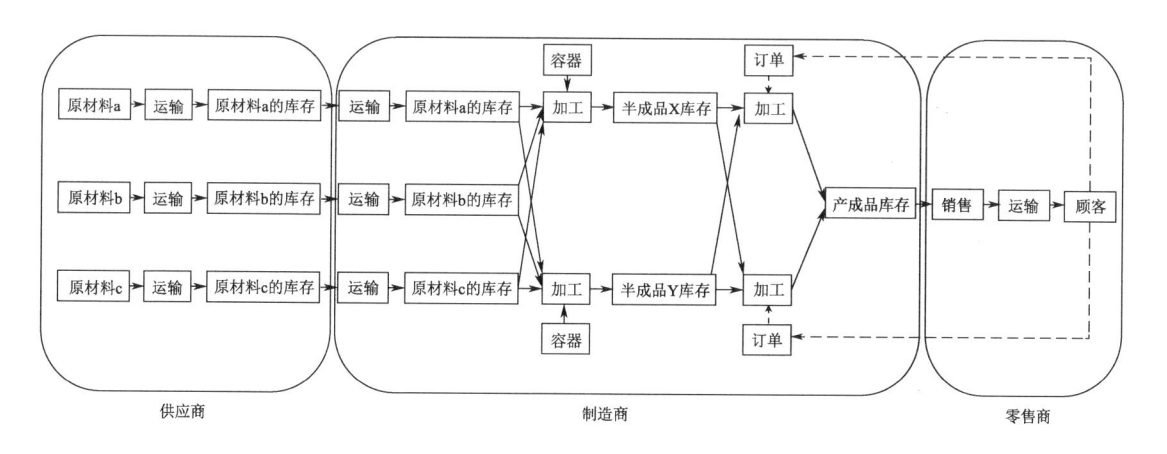

图 10-6　实施延迟策略的供应链流程图

10.5　基于 OMO 的延迟供应链模型的构建

FlexSim 软件最大的优势是面向对象提供了一系列实体库，在研究过程中涉及的仓库、采购、运输、上游供应商、顾客、顾客订单、加工、订单处理等都可以通过实体库中不同的实体来替代，而其之间的顺序关系也可以由 FlexSim 软件中的关系线和布局排列来解决。

结合供应链的流程、活动和 FlexSim 软件自身实体的特性，列出实体对应表如表 10-1 所示。

表 10-1 实体对应表

活　动	实　体
仓库	暂存区（Queue）
采购、运输	处理器（Processor）
上游供应商	发生器（Source）
顾客	吸收器（Sink）
顾客订单	发生器（Source）
加工、订单处理	合成器（Combiner）

根据供应链采用延迟策略前后的流程图布局的 FlexSim 仿真模型，从 FlexSim 软件提供的对象实体库中将所需要的实体拉到仿真界面中，调整位置并进行关系的建立与连接。未用延迟策略的 X 渔业集团供应链仿真模型 1（以下简称仿真模型 1）和采用延迟策略的 X 渔业集团供应链仿真模型 2（以下简称仿真模型 2）分别如图 10-7、图 10-8 所示。

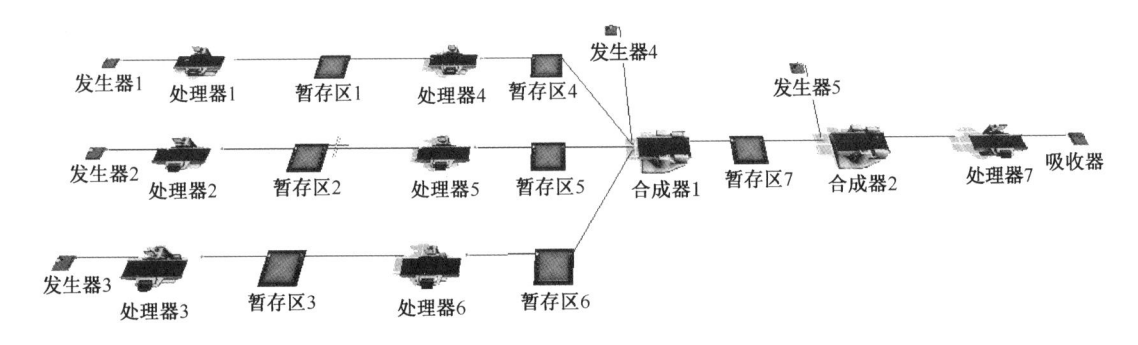

图 10-7 未用延迟策略的 X 渔业集团供应链仿真模型 1

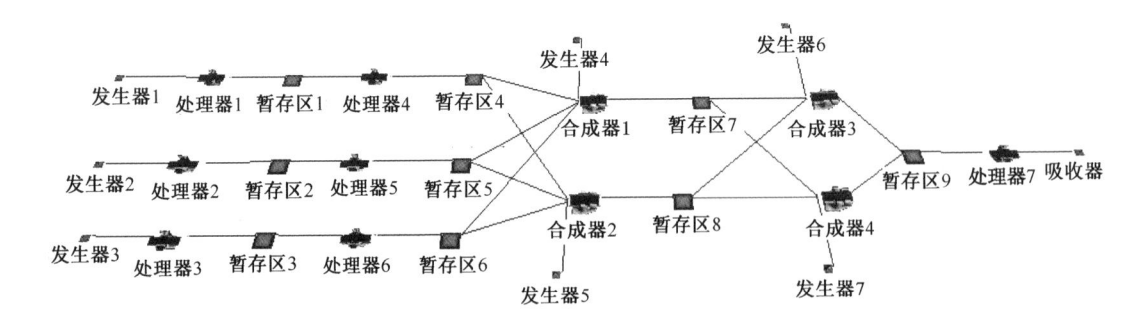

图 10-8 采用延迟策略的 X 渔业集团供应链仿真模型 2

10.6 模型主要实体参数设置

本书考虑的主要因素包括产品种类（A、B）、采购批量、采购生产运输的时间、每天的订单量、订单处理时间、订单处理方式、最大库存等。根据以上主要因素，进行 FlexSim 仿真模型的主要参数设置，仿真模型 1 和仿真模型 2 的主要参数设置如表 10-2、表 10-3 所示。

表 10-2 仿真模型 1 主要参数设置

系统对象	仿真模型实体	参数名称	参 数 设 置
供应商	Source1～Source 3 3 种原材料发生器	到达时间间隔	30
		触发器	设置不同实体类型，并分别设置为红色、绿色、黄色
		发送至端口	第一个可用端口
	Processor1～Processor 3 原材料运输处理器	处理时间	6000
		处理批量	15
	Queue1～Queue 3 3 种原材料仓库	最大容量	400
		触发器	当容量小于 50 时开始采购
制造商	Processor4～Processor 6 原材料运输处理器	处理时间	3600
		处理批量	8
	Queue4～Queue 6 3 种原材料仓库	最大容量	300
		触发器	当容量小于 30 时开始采购
	Source4 容器发生器	触发器	设置临时实体颜色为白色，代表产品 A
	Combiner1 产成品合成器	结合方式	装箱
		作业时间	1800
		输入端口	端口 1：发生器 4　端口 2～端口 4：暂存区 4～暂存区 6
		合成器	设置来自端口 2、端口 3、端口 4 的数量为 3、3、3
	Queue7 产成品仓库	最大容量	200
		触发器	当容量小于 15 时开始采购
零售商	Source5 订单发生器	到达时间表	设置到达次数为 84，代表 84 个订单，根据不同的订单量设置订单间隔时间
	Combiner2 销售产品合成器	结合方式	装箱
		作业时间	1200
		输入端口	端口 1：发生器 5　端口 2：暂存区 7
		触发器	更新合成器组件列表，将默认的全局表名称改为 order
	Processor7 产成品运输处理器	处理时间	1800
顾客	Sink1 吸收器	触发器	导入订单数据，命名为 order

表 10-3 仿真模型 2 主要参数设置

系统对象	仿真模型实体	参数名称	参数设置
供应商	Source1～Source3 3种原材料发生器	到达时间间隔	30
		触发器	设置不同实体类型,并分别设置为红色、绿色、黄色
		发送至端口	第一个可用端口
	Processor1～Processor3 原材料运输处理器	处理时间	6000
		处理批量	15
	Queue1～Queue3 3种原材料仓库	最大容量	400
		触发器	当容量小于50时开始采购
制造商	Processor4～Processor6 原材料运输处理器	处理时间	3600
		处理批量	8
	Queue4～Queue6 3种原材料仓库	最大容量	300
		触发器	当容量小于30时开始采购
	Source4、Source5 容器发生器	触发器	设置临时实体颜色为橙色、粉色,代表半成品 X、半成品 Y
	Combiner1 半成品合成器	结合方式	装箱
		作业时间	1200
		输入端口	端口1:发生器4　端口2～端口4:暂存区4～暂存区6
		合成器	设置来自端口2、端口3、端口4的数量为2、1、1
	Combiner2 半成品合成器	结合方式	装箱
		作业时间	1200
		输入端口	端口1:发生器5　端口2～端口4:暂存区4～暂存区6
		合成器	设置来自端口2、端口3、端口4的数量为1、2、2
	Queue7、Queue8 半成品仓库	最大容量	200
		触发器	当容量小于15时开始采购
	Combiner3 产成品合成器	结合方式	装箱
		作业时间	600
		输入端口	端口1:发生器6　端口2～端口3:暂存区7、暂存区8
		触发器	更新合成器组件列表,将默认的全局表名称改为order1
	Combiner4 产成品合成器	结合方式	装箱
		作业时间	600
		输入端口	端口1:发生器7　端口2～端口3:暂存区7、暂存区8
		触发器	更新合成器组件列表,将默认的全局表名称改为order2
	Source6、Source7 订单发生器	到达时间表	设置到达次数为84,代表84个订单,根据不同的订单数量设置订单间隔时间,颜色为白色、蓝色
	Queue9 产成品仓库	最大容量	100
		触发器	当容量小于10时开始采购
零售商	Processor7 产成品运输处理器	处理时间	1800
顾客	Sink1 吸收器	触发器	导入订单数据,命名为order1、order2

1. 产成品设置

假设采取延迟策略前的 X 渔业集团供应链可以提供多种产品，为简化模型，选取产成品 A 为例。在延迟前，产成品 A 直接由原材料 a、原材料 b、原材料 c 加工合成；采取延迟策略后，产成品 A、产成品 B 由半成品 X、半成品 Y 通过不同的数量组合加工而成，而半成品 X、Y 由不同数量组合的 3 种原材料加工而成。其中，半成品 X 由 2 个原材料 a、1 个原材料 b 和 1 个原材料 c 加工得到，半成品 Y 由 1 个原材料 a、2 个原材料 b 和 2 个原材料 c 加工得到。产成品 A 是由 1 个 X 和 1 个 Y 生产而成，而产成品 B 是由 1 个 X 和 2 个 Y 生产而成。具体产成品设计如表 10-4 所示。

表 10-4 产成品设计表

仿真模型	产成品	所需 2 种半成品（X、Y）	所需 3 种原材料（a、b、c）
1	A	---	3a+3b+3c
2	A	1X 和 1Y	3a+3b+3c
2	B	1X 和 2Y	4a+5b+5c

2. 订单发生器设置

根据 X 渔业集团公布的官方数据可知，生鲜日订单数量超过 1200 单。假设 X 渔业集团 6 月份日订单数量如图 10-9 所示，观察可知订单数量变化呈现一定的规律，周五、周六和周日是消费高峰期，周期性较为明显，因此模型仿真时间选择以一周作为一个周期。

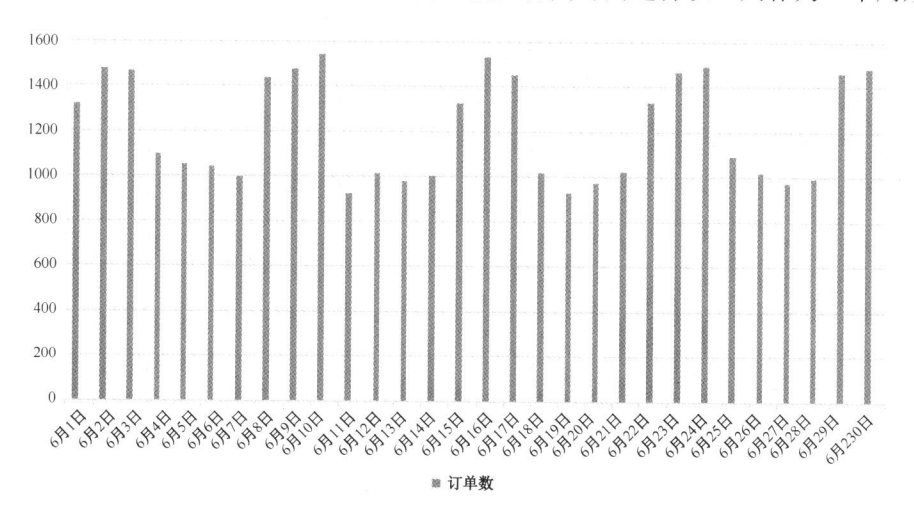

图 10-9 X 渔业集团 6 月份日订单数量

假设一周的订单日均值为 12 单，则整个仿真过程共产生 84 个订单，且分布趋势须与实际保持一致。X 渔业集团周订单数量如图 10-10 所示。

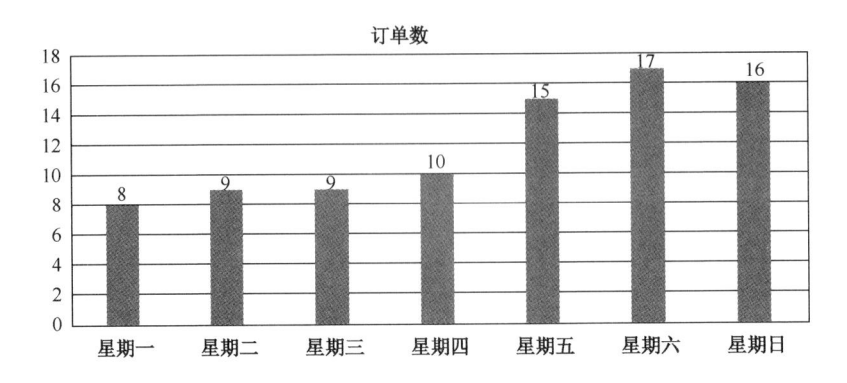

图 10-10　X 渔业集团周订单数量

为了对比实施延迟策略前后效果，要保证 2 个仿真模型的 2 种产品每天的订购量之和相同。要想实现按订单打包装箱的功能，则需要经历订单生成、订单导入和订单执行 3 个步骤。

订单生成的操作步骤：确定模拟周期的日订单数量后，需要确定一周内每一天的销售总量，如表 10-5 所示。

表 10-5　订单销售量

仿真模型	日期\产成品	星期一	星期二	星期三	星期四	星期五	星期六	星期日
1	A	32	37	35	34	53	57	55
2	A	17	20	16	14	30	23	26
	B	15	17	19	20	23	34	29

根据每一天的销售总量和订单个数，把每天的销售总量下分至不同的订单，以星期一的订单为例。星期一当天仿真模型 1 产成品 A 的销售总量为 32，仿真模型 2 产成品 A、产成品 B 的销售分别为 17、15，销量之和与仿真模型 1 中的数量相同，且在分布订单数量时要保证仿真模型 2 的每个订单中的数量都要小于仿真模型 1 中的数值，订单销量分布如表 10-6 所示。

表 10-6　订单销量分布

仿真模型	订单 产成品	1	2	3	4	5	6	7	8	总量
1	A	5	4	3	2	5	3	6	4	32
2	A	3	1	2	1	3	2	4	1	17
	B	2	3	1	1	2	1	2	3	15

订单全部生成后分别命名为 order.csv、order1.csv、order2.csv。

订单导入的操作步骤：单击"工具箱"按钮，单击 Excel 选项，选择单表导入，填写导入地址，修改名称，设定行列数，则 order.csv 中的数据就会导入到全局表 order 中。对于仿真模型 2 采用相同的操作方法将 order1.csv 和 order2.csv 导入到全局表中并命名为 order1 和 order2。

订单执行的操作步骤：以仿真模型 1 为例，合成器 2 的输入端口分别连接发生器 5、暂存区 7，此时应确保发生器 5 连接合成器 2 的输入端口 1。合成器的"工作方式"选择，然后"触发器"选项卡中的"进入触发"方式选择"更新合成器组件列表"，在下拉菜单中选择名为 order 的全局表，单击"确认"按钮，重置模型，再次运行即可实现按照订单中的产品数量来打包装箱的操作。

以上步骤实现了按订单打包装箱的功能，为了实现每天都产生不同数量的订单，并能自动按照订单进行打包，需要对订单发生器的到达序列列表进行设置。

假设 X 渔业集团的加工时间均为 10:00—22:00。仿真模型 1 假设第一天处理 8 个订单，订单从 36000 开始产生，订单时间间隔 5400，此时应注意前一天的最后一个订单与第二天的第一个订单的间隔时间，模拟 7 天即产生 84 个订单。发生器 5 到达时间表设置如图 10-11 所示。

X 渔业集团采用延迟策略后由原先只提供产成品 A 变为可以生产 A、B 这 2 种产成品，因此需要分别设置订单。发生器 6 负责产生产成品 A 的订单，发生器 7 负责产生产成品 B 的订单，通过到达时间表来控制每天订单的到达时间和数量，以此来实现按订单生产的过程。订单时间与仿真模型 1 的一致，但要注意数量的变化。发生器 6 和发生器 7 到达时间表设置如图 10-12、图 10-13 所示。

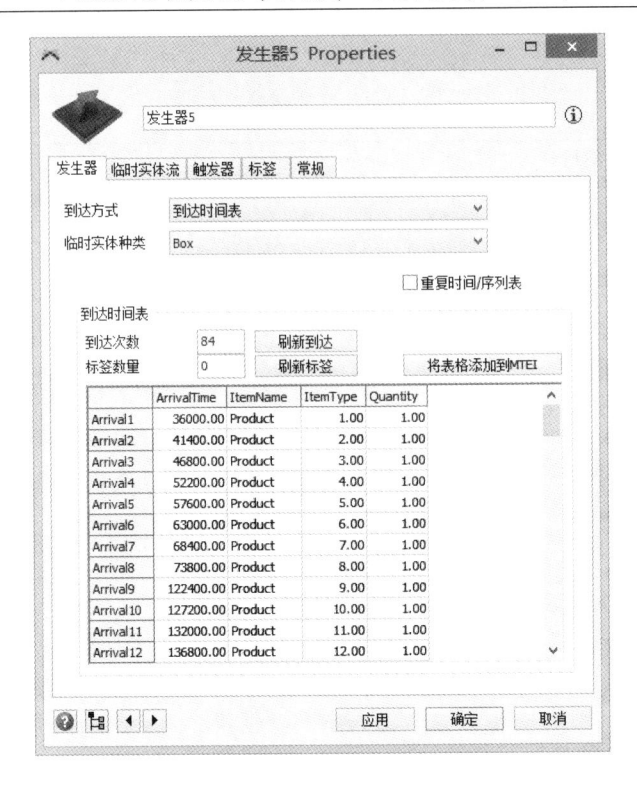

图 10-11　发生器 5 到达时间表设置

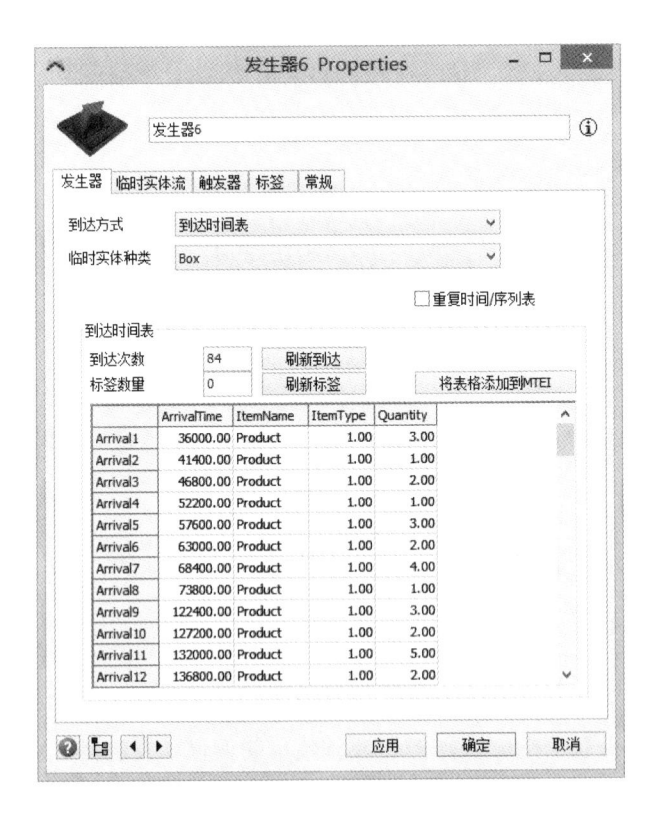

图 10-12　发生器 6 到达时间表设置

图 10-13　发生器 7 到达时间表设置

10.7　仿真结果分析

仿真模型模拟现实一个周期的运行情况,在仿真控制器中设定控制器时间为 604800 秒,仿真时间设定好后,即可运行 2 个仿真模型。仿真模型 1 和仿真模型 2 的运行状况如图 10-14、图 10-15 所示。

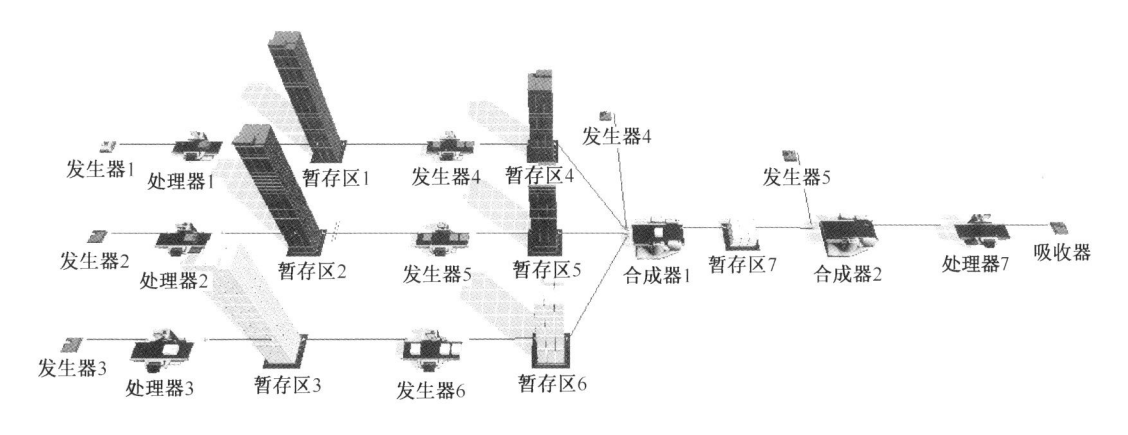

图 10-14　仿真模型 1 的运行状况

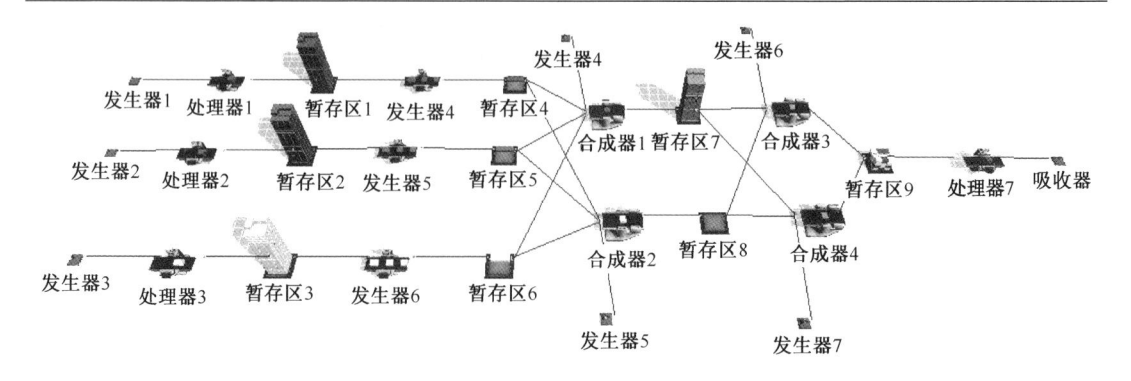

图 10-15 仿真模型 2 的运行状况

FlexSim 仿真软件的数据统计分析功能强大，可以针对某一实体做出局部统计图和全局统计图。

（1）局部统计图

局部统计图主要是针对某一实体或某几个实体的工作状况进行统计分析，具体操作步骤如下：单击"工具箱"按钮，新建统计选择"Dashboard"，视图左边列表显示需要的数据，将需要统计的数据拉到"Dashboard"，双击空白图标，单击绿色加号按钮，并选择要统计的实体，然后单击"确定"按钮，重置运行。以暂存区 1 为例，状态如图 10-16 所示，容量如图 10-17 所示。

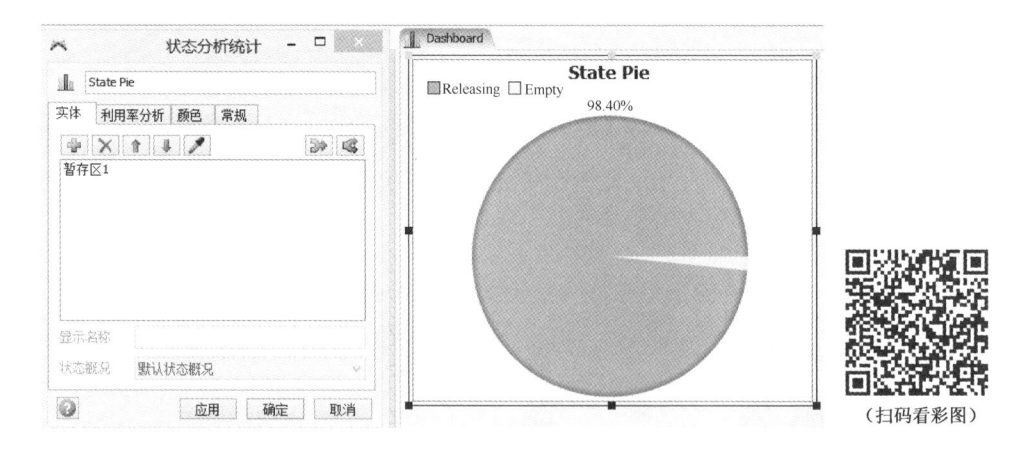

图 10-16 暂存区 1 的状态图

图 10-17 暂存区 1 的容量图

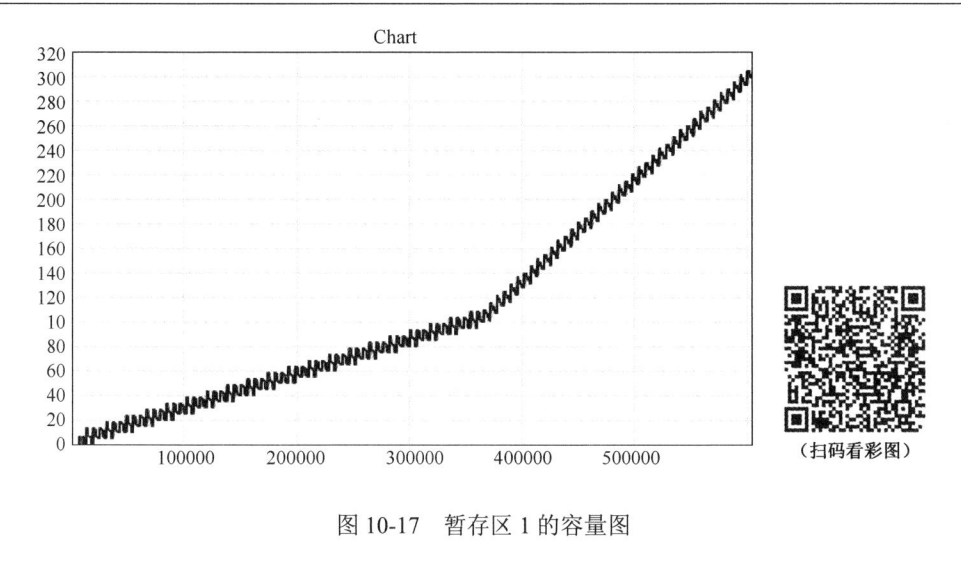

（2）全局统计图

仿真模型运行完成后选择"统计"菜单下的"报告与统计"，可以自定义要统计的标准属性（如图 10-18 所示），即可显示所有实体的属性和运行状况，其统计结果自动在 Excel 中打开。仿真模型 1 和仿真模型 2 的标准报告如图 10-19、图 10-20 所示。

图 10-18 标准状态表的设置

Flexsim Summary Report					
Time:	604800				
Object	Class	stats_contentmax	stats_contentavg	stats_output	stats_staytimeavg
发生器1	Source	0	1	1515	366.336634
发生器2	Source	0	1	1515	366.336634
发生器3	Source	0	1	1515	366.336634
处理器1	Processor	15	14.994004	1500	6000
处理器2	Processor	15	14.994004	1500	6000
处理器3	Processor	15	14.994004	1500	6000
处理器4	Processor	8	7.913383	1193	3993.822297
处理器5	Processor	8	7.913383	1193	3993.822297
处理器6	Processor	8	7.913383	1193	3993.822297
合成器1	Combiner	10	1.000429	330	1829.329652
暂存区7	Queue	68	35.915437	303	69471.91419
合成器2	Combiner	8	0.168377	84	1207.142857
发生器5	Source	0	1	84	14.285714
处理器7	Processor	1	0.250323	84	1800
吸收器	Sink	1	0	0	0
暂存区1	Queue	305	112.029171	1201	41310.19983
暂存区2	Queue	305	112.029171	1201	41310.19983
暂存区3	Queue	305	112.029171	1201	41310.19983
暂存区4	Queue	200	138.060577	993	72029.39577
暂存区5	Queue	200	138.060577	993	72029.39577
暂存区6	Queue	200	138.060577	993	72029.39577
发生器4	Source	0	1	331	1813.301039

(a)

Flexsim State Report							
Time:	604800						
Object	Class	idle	processing	blocked	generating	empty	collecting	releasing
发生器1	Source	0.00%	0.00%	92.43%	7.57%	0.00%	0.00%	0.00%
发生器2	Source	0.00%	0.00%	92.43%	7.57%	0.00%	0.00%	0.00%
发生器3	Source	0.00%	0.00%	92.43%	7.57%	0.00%	0.00%	0.00%
处理器1	Processor	0.00%	100.00%	0.00%	0.00%	0.00%	0.00%	0.00%
处理器2	Processor	0.00%	100.00%	0.00%	0.00%	0.00%	0.00%	0.00%
处理器3	Processor	0.00%	100.00%	0.00%	0.00%	0.00%	0.00%	0.00%
处理器4	Processor	1.00%	98.21%	0.80%	0.00%	0.00%	0.00%	0.00%
处理器5	Processor	1.00%	98.21%	0.80%	0.00%	0.00%	0.00%	0.00%
处理器6	Processor	1.00%	98.21%	0.80%	0.00%	0.00%	0.00%	0.00%
合成器1	Combiner	0.00%	98.39%	0.00%	0.00%	0.00%	1.60%	0.00%
暂存区7	Queue	0.00%	0.00%	0.00%	0.00%	1.90%	0.00%	98.10%
合成器2	Combiner	83.16%	16.74%	0.10%	0.00%	0.00%	0.00%	0.00%
发生器5	Source	0.00%	0.00%	0.20%	99.80%	0.00%	0.00%	0.00%
处理器7	Processor	74.97%	25.03%	0.00%	0.00%	0.00%	0.00%	0.00%
吸收器	Sink							
暂存区1	Queue	0.00%	0.00%	0.00%	0.00%	1.60%	0.00%	98.40%
暂存区2	Queue	0.00%	0.00%	0.00%	0.00%	1.60%	0.00%	98.40%
暂存区3	Queue	0.00%	0.00%	0.00%	0.00%	1.60%	0.00%	98.40%
暂存区4	Queue	0.00%	0.00%	0.00%	0.00%	1.61%	0.00%	98.39%
暂存区5	Queue	0.00%	0.00%	0.00%	0.00%	1.61%	0.00%	98.39%
暂存区6	Queue	0.00%	0.00%	0.00%	0.00%	1.61%	0.00%	98.39%
发生器4	Source	0.00%	0.00%	99.42%	0.58%	0.00%	0.00%	0.00%

(b)

图 10-19　仿真模型 1 的标准报告

图10-20 仿真模型2的标准报告

(a)

Flexsim Summary Report					
Time:	604800				
Object	Class	stats_contentmax	stats_contentavg	stats_output	stats_staytimeavg
发生器1	Source	0	1	1515	366.336634
发生器2	Source	0	1	1515	366.336634
发生器3	Source	0	1	1515	366.336634
处理器1	Processor	15	14.994004	1500	6000
处理器2	Processor	15	14.994004	1500	6000
处理器3	Processor	15	14.994004	1500	6000
暂存区1	Queue	174	86.257577	1334	34840.45727
暂存区2	Queue	174	86.257577	1334	34840.45727
暂存区3	Queue	174	86.257577	1334	34840.45727
处理器4	Processor	8	7.913396	1326	3600
处理器5	Processor	8	7.913396	1326	3600
处理器6	Processor	8	7.913396	1326	3600
暂存区4	Queue	285	55.960598	1041	15244.32277
暂存区5	Queue	285	55.960598	1041	15244.32277
暂存区6	Queue	285	55.960598	1041	15244.32277
合成器1	Combiner	5	1.203585	346	1737.01961
合成器2	Combiner	6	1.203529	346	1737.00875
合成器3	Combiner	3	0.145607	146	600
合成器4	Combiner	1	0.156577	157	600
发生器4	Source	0	1	347	1722.603692
发生器5	Source	0	1	347	1721.617389
暂存区7	Queue	200	134.870254	146	235348.9041
暂存区8	Queue	200	134.870254	146	235348.9041
暂存区9	Queue	43	9.984394	262	20120.61069
处理器7	Processor	1	0.77833	261	1800
吸收器	Sink	1	0	0	0
发生器6	Source	4	2.291937	146	476.712329
发生器7	Source	4	1.800839	157	468.280255

(b)

Flexsim State Report								
Time:	604800							
Object	Class	idle	processing	blocked	generating	empty	collecting	releasing
发生器1	Source	0.00%	0.00%	92.43%	7.57%	0.00%	0.00%	0.00%
发生器2	Source	0.00%	0.00%	92.43%	7.57%	0.00%	0.00%	0.00%
发生器3	Source	0.00%	0.00%	92.43%	7.57%	0.00%	0.00%	0.00%
处理器1	Processor	0.00%	100.00%	0.00%	0.00%	0.00%	0.00%	0.00%
处理器2	Processor	0.00%	100.00%	0.00%	0.00%	0.00%	0.00%	0.00%
处理器3	Processor	0.00%	100.00%	0.00%	0.00%	0.00%	0.00%	0.00%
暂存区1	Queue	0.00%	0.00%	0.00%	0.00%	1.60%	0.00%	98.40%
暂存区2	Queue	0.00%	0.00%	0.00%	0.00%	1.60%	0.00%	98.40%
暂存区3	Queue	0.00%	0.00%	0.00%	0.00%	1.60%	0.00%	98.40%
处理器4	Processor	1.00%	99.00%	0.00%	0.00%	0.00%	0.00%	0.00%
处理器5	Processor	1.00%	99.00%	0.00%	0.00%	0.00%	0.00%	0.00%
处理器6	Processor	1.00%	99.00%	0.00%	0.00%	0.00%	0.00%	0.00%
暂存区4	Queue	0.00%	0.00%	0.00%	0.00%	15.25%	0.00%	84.75%
暂存区5	Queue	0.00%	0.00%	0.00%	0.00%	15.25%	0.00%	84.75%
暂存区6	Queue	0.00%	0.00%	0.00%	0.00%	15.25%	0.00%	84.75%
合成器1	Combiner	0.00%	69.14%	22.48%	0.00%	0.00%	8.37%	0.00%
合成器2	Combiner	0.00%	69.14%	22.48%	0.00%	0.00%	8.37%	0.00%
合成器3	Combiner	85.44%	14.56%	0.00%	0.00%	0.00%	0.00%	0.00%
合成器4	Combiner	84.34%	15.66%	0.00%	0.00%	0.00%	0.00%	0.00%
发生器4	Source	0.00%	0.00%	99.45%	0.55%	0.00%	0.00%	0.00%
发生器5	Source	0.00%	0.00%	99.40%	0.60%	0.00%	0.00%	0.00%
暂存区7	Queue	0.00%	0.00%	0.00%	0.00%	1.81%	0.00%	98.19%
暂存区8	Queue	0.00%	0.00%	0.00%	0.00%	1.81%	0.00%	98.19%
暂存区9	Queue	0.00%	0.00%	0.00%	0.00%	23.94%	0.00%	76.06%
处理器7	Processor	22.17%	77.83%	0.00%	0.00%	0.00%	0.00%	0.00%
吸收器	Sink							
发生器6	Source	0.00%	0.00%	14.39%	85.61%	0.00%	0.00%	0.00%
发生器7	Source	0.00%	0.00%	17.25%	82.75%	0.00%	0.00%	0.00%

图10-20 仿真模型2的标准报告

10.8 模型优化与分析

为了分析比较采取延迟策略前后供应链系统运作的变化，分析基于 OMO 模式下延迟策略给供应链带来的好处，需要对仿真运行结果进行运作变化分析。

针对仿真研究目标，主要选取各节点库存水平、各节点的设备利用率、订单完成情况 3 个指标对供应链运作进行分析，对 2 个仿真模型的标准统计报告和每个实体的运作状态进行分析，可得到 2 个仿真模型的运行结果对比表，如表 10-7 所示。

表 10-7 仿真模型 1 与仿真模型 2 运行结果对比

	项目指标		仿真结果	
			仿真模型 1	仿真模型 2
库存水平	原材料仓库（供应商）	平均存放时间	41310.20	34840.45
		平均存货量	112	86
		最大存货量	305	174
	半成品库存（制造商）	平均存放时间	—	15244.32
		平均存货量	—	56
		最大存货量	—	285
	产成品库存（制造商）	平均存放时间	72029.39	15244.90
		平均存货量	138	56
		最大存货量	200	285
设备利用率	运输处理器（供应商）	利用率	100.00%	100.00%
	运输处理器（制造商）	利用率	98.21%	99.00%
	半成品合成器（制造商）	利用率	—	69.14%
	产成品合成器（制造商）	利用率	98.39%	14.56%/15.66%
	销售处理器（零售商）	利用率	25.03%	77.83%
订单完成	订单发生器	完成订单数	84	261
	完成订单产品数	顾客接收产品数	303 个 A	146 个 A/157 个 B

1. 库存水平

比较仿真模型 1 和仿真模型 2 的仓库的运行数据发现，无论是原材料和产成品的平均存放时间、平均库存量和最大存货量，仿真模型 2 都比仿真模型 1 的数值要小，这说明 X 渔业集团在采取延迟策略以后整体上降低了供应链各节点的库存水平，一定程度上达到了规模效应。但是延迟后制造加工企业的半成品库存数值较大，这说明在施行延迟策略后供应链整体库存水平下降，但是延迟点之前的半成品库存上升了。这是因为采取延迟策略后是按照顾客的需求来加工制造产品的，为了应对顾客多样化的需求，库存压力就转移到了顾客订单到达之前的供应链仓库。这也说明在顾客订单到达之前顾客需求是预测的，采用的是推式供应链。

2. 设备利用率

根据表中数据显示，仿真模型 2 的供应商运输处理器的利用率（100.00%）与仿真模型 1（100.00%）相同，仿真模型 2 的制造商运输处理器的利用率（99.00%）略高于仿真模型 1 的利用率（98.21%），仿真模型 1 的制造商产成品合成器的利用率（98.39%）大于仿真模型 2 的利用率（14.56%/15.66%），仿真模型 2 的零售商销售处理器的利用率（77.83%）远大于仿真模型 1 的利用率（25.03%）。

这说明在施行延迟策略后，原材料处理器的利用率有所提升，一定程度上达到了采购和运输的规模效应，且半成品处理器的利用率得到提高，达到了一定的生产加工的规模效应。

仿真模型 2 的运输处理器相较于仿真模型 1 的利用率大幅提升，是因为仿真模型 2 是按照顾客需求来加工生产，因此不再需要复杂的分拣工作。这也说明采用延迟策略可以提高对顾客订单的响应性，在延迟点后采用的是订单驱动的拉式供应链。

3. 订单完成情况

仿真模型 1 完成 84 个订单，顾客接收 303 个产成品 A，仿真模型 2 完成 261 个订单，顾客接收 146 个产成品 A 和 157 个产成品 B。2 个仿真模型在模拟运行时间内均能完成订单，满足顾客需求，但不同的是采取延迟策略的仿真模型 2 可以通过半成品的不同组装方式产生更多样的产品，从而能够更好地满足顾客的多样化需求。同时进一步验证了本文的研究目的，延迟策略可以满足顾客多样化的需求。

10.9　本章小结

本章在了解供应链、延迟策略和 OMO 发展模式相关文献的基础上，较为详细地分析了供应链延迟策略等理论，并结合零售业最新发展阶段 OMO 模式，以 X 渔业集团为研究案例，研究供应链延迟策略对于 OMO 模式下的零售业的影响。通过分析 X 渔业集团现有的供应链流程及其运作模式，并在合适的位置对 X 渔业集团的供应链流程应用延迟策略，对其供应链进行进一步的改造。通过 FlexSim 建模仿真，利用仿真软件自身强大的统计分析功能来对比分析 X 渔业集团在应用延迟策略前后供应链的运作结果。

通过模型运行结果数据对比发现，X 渔业集团供应链在采取延迟策略后降低了供应链中整体的库存水平，各个指标均较之前有明显的提升，提高了各个环节的设备利用率，由于延迟策略在供应链中加入了半成品环节，而对半成品进行不同方式的组装可以产生不同的产品，从而满足了顾客的多样化需求。但是采用延迟策略后有一较为明显的不足之处——半成品的库存水平居高不下，这是因为采用延迟策略后的 X 渔业集团是前推后拉式的供应链，为了满足顾客多样化的需求，因此不得不储存大量的半成品。另一方面，延迟策略会带来采购、运输、生产的规模效应，上游采用推式供应链，通过需求预测来进行采购，采购的批量越大，供应商供应原材料的时间就越短，规模经济性就越明显。

第 11 章　三级供应链建模与仿真

11.1　研究背景

在当今的行业发展潮流中，顾客的需求不断提高，生产力的快速进步与发展，大数据的快速普及与应用，加强了各个企业之间的联系，因此企业之间的竞争越来越大，企业全球化发展已经是不可抗争的潮流。当供应链这个概念提出并应用到生产制造行业中时，企业随之将其运用到自身的企业管理当中，将各个企业的资源有效地结合起来，使得企业之间的竞争日益激烈。同时各个企业因供应链的整合使竞争因素产生了变化，主要存在以下特点：产品的制作周期越来越短，以手机行业为例，每个厂商推出旗舰机的速度以一年 2 部为基准；每个企业所生产的产品种类越来越多，同样以手机行业为例，各个手机厂商运用供应链可以实现多种零部件的任意组合，这大大丰富了产品种类并可以抢占多个等级的市场，从而更容易找寻自身定位；企业订单响应时间缩短，以汽车行业为例，汽车作为一个整体被拆分为多个零部件分散于各个供应链厂商中，当顾客产生需求订单时，通过供应链的运作可以减少生产时间从而缩短响应时间；产品把控成为争夺顾客资源的有效力量。在此背景下，企业为了自身利益，增强自身的有效竞争力，"纵向一体化"这种管理模式逐渐被各个企业淘汰，管理模式逐渐转向成熟的"横向一体化"。在这种模式中，制造商、分销商与零售商被串联起来，形成一个新的整体，如同一条"链"，也就是所谓的供应链。在各个供应链中担任节点的厂商，受益于供应链的快速、经济等条件，产生了新的成本问题，也就是库存成本。每个厂商受益于供应链就必须面对供应链所带来的成本问题，如果存在策略能够合理地控制库存成本，那么它所带来的经济利益是不可忽视的。供应链是一个相当复杂的链状结构，无论是上游企业还是下游企业，都会存在着产品储存问题。企业在这个多级链状结构下，必须从多个角度去考虑多级库存问题，如果能够制定合理的策略及合理运用资源，那么便可以从多个方面来降低成本。

11.2 多级库存系统理论概述

1. 单级库存系统

在单级库存系统中，只存在同级库存、同级需求与同级供应，也就是简单的制造—销售—顾客的流通模式。只存在一个制造商，多个同级的销售商，每个销售商满足多个顾客的需求，单级库存系统结构如图11-1所示。

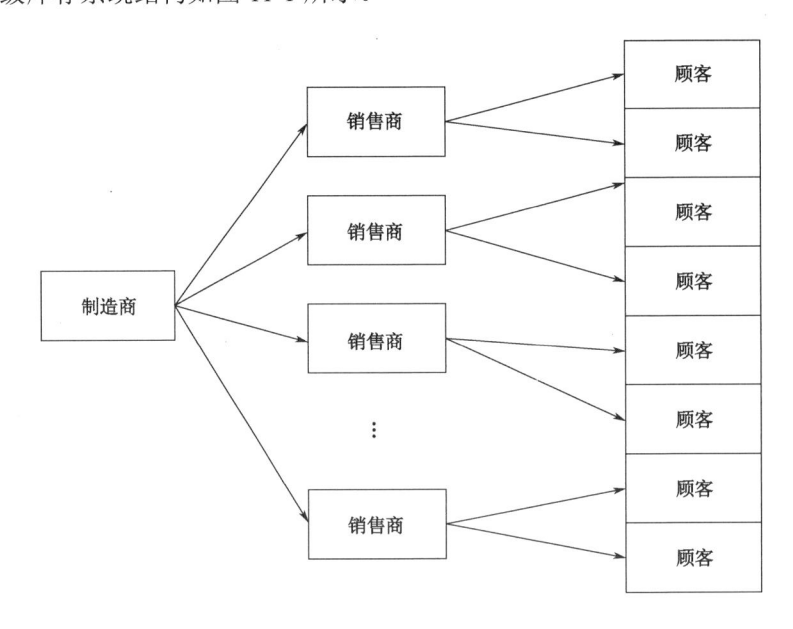

图11-1 单级库存系统结构图

2. 多级库存系统

多级库存系统与单级库存系统多有不同，会有多个不同级别的节点拥有库存，能够完整地形成一个供应链系统，每个节点除了制造商都会拥有多个需求、补充关系。在这个系统中，一个制造商会向多个分销商进行发货，而分销商又会对多个销售商进行发货，最终由销售商将产品售卖给顾客。在系统中，为了与现实相匹配，每位顾客的产品需求数量及时间均为随机，同时制造商的补货需求时间也为随机，通过（r，Q）库存控制策略对库存成本进行决策（其中 r 为订货点，Q 为补货量）。举例来说，当库存量低于订货点 r 时，则需要进行补货，补货量为 Q；若高于订货点 r，则不进行补货。多级库存系统结构如图11-2所示。

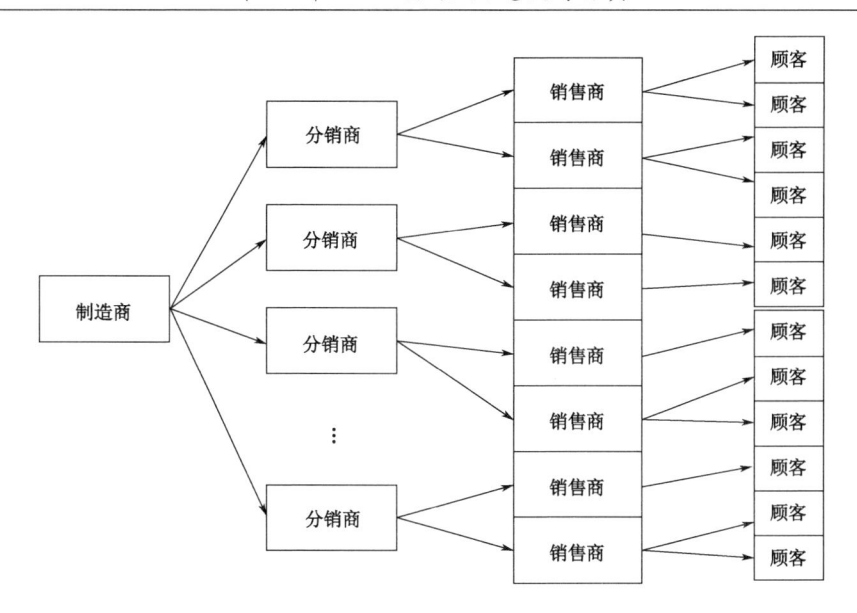

图 11-2 多级库存系统结构图

3. 多级库存系统库存成本组成

存储成本、订购成本、货损成本、运输成本共同组成了多级库存系统的库存成本。

（1）存储成本 C_1

存储货物所产生的租赁场地、维护保养、人工看管等费用组成了货物的存储成本。

（2）订购成本 C_2

订货成本是每次产生订单时所需要付出的费用，它与订单产品的数量、质量无关，只与自身的订单数相关。

（3）货损成本 C_3

货物在仓库或运输途中损耗产生的费用，一般用存储成本或运输成本代替。

（4）运输成本 C_4

运输成本即产品进行空间上的移动时所产生的空间价值费用，不同的运输数量、运输距离及运输次数、工具都会产生不同的费用。

销售商的库存成本为：

$$C_x = \sum_{i=1}^{n}(C_{1xi}I_{xi} + C_{2xi}h_{xi} + C_{3xi}q_{xi} + C_{4xi}Q_{xi}h_{xi}) \tag{11-1}$$

库存成本函数约束条件为：

$$r_{xi} < Q_{xi} \qquad (11\text{-}2)$$

式中，i 表示销售商（分销商）索引；C_x 表示各个角色库存总成本；C_{1xi}、C_{2xi}、C_{3xi}、C_{4xi} 表示第 i 个角色对应的 4 个成本，分别代表着存储、订购、货损及运输成本；I_{xi} 表示第 i 个角色的货物存储量；h_{xi} 表示第 i 个角色的产生订货订单的次数；q_{xi} 表示第 i 个角色所产生的货物损坏费用；Q_{xi} 表示第 i 个角色所产生的订货产品总量；r_{xi} 表示第 i 个角色的顾客订单产品数量。

11.3 库存系统逻辑流程描述

策略验证型仿真优化方法是指在使用 FlexSim 软件建立仿真模型时，针对仿真模型的优化目标，设定一系列的方案指标，制定符合运行标准的控制策略，将运行结果进行统计检验，从而确定最终的优化方法。库存系统逻辑流程结构图如图 11-3 所示。

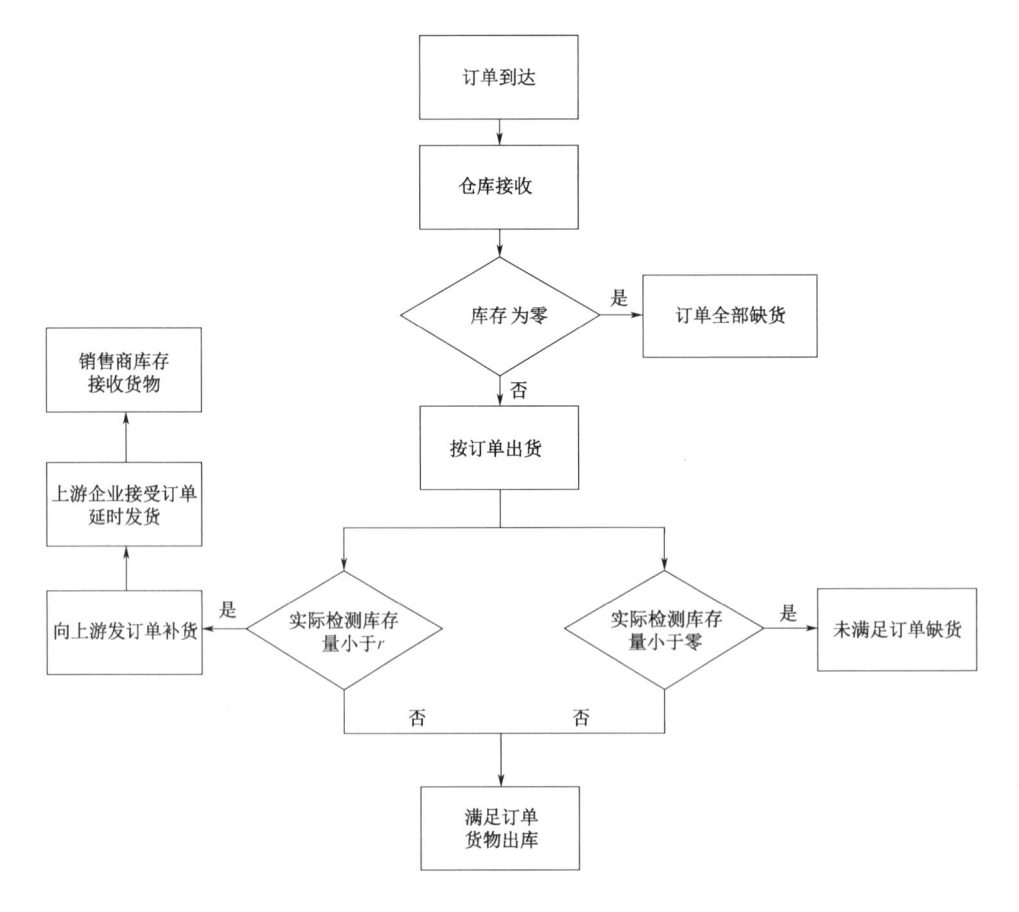

图 11-3 库存系统逻辑流程结构图

11.4 单级库存系统模型的构建

使用 FlexSim 软件构建 1 个单级库存系统模型,只具备 1 个库存节点、1 个需求节点与 1 个供应节点。在模型中,使用固定实体发生器、暂存区、传送带及吸收器替代单级库存系统中的制造商、库存区、运输工具等角色。单级库存系统模型结构图如图 11-4 所示,单级库存系统仿真实体详例如表 11-1 所示。

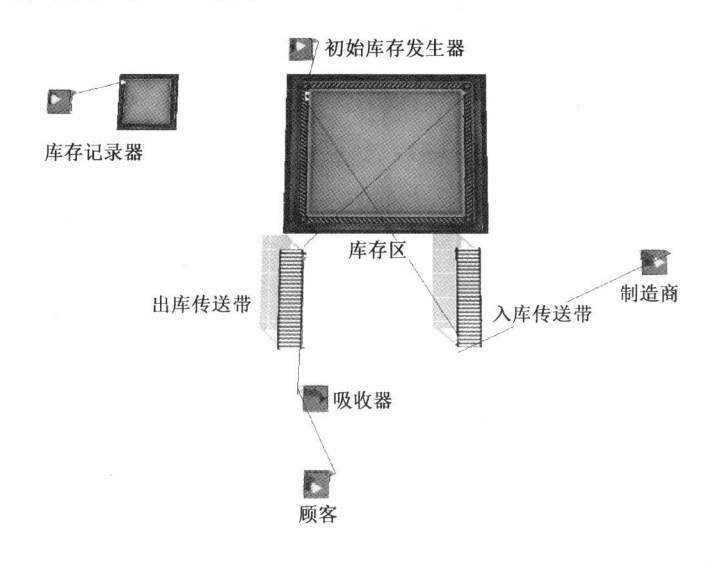

图 11-4 单级库存系统模型结构图

表 11-1 单级库存系统仿真实体详例

实体	实体名称	用途与作用
发生器	发生器	1. 用来代表顾客,实现需求功能 2. 实现初始库存的产生 3. 代表制造商,实现制造商功能 4. 当做库存记录器
吸收器	吸收器	1. 吸收用于逻辑实现的临时实体

实　　体	实体名称	用途与作用
暂存区	暂存区	1. 充当销售商库存，实现出入库功能 2. 充当临时实体容器
传送带	传送带	1. 作为出库传送带 2. 作为入库传送带

11.5　多级库存系统模型的构建

某生产制造企业拥有一条 4 级供应链体系，有 1 个制造商，2 个分销商，4 个零售商及 4 个顾客，除顾客、供应商外均需要仓储其生产的产品，仓库记录每天的订单，在每个工作日固定时间按订单出货。当自身库存无法满足订单需求时就需要向上级供应厂商发出补货订单请求。库存系统参数表如表 11-2 所示。仓库采用 (r, Q) 库存控制策略来确定每次的订货时间及订货量。仿真目的是在疫情防控迅速响应的前提下，以库存成本最小为目标来确定最佳的 (r, Q) 库存控制策略。

表 11-2　库存系统参数表

系统节点	存储成本 （元/单位）	订购成本 （元/次）	运输成本 （元/单位）	货损率 （%/单位）	初始库存 （个）	顾客需求量 （个）	货损成本 （元/单位）
制造商	—	—	—	—	1000	—	—
分销商 1	0.024	—	0.08	0.04	500	—	0.3
分销商 2	0.024	—	0.08	0.04	500	—	0.3
零售商 1	0.03	20	—	0.04	100	E(7)	0.5
零售商 2	0.03	20	—	0.04	100	E(5)	0.5
零售商 3	0.03	20	—	0.04	100	E(6)	0.5
零售商 4	0.03	20	—	0.04	100	E(7)	0.5

第 11 章 三级供应链建模与仿真

（1）仿真模型布局

与单级库存系统模型不同，多级库存系统包括多个级别的库存区，本节将 4 个固定实体发生器作为顾客，以其产生的临时实体作为顾客需求，并将订单传递给零售商，零售商拥有库存且使用 1 个发生器作为初始库存产生器，零售商接收到顾客的订单后进行发货，货物经过订单合成器的打包作业作为订单的完成。同时零售商库存水平低于某一数值时需要向上级分销商发出补货请求，以此类推，当分销商库存不足时便要向制造商发出补货请求。但由于自身条件的限制，无法进行分销商向制造商发出补货请求时成本的测量，因此只针对零售商补货等行为进行成本测量并决策。多级库存系统模型 3D 视角分布图如图 11-5 所示，多级库存系统仿真实体详例如表 11-3 所示。

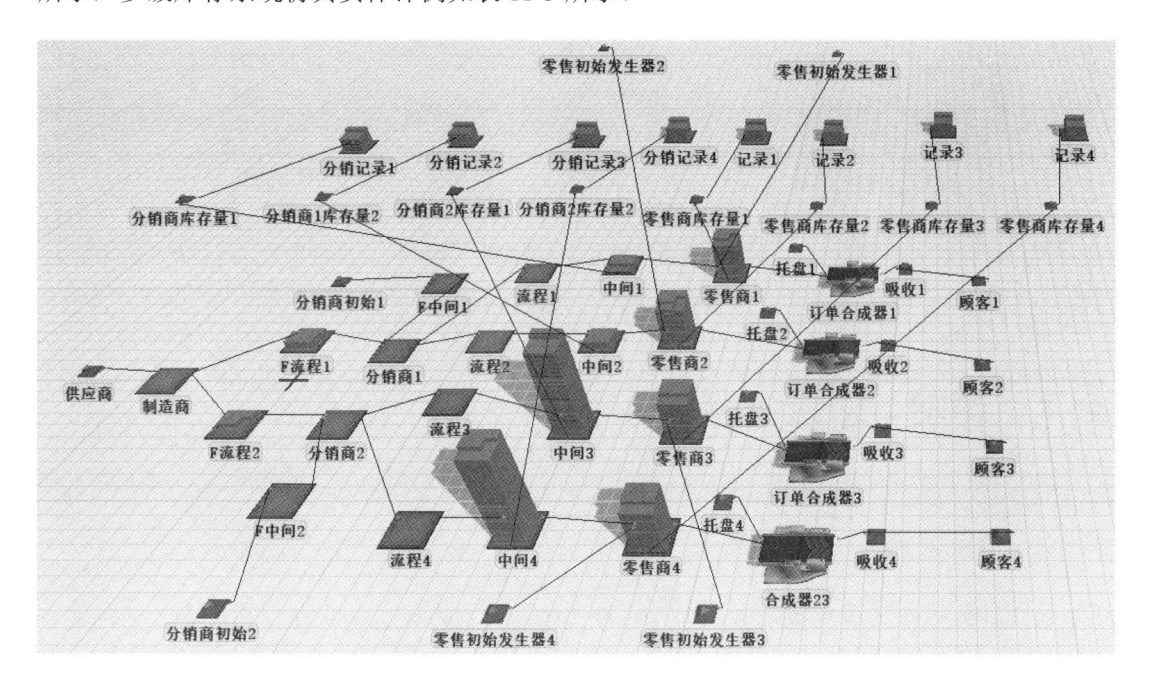

图 11-5　多级库存系统模型 3D 视角分布图

表 11-3　多级库存系统仿真实体详例

实体	实体名称	用途与作用
发生器	发生器	1. 用来代表顾客，实现需求功能 2. 实现初始库存的产生 3. 代表供应商，实现供应商功能 4. 产生托盘 5. 充当库存记录器

续表

实体	实体名称	用途与作用
	吸收器	1. 吸收用于逻辑实现的临时实体
	暂存区	1. 充当零售商、分销商库存,实现出入库功能 2. 充当临时实体容器 3. 充当库存记录存储区
	合成器	1. 将一份订单中的多个实体打包成为一份

11.6 模型主要实体参数设置

1. 产生客户需求订单并满足

以实体发生器代表每位顾客,通过数据设定实现每位顾客的需求订单产生,通过随机生成 40 个 1~10 内的整数作为顾客所产生的订单数量,并通过到达时间表确定顾客每个订单的生成时间;通过零售商下游的订单合成器将每份订单所需的实体进行打包,从而完成该订单,也同时完成了零售商的出货任务,而订单合成器的运行需要产生托盘的发生器与之相配合,也通过到达时间表来产生托盘。顾客发生器时间表设定(以顾客 1 为例)、订单合成器进入触发设定(以订单合成器 1 为例)和托盘 1 到达时间表设定分别如图 11-6、图 11-7、图 11-8 所示。

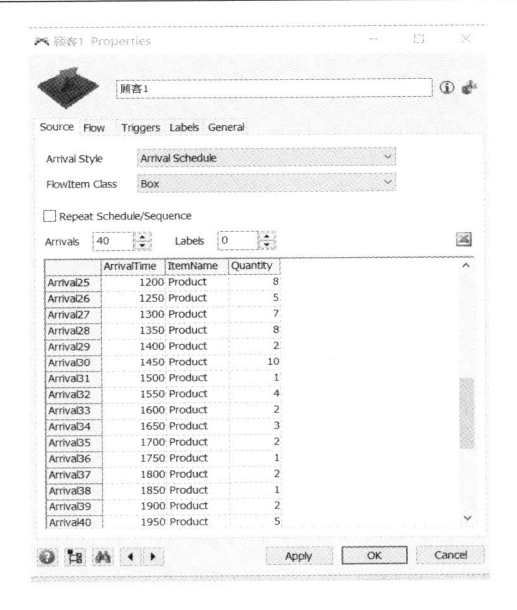

图 11-6　顾客发生器时间表设定

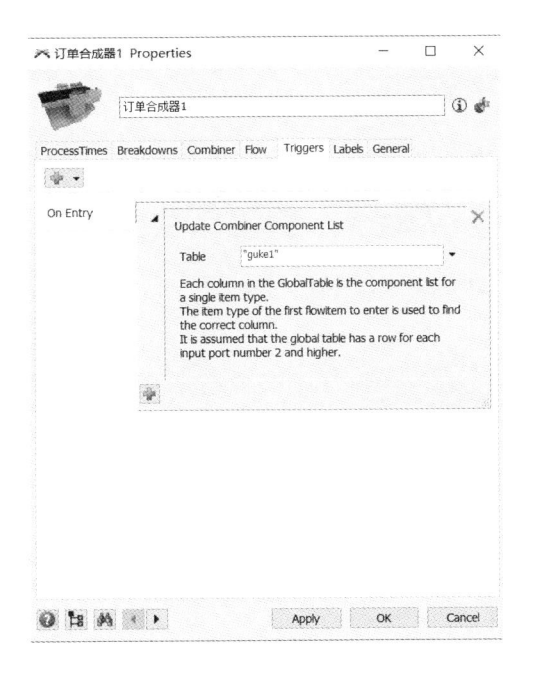

图 11-7　订单合成器进入触发设定

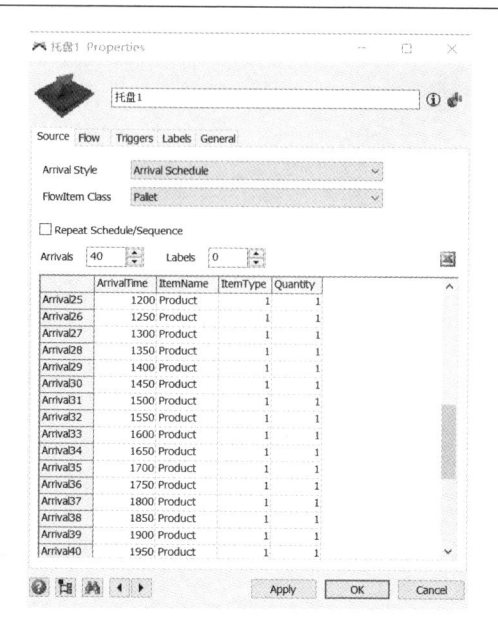

图 11-8 托盘 1 到达时间表设定

2. 零售商发出补货订单的实现

通过 (r, Q) 进行库存策略制定，当各厂商库存量低于订货点 r 时，需向上级厂商发出补货请求，补货数量为 Q。补货数量功能实现（以流程 1 为例）和是否补货功能实现（以零售商 1 为例）分别如图 11-9、图 11-10 所示。

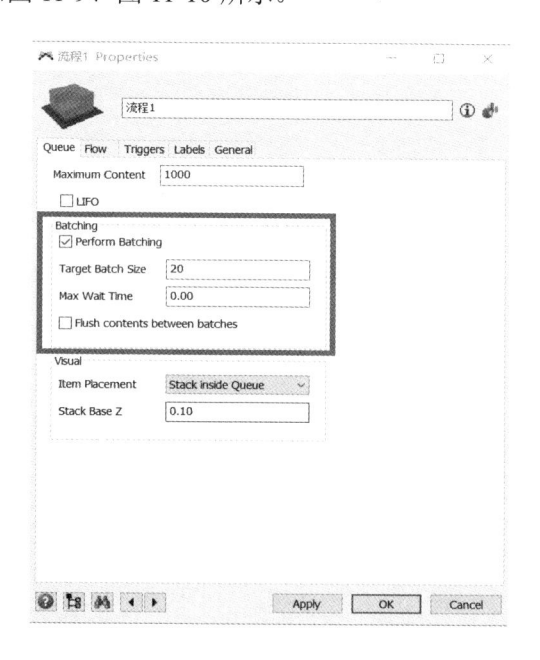

图 11-9 补货数量功能实现

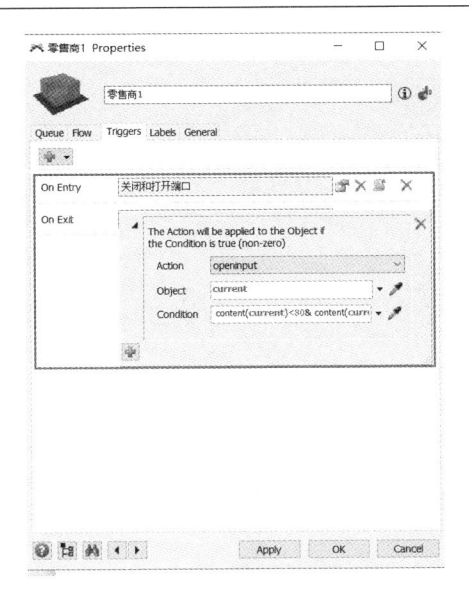

图 11-10 是否补货功能实现

3. 供应商、制造商、分销商功能的实现

供应商通过自身设定产生 4 种类型的临时实体并发送给制造商，制造商根据对临时实体类型的判断将其发送给分销商，分销商功能与制造商大致相同，将各个临时实体发送给各个零售商。供应商功能设定、分销商端口设定（以分销商 1 为例）和制造商端口设定分别如图 11-11、图 11-12、和图 11-13 所示。

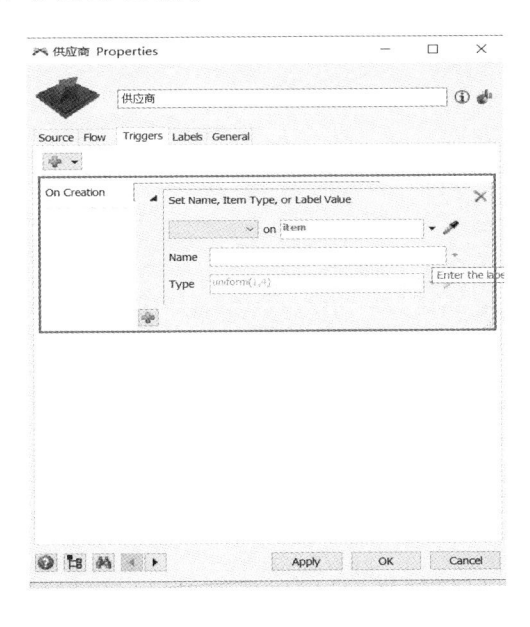

图 11-11 供应商功能设定

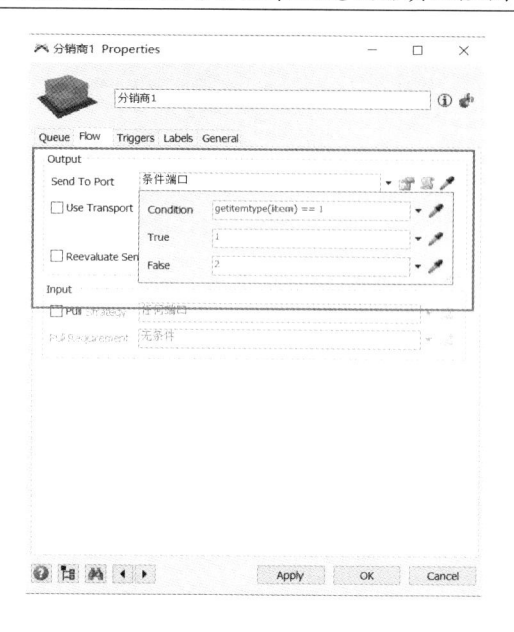

图 11-12　分销商端口设定

图 11-13　制造商端口设定

4. 全局表功能的实现

共设定了 11 个全局表，由 a、guke1、guke2、guke3、guke4、fenxiao1、fenxiao2、ls1、ls2、ls3 和 ls4 组成，分别代表判断制造商实体离开标准、顾客 1 订单、顾客 2 订单、

顾客 3 订单、顾客 4 订单、分销商 1 补货订单数、分销商 2 补货订单数、零售商 1 补货订单数、零售商 2 补货订单数、零售商 3 补货订单数、零售商 4 补货订单数。全局表如图 11-14 所示。

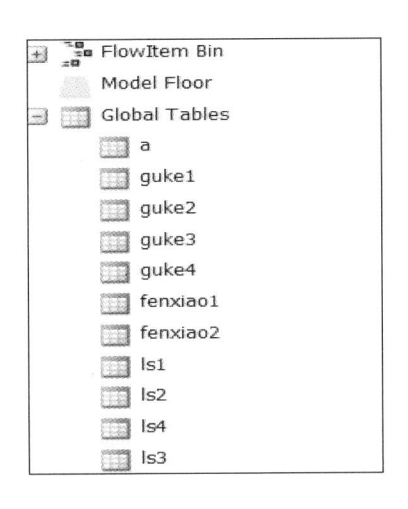

图 11-14 全局表

11.7 仿真结果分析

通过设定不同的 (r, Q) 值运行仿真模型得到不同的结果，对得到的结果进行对比分析，找出规律并从中找出能使总库存成本最小的 (r, Q) 库存决策值，进而制定库存控制策略。由于零售商初始库存为 100 个货物，因此订货点无法超出 100，r 值以初始库存的 80% 为初始变量，补货量则在 10～100 之间。(r, Q) 策略运算结果如图 11-15 所示。

从图中数据我们可以看出，当订货点 r 逐渐增大时，库存成本的总体趋势是降低的，但当 r 在 60～80 之间时，库存成本会略微提高。这是因为当订货点 r 越小时，订货次数将会明显地增加，从而提高了库存成本，而当订货点 r 越大并接近初始库存时，虽然订货次数减少，但货物在仓库存储过程中所产生的货损成本将会大大提高；从补货量 Q 这一方面来看，伴随着补货量的增大，库存成本总体呈现先降低、后提高的趋势，经过分析得出这是因为适当的补货量所产生的运输成本、货损成本都会有所降低，当越靠近自身初始库存量时，所产生的费用将会越来越大。因此，从运算结果中可以看出当 (r, Q) 值为 (60, 80) 时的总库存成本最小。

(r, Q) 策略结果

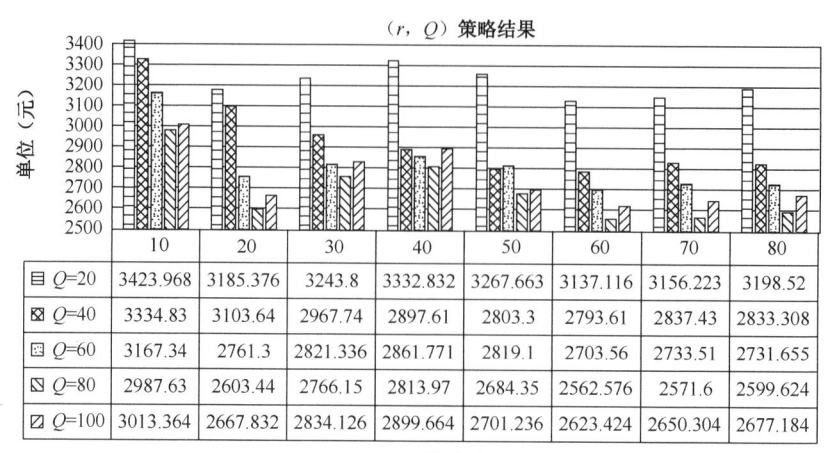

	10	20	30	40	50	60	70	80
$Q=20$	3423.968	3185.376	3243.8	3332.832	3267.663	3137.116	3156.223	3198.52
$Q=40$	3334.83	3103.64	2967.74	2897.61	2803.3	2793.61	2837.43	2833.308
$Q=60$	3167.34	2761.3	2821.336	2861.771	2819.1	2703.56	2733.51	2731.655
$Q=80$	2987.63	2603.44	2766.15	2813.97	2684.35	2562.576	2571.6	2599.624
$Q=100$	3013.364	2667.832	2834.126	2899.664	2701.236	2623.424	2650.304	2677.184

r（订货点）

图 11-15　(r, Q) 策略运算结果

11.8　本章小结

在如今的企业发展中，市场的竞争不再是企业与企业之间的竞争，而是供应链与供应链之间的竞争。在此背景下，"纵向一体化"逐渐被各个企业淘汰，管理模式逐渐转向成熟的"横向一体化"，即供应链。本章研究的主要内容有：①供应链仿真建模方法。通过查阅国内外文献，对库存控制基本理论问题、仿真优化方法进行总结。②在仿真模型运行中，对供应链各级库存节点所造成的库存费用进行分析，从而进行库存策略的调整。③确定了仿真模型，并通过仿真模型研究多级库存系统的逻辑与运作流程。④利用 FlexSim 仿真软件建立多级库存系统仿真模型，并以此进行仿真研究。

参考文献

[1] 马士华，林勇，陈志祥. 供应链管理（第6版）[M]. 北京：机械工业出版社，2020.

[2] 马丁·克里斯托夫（Martin Christopher）. 物流与供应链管理（第4版）[M]. 何明珂，译. 北京：电子工业出版社，2012.

[3] 马向国，余佳敏，任宇佳. 物流系统建模与仿真案例实训[M]. 北京：化学工业出版社，2018.

[4] 黄永昌. 基于 FlexSim 的物流仓储仿真与优化分析[D]. 江西财经大学学位论文，2016.

[5] 贾争现. 物流配送中心规划与设计[M]. 北京：机械工业出版社，2014.

[6] 曾梦杰. 基于 FlexSim 的供应链下制造延迟策略的仿真研究[D]. 大连理工大学，2011.

[7] 欧阳剑. 基于 FlexSim 的 G 烟草物流配送中心分拣系统的仿真与优化[D]. 江西财经大学，2018.

[8] 李松. 基于 FlexSim 的 KN 公司延迟制造策略的仿真研究[D]. 西南交通大学，2016.

[9] 卢焕. 基于 FlexSim 的 A 服装厂生产物流系统优化与仿真[D]. 江西财经大学，2018.

[10] 邢向华. 全自动化立体仓库多货物品种存储作业系统仿真研究[D]. 郑州大学，2017.

[11] 杜健. 基于数字化工厂的自动化立体仓库设计与仿真研究[D]. 华南理工大学，2018.